Gehechtheid van ouders en kinderen

Es ist doch nichts so
Harmloses, Kinder in die
Welt zu setzen!

Paul Klee

Gehechtheid van ouders en kinderen

Intergenerationele overdracht van gehechtheid in theorie, (klinisch) onderzoek en gevalsbeschrijvingen

M.H. van IJzendoorn

Bohn Stafleu Van Loghum   Houten/Zaventem   1994

ISBN 90 313 1814 0
D1994\3407\050
NUGI 721

Ontwerp omslag: Peter-Paul Hattinga Verschure

Eerste druk, eerste oplage 1994
Eerste druk, tweede oplage 1999
Eerste druk, derde oplage 2002

CIP-Gegevens Koninklijke Bibliotheek, Den Haag

IJzendoorn, M.H. van

Gehechtheid van ouder en kinderen : intergenerationele
overdracht van gehechtheid in theorie, (klinisch)
onderzoek en gevalsbeschrijvingen / M.H. van IJzendoorn. -
Houten [etc] : Bohn Stafleu Van Loghum. - Ill.
Met lit. opg.
ISBN 90-313-1814-0
NUGI 721
Trefw.: ouder-kind relatie.

Bohn Stafleu Van Loghum
Het Spoor 2
3994 AK Houten

Kouterveld 2
1831 Diegem

Inhoud

Voorwoord

Hoe beïnvloeden de jeugdervaringen van ouders de gehechtheidsrelatie met hun kinderen? Deze vraag vormde het uitgangspunt voor het schrijven van dit boek. We zullen laten zien dat jeugdervaringen na verloop van tijd niet meer 'objectief' kunnen worden beschreven. Wel hebben ouders een mentale voorstelling of representatie van hun ervaringen met gehechtheidspersonen uit het verleden ontwikkeld. Deze mentale representatie van gehechtheid blijkt een belangrijke determinant van de gehechtheidsrelatie met de eigen kinderen te zijn. Op welke wijze en onder welke condities dat het geval is, zullen we in dit boek uitvoerig bespreken. We spreken van gehechtheid als iemand (een kind of een volwassene) sterk geneigd is nabijheid tot of contact met een specifieke persoon te zoeken in situaties van angst, vermoeidheid, spanning of ziekte (Bowlby, 1984).

Dit boek is geschreven op basis van artikelen en hoofdstukken die we de afgelopen jaren in diverse tijdschriften en bundels hebben gepubliceerd. Bij ieder hoofdstuk is als voetnoot aangegeven waaraan het materiaal is ontleend. De voorganger van dit boek, *Opvoeden in Geborgenheid*, is op dezelfde wijze tot stand gekomen. De eerste versie van dat boek dateert van 1982 en de laatste druk, uit 1985, is inmiddels niet meer verkrijgbaar. Het is dus tijd voor een boek waarin recente ontwikkelingen in de gehechtheidstheorie worden geanalyseerd. De afgelopen tien jaar heeft de gehechtheidstheorie op verschillende fronten vooruitgang geboekt. Zo weten we inmiddels veel meer over de cross-culturele waarde van de theorie en over de psychofysiologische aspecten van haar instrumentarium. Ook de praktische toepasbaarheid ervan is steeds meer zichtbaar geworden, bijvoorbeeld in het soms felle debat rond kinderopvang buitenshuis. De belangrijkste ontwikkeling sinds 1985 is naar ons idee echter het onderzoek dat met het Gehechtheidsbiografisch Interview wordt verricht naar intergenerationele overdracht van gehechtheid. We zullen uitgebreid op dit baanbrekende onderzoek ingaan en een en ander met gevalsbeschrijvingen illustreren. De overige ontwikkelingen zullen slechts zijdelings aan de orde komen.

Het boek is geschreven voor studenten pedagogiek, psychologie en kinderpsychiatrie in het hoger beroepsonderwijs en universitair onderwijs. Ook afgestudeerde (ortho)pedagogen, klinisch psychologen, ontwikkelingspsychologen en kinderpsychiaters kunnen in dit boek de recente stand van zaken in het onderzoek naar gehechtheid aantreffen. We verwachten dat deze beschrijving en analyse van de recente ontwikkelingen hen zal stimuleren bij de reflectie op hun werk. Dat geldt eveneens voor de onderzoekers uit deze disciplines. In dit verband is het goed om op te merken dat de gehechtheidstheorie de laatste jaren steeds vaker toegepast wordt in klinisch onderzoek en in de klinische praktijk. We hebben daarom ook plaats ingeruimd voor een bespreking van het onderzoek naar de ontwikkeling van gehechtheid in 'probleem'-gezinnen, dat wil zeggen in gezinnen waarin ouder of kind met ernstige sociaal-emotionele of fysieke problemen te kampen heeft.

Het boek is als volgt opgebouwd. In het eerste hoofdstuk laten we zien dat het verschijnsel 'gehechtheid' duizenden jaren oud is. De systematische bestudering ervan is mogelijk gemaakt door het theoretische werk van John Bowlby, die brokstukken theorie en empirie tot een integrale gehechtheidstheorie smeedde, en door het empirische werk van Mary Ainsworth, die een procedure ontwikkelde om de kwaliteit van de gehechtheidsrelatie tussen opvoeder en kind vast te stellen.

In het tweede hoofdstuk geven we weer wat we bedoelen met intergenerationele overdracht van gehechtheid en hoe dit is onderzocht. Tot voor kort werd het onderzoek naar de invloed van jeugdervaringen op de opvoeding van de eigen kinderen verricht vanuit de veronderstelling dat mensen in staat zouden zijn hun jeugdervaringen achteraf redelijk objectief in kaart te brengen. Mary Main ontwikkelde het Gehechtheidsbiografisch Interview op basis van het uitgangspunt dat de huidige voorstelling over wat er in het gezin van herkomst is gebeurd beter in beeld gebracht kan worden dan het verleden zoals het feitelijk is geweest. Juist de mentale representatie van gehechtheidsrelaties met de ouders in de kinderjaren is, zo luidt de veronderstelling, van groot belang voor de vormgeving van de gehechtheidsrelatie met de eigen kinderen.

Het derde hoofdstuk geeft een overzicht van het onderzoek naar intergenerationele overdracht van gehechtheid in 'normale' gezinnen, dat wil zeggen gezinnen die zich niet voor deskundige hulpverlening hebben aangemeld. We zullen laten zien dat dit onderzoek internationaal een hoge vlucht heeft genomen en dat het mogelijk is door de uitkomsten van verschillende meta-analyses met elkaar in verband te brengen, een overzicht te krijgen van de verzamelde kennis en van de vragen die nog onbeantwoord zijn gebleven. Een van die vragen betreft de wijze waarop de mentale representatie van gehechtheid van ouders wordt overgedragen op de volgende generatie. Overdracht van gehechtheid vindt niet alleen plaats via de sensitieve responsiviteit van de ouders, er zijn ook andere mechanismen in het geding.

In het vierde hoofdstuk beschrijven we het klinische onderzoek naar intergenerationele overdracht van gehechtheid. In dit hoofdstuk komt onderzoek naar uiteenlopende onderwerpen als kindermishandeling, depressiviteit bij de ouder, gedragsproblemen bij het kind en verlies van gehechtheidsfiguren aan de orde. We zullen laten zien dat de mentale representatie van gehechtheid bij de ouder een goede voorspeller is van sociaal-emotionele problemen bij het kind of bij de ouder zelf. Het blijkt echter moeilijk te zijn om een bepaald type probleem (bijvoorbeeld internaliserende versus externaliserende problemen) te koppelen aan een bepaalde wijze van terugblikken op het gehechtheidsverleden.

Het vijfde hoofdstuk laat zien dat er al diverse pogingen zijn ondernomen om de intergenerationele overdracht van onveilige vormen van gehechtheid te doorbreken en een gunstige wending te geven. Er zijn preventieve studies uitgevoerd die aansluiten bij de idee van opvoedingsvoorlichting en -ondersteuning. Daarnaast zijn er interventies gedaan op basis van een therapeutisch model, waarbij de betrokkenen worden uitgenodigd te reflecteren op de 'spoken' uit hun verleden, dat wil zeggen hun onveilige gehechtheidservaringen. Interventiestudies blijken over het algemeen redelijk succesvol in het verbeteren van de interactie tussen ouder en kind, maar het effect op de kwaliteit van de gehechtheidsrelatie laat nog te wensen over. Met een casusbeschrijving zullen we illustreren hoe ingewikkeld de verhoudingen zijn tussen de mentale voorstelling van gehechtheid bij de ouder, het pedagogisch handelen en de gehechtheidsrelatie met het kind.

In het nawoord zullen we de belangrijkste bevindingen nog eens op een rij zetten en laten zien in welke richting de theorie en het onderzoek naar gehechtheid zich naar onze mening zouden moeten ontwikkelen.

In de verschillende hoofdstukken wordt intergenerationele overdracht van gehechtheid beschreven op het niveau van groepen gezinnen. Een uitzondering is hoofdstuk 5 waarin de mogelijkheden en beperkingen van interventies in de ontwikkeling van gehechtheid worden geïllustreerd met een uitvoerige casusbeschrijving. In de intermezzi willen we deze lijn voortzetten en afdalen (of wellicht beter: opstijgen) tot het concrete niveau van het individuele gezin, om te laten zien hoe de koppeling tussen de gehechtheidsrepresentatie van de ouder en de gehechtheidsrelatie van het kind met die ouder er uitziet. We zullen daartoe tussen de bedrijven door vier gevalsbeschrijvingen geven van gezinnen waarin sprake is van een samenhang tussen de gehechtheidsrepresentatie van de ouder en de gehechtheid van het kind.

Dit boek zou niet tot stand zijn gekomen zonder de medewerking van dr. M.J. Bakermans-Kranenburg en dr. F. Juffer, beiden als onderzoeker ('post-doc') verbonden aan het pionierproject. Mariàn Bakermans-Kranenburg is niet alleen mede-auteur van het tweede hoofdstuk maar verleende ook haar hulp bij het schrijven van de overige hoofdstukken. Femmie Juffer is mede-auteur van het vijfde hoofdstuk. De gevalsbeschrijving in dat hoofdstuk is ontleend aan een interventiestudie naar het doorbreken van intergenerationele overdracht van onveilige gehechtheid die we samen met drs. M.G.C. Duyvesteyn in uitvoering hebben. Marja Duyvesteyn, Carlo Schuengel, Marianne de Wolff en Suzan van Dijken ben ik zeer erkentelijk voor hun commentaar bij een eerdere versie van dit boek. Dineke den Boer verleende de onontbeerlijke secretariële ondersteuning. Een pioniersubsidie van de Nederlandse Organisatie voor Wetenschappelijk Onderzoek (NWO; subsidienummer PGS 59-256) stelde me in staat vanaf 1990 de studie naar intergenerationele overdracht van gehechtheid te intensiveren. Dit boek is één van de resultaten van deze studie.

Rien van IJzendoorn
Leiden, mei 1994

1 Ontstaan en achtergronden van de gehechtheidstheorie

Het is bijna 3000 jaar geleden. Om Troje woedt een hevige veldslag. Hektor, de aanvoerder van de Trojanen, keert bebloed terug van het strijdgewoel om zijn weinig vechtlustige broer Paris te halen. Alvorens zich weer bij zijn manschappen te voegen, neemt Hektor eerst nog afscheid van zijn vrouw en kind. Hektor en Andromache beseffen dat dit afscheid voorgoed kan zijn. Andromache probeert haar geliefde echtgenoot ervan te weerhouden zich opnieuw aan de gevaren van de strijd bloot te stellen. Maar Hektor sterft liever in het harnas dan aan te zien dat zijn vrouw in slavernij wordt weggevoerd.

> ' "Moge mij, eerder gestorven, de aarde als grafheuvel dekken/ Voor ik uw jammeren hoor en u wegsleuren zie voor mijn ogen!"/ Zo sprak de stralende Hektor en strekte zich uit naar zijn zoontje/, Ach maar het kindje boog schreiend terug naar de borst van zijn voedster/ Hooggegordeld; verschrikt door het zien van zijn vriendelijke vader,/ bang voor het koper en ook voor de wuivende paardestaart, die het/ Bovenaf van de top van de helm zo angstig zag knikken..../ Hartelijk lachten zijn vriendelijke vader en edele moeder/ Dadelijk nam de stralende Hektor de helm van zijn hoofd af,/ zette hem, alom het licht weerspiegelend, neer op de grond en/ Kuste zijn dierbare kindje; in zijn handen liet hij het dansen....!/.'
> (Homerus, Ilias, Boek VI, vers 464-474; vert. van A.W. Timmerman)

Dan spreekt Hektor de wens uit dat Skamandertje, zoals hij het kind liefkozend pleegt te noemen, ondanks het lot van zijn ouders later roem zal weten te vergaren. Hij geeft het kind over aan zijn vrouw. En Homerus beschrijft haar reactie met de woorden: 'Zij nam het op aan haar geurende boezem en lacht in haar tranen'.

In Homerus' Ilias spelen kleine kinderen een heel bescheiden rol. De bloedige strijd tussen de Griekse en Trojaanse helden laat weinig

Dit hoofdstuk is mede gebaseerd op Van IJzendoorn (1988), Van IJzendoorn (1990), Van IJzendoorn (1992a) en Van IJzendoorn, De Ruiter en Bakermans-Kranenburg (1991).

ruimte voor een beschrijving van het huiselijk leven of de kinderjaren van deze vechtersbazen. De ontroerende afscheidsscène van Hektor en Andromache is een van de weinige uitzonderingen. Hierin worden Hektor en Andromache niet alleen als liefhebbende echtgenoten geschetst, maar ook als liefdevolle ouders, die ondanks de verschrikkingen van de oorlog intens kunnen genieten van de omgang met hun kind. Homerus laat hiermee zien dat de liefdevolle band tussen ouder en kind geen uitvinding is van de moderne tijd (Ariès, 1962; Shorter, 1975), maar bijna drie millennia geleden althans tot de mogelijkheden van de menselijke soort behoorde.

Maar er is meer. Homerus geeft ook aan dat de kleine Astyanax bang is voor Hektors glanzende helm met de witte paardestaart, en zich dichter tegen zijn voedster aanklemt. Een mooi voorbeeld van gehechtheid tussen kind en beroepsopvoeder. Ook komt de sensitiviteit van Hektor voor de oorzaak van de angst tot uitdrukking. De gevierde oorlogsheld neemt onmiddellijk zijn helm af en begint met zijn zoon te spelen. Het kind komt snel weer tot rust en kan door zijn vader aan Andromache worden gegeven. Zij omhelst het liefdevol en haar vreugde over de aanwezigheid van Astyanax wint het van haar wanhopige verdriet over het aanstaande vertrek van Hektor. De ouders geven zo blijk van hun gehechtheidsrelatie met het kind. Het kind voelt zich ondanks het afschrikwekkend uiterlijk van vader en de tranen van zijn moeder weldra weer veilig en bereid tot spel: het danst op de arm van zijn vader.

Dit boek gaat over gehechtheid tussen jonge kinderen en hun ouders, en over de wortels van deze relatie in de gehechtheidservaringen van de ouders. Wat is gehechtheid? Een voorlopige omschrijving luidt dat een kind gehecht is als het geneigd is in angstige situaties en bij vermoeidheid of ziekte de nabijheid van en het contact met een specifieke opvoeder te zoeken (Bowlby, 1984). We presenteren in dit hoofdstuk een kort overzicht van de recente geschiedenis en inhoud van de gehechtheidstheorie.

1.1 Historische achtergronden van de gehechtheidstheorie

Er was een veel gruwelijker oorlog dan de Trojaanse voor nodig om de gehechtheid tussen jonge kinderen en hun ouders tot onderwerp van intensieve wetenschappelijke studie te maken. Tijdens de Tweede Wereldoorlog werden talloze kinderen tijdelijk of permanent van hun ouders gescheiden. Gezinnen werden uiteengerukt door de aanhoudende bombardementen op burgerdoelen, door de bodemloze behoefte van de oorlogsmachinerie aan nieuwe mankracht en door de Duitse terreur. In Londen hadden de psychotherapeuten Dorothy Burlingham en Anna Freud – de dochter van de befaamde Weense psychiater Sigmund Freud – de zogenaamde Hampstead Nurseries opgericht: enkele opvangcentra voor kinderen van 0 tot 10 jaar die hun ouders door de oorlog tijdelijk of voorgoed hadden verloren. Burlingham en Freud beschrijven op aangrijpende wijze het leed van deze jonge kinderen, die ondanks een goede lichamelijke verzorging vaak wegkwijnden vanwege het wegvallen van de gehechtheidsrelatie met hun ouders. In april 1941 werd bijvoorbeeld Dell, een klein actief meisje van 2½ jaar, in het internaat opgenomen. Toen ze door haar moeder werd gebracht, was ze al snel aan het spelen en ze zag haar eigenlijk nauwelijks weggaan. Maar na een half uur besefte Dell plotseling wat er gebeurd was en liep radeloos door het huis op zoek naar haar moeder. Na verloop van tijd verdween haar opgewektheid en activiteit, ze werd een ander kind. Ze slaagde er niet in een nieuwe band aan te knopen met een van de beroepsopvoeders en behandelde haar ouders na enkele weken als willekeurige bezoekers (Freud & Burlingham, 1974, p. 36 e.v.).

Door systematische analyse van deze en soortgelijke observaties ontdekte John Bowlby, de Britse kinderpsychiater en grondlegger van de gehechtheidstheorie, een drietal fasen in de reactie van jonge kinderen op de verbreking van de band met de ouders. In de beginfase, die van het *protest*, is het kind in paniek en probeert het de scheiding ongedaan te maken met alle middelen die ter beschikking staan: huilen is daarbij het belangrijkste strategische wapen. Andere verzorgers dan de eigen ouders worden afgewezen. Na enkele dagen volgt dan de fase van de *wanhoop* waarin het kind nog steeds op de verdwenen ouder is gefixeerd maar tot passiviteit vervalt. Na enkele weken of maanden volgt tenslotte de fase van de *onthechting*: het kind krijgt weer wat meer aandacht voor zijn omgeving, en is bereid tot interactie met andere opvoeders. Keren de ouders terug, dan blijkt echter de gehechtheidsrelatie in het ongerede te zijn geraakt. De ouders worden niet of nauwelijks begroet en soms zelfs actief afgewezen, het kind is afwezig en apathisch, vaak tot wanhoop van de ouders.

Er zijn goede redenen om aan te nemen dat juist het verbreken van de band met de ouders – en bijvoorbeeld niet het verblijf in een vreemde omgeving – de oorzaak van de angst en het verdriet bij het kind is. Zo vergeleek Fagin (1966) een groep kinderen die vergezeld van hun moeder in het ziekenhuis werd opgenomen, met een vergelijkbare groep kinderen die slechts eenmaal per dag bezoek van hun ouders kreeg. Zelfs wanneer de ziekenhuisopname niet meer dan enkele dagen duurde, vertoonden de kinderen die zonder hun ouders in het ziekenhuis waren opgenomen, naderhand allerlei symptomen van verhoogde angst en onzekerheid: ze klampten zich vaker aan hun ouders vast, waren meer overstuur bij heel korte afwezigheid van de ouders en vervielen soms weer tot bedplassen. Dergelijke problemen traden niet op in de andere groep. Niet de opname zelf, maar de verbreking van de band met de ouders, juist in de beangstigende omgeving van het ziekenhuis, leidde tot de hevige reacties.

Hoewel in het begin van de jaren vijftig nog onvoldoende empirische gegevens voorhanden waren, concludeerde Bowlby al snel dat gehechtheid een sleutelrol vervult in de opvoeding en ontwikkeling van jonge kinderen. Hij constateerde op grond van klinische gevalsbeschrijvingen en eigen observaties dat jongeren en volwassenen die in hun vroege kinderjaren van hun ouders waren gescheiden, meer kans hadden op een verstoorde ontwikkeling en minder kans op een gelukkig bestaan. Niet zonder gevoel voor retoriek vergeleek hij dan ook in zijn beroemde rapport voor de World Health Organization uit 1951 het belang van gehechtheid voor de psychische ontwikkeling met het belang van eiwitten en vitaminen voor de fysieke gezondheid. Met deze metafoor gaf Bowlby aan dat hij de 'behoefte' van kinderen om gehecht te raken een vooraanstaande plaats toedacht, gelijkwaardig aan de primaire behoefte aan voeding. Hiermee distantieerde hij zich van de vigerende psychoanalytische en leertheoretische ideeën, die de band tussen kind en ouder simpelweg verklaarden uit het feit dat de ouder het kind voedt en verzorgt en daarmee zijn hart verovert: volgens de traditionele opvatting zou juist bij jonge kinderen de liefde door de maag gaan.

Tegen het einde van de jaren vijftig kwamen gegevens uit ethologisch onderzoek beschikbaar die de traditionele opvatting leken te weerleggen. Harlow (1958) voerde enkele historisch belangrijke experimenten uit met jonge resusaapjes die vanaf de geboorte van hun biologische ouders werden gescheiden. In plaats van hun echte ouders werden de aapjes voorzien van kunstmoeders, opgetrokken uit ijzerdraad. Sommige kunstmoeders werden bekleed met een zacht, bontachtig vel, andere bleven een wat macaber ogend geraamte. De jonge aapjes konden door beide soorten moeders gevoed worden via een fles die op het geraamte was gemonteerd. In één van de experimenten groeiden acht aapjes op met beide typen kunstmoeders. Vier van de acht aapjes werden gevoed door de onbeklede kunstmoeder en vier door het bedekte exemplaar, en de tijd werd gemeten die de aapjes bij ieder van de kunstmoeders doorbrachten. De resultaten waren opzienbarend. In beide groepen brachten de aapjes ongeveer 15 uur per dag bij de beklede moeders door, en niet meer dan 2 uur bij de onbeklede kunstmoeder, ook al gaf deze de melk. In een ander experiment werden aapjes die waren grootgebracht bij een niet-voedende maar beklede kunstmoeder, in een angstaanjagende situatie gebracht en hun gedrag werd vergeleken met soortgenoten die waren opgegroeid bij een voedende maar onbeklede kunstmoeder. Alleen de groep die met een beklede moeder was grootgebracht, zocht en vond steun bij de kunstmoeder. De groep met de voedende maar onbeklede moeder bleef angstig.

Deze experimenten laten onder gecontroleerde omstandigheden zien dat voeding bij resusaapjes geen doorslaggevende rol speelt in de totstandkoming van een gehechtheidsrelatie. Bij jonge resusaapjes gaat de liefde niet door de maag, maar is de aaibaarheidsfactor, zoals Kousbroek dat noemde, van beslissend belang. Of, zoals Harlow met veel alliteratie stelde: '..there is more to mother love than mere milk'. Bowlby (1975, 1984, 1985) heeft deze gegevens, en tal van andere ethologische onderzoeksresultaten, als illustratie gebruikt voor de hypothese dat ook bij mensenkinderen de behoefte gehecht te raken aan een beschermende soortgenoot tot de primaire behoeften van de soort behoort. De gehechtheidstheorie is gebouwd op de veronderstelling dat kinderen ter wereld komen met een aangeboren neiging om gehechtheidsgedrag te laten zien – en deze neiging zou overlevingswaarde hebben gehad in de oorspronkelijke omgeving van evolutionaire aanpassing.

1.2 Een evolutiebiologische grondslag voor gehechtheid

Aan de evolutiebiologie ontleende Bowlby (1984) de gedachte dat gehechtheidsgedrag vanwege z'n belang voor de overleving van de soort genetisch verankerd zou zijn. Gehechtheidsgedrag zoals huilen en nabijheidzoeken zou aanvankelijk de onvolwassen soortgenoten tegen de talrijke gevaren in de 'omgeving van evolutionaire aanpassing' – het oorspronkelijk leefmilieu van de mens – hebben beschermd. Dicht in de buurt van volwassen soortgenoten had een kind meer kans aanvallen van roofdieren en andere gevaren te overleven dan zonder middelen om deze beschermende verzorgers in de nabijheid te houden. Zelfs in een tijd waarin de mens ver van zijn oorspronkelijke omgeving van evolutionaire aanpassing verwijderd is, zou de genetisch verankerde neiging om aan een opvoeder 'gehecht' te raken, dat wil zeggen attent te zijn op het bewaren van een veilige nabijheid, tot de basisuitrusting van de soort behoren. Niet voeding en verzorging, maar de genetisch verankerde neiging tot het zoeken van nabijheid tot een beschermende soortgenoot zou de grondslag voor het ontstaan van een gehechtheidsrelatie zijn in de individuele ontwikkeling.

Een zwak punt in deze evolutiebiologische verklaring van gehechtheid is de vraag naar de noodzaak of oorsprong van een adequate reactie van de kant van de opvoeder op de signalen van het kind. Waarom zou de volwassen soortgenoot reageren op het genetisch verankerde gehechtheidsgedrag van iedere nakomeling? Porter en Laney (1980) en Lamb, Thompson, Gardner en Charnov (1985) merken op dat recente ontwikkelingen in de evolutiebiologie wijzen op het belang van maximalisatie van de zogenaamde 'inclusive fitness': de 'neiging' van ieder individu tot vergroting van het aantal genen dat door zijn toedoen verspreid wordt. In feite wordt in navolging van de sociobiologie en de ecologische biologie niet zozeer het individu of de soort maar het genenpakket als theoretische eenheid centraal gesteld. Zonder een oordeel uit te spreken over de houdbaarheid van dit idee, zou eruit afgeleid kunnen worden dat het streven van ouders naar maximalisatie van hun reproductieve succes maar tot op zekere hoogte een adequate reactie op signalen van hun kind impliceert, namelijk voorzover deze reactie opweegt tegen de mogelijke negatieve gevolgen voor bijvoorbeeld andere kinderen en dus afbreuk zou doen aan het totale reproductieve succes van de ouders (Trivers, 1974). Natuurlijke selectie zou ervoor 'zorgdragen' dat ouders streven naar een optimale kosten-batenbalans met betrekking tot reproductief succes. Dit betekent naast de noodzaak van sensitief reageren op gehechtheidssignalen van het kind, ook de mogelijkheid deze te negeren ten behoeve van bijvoorbeeld een broertje of zusje. Kinderen zullen onder deze voorwaarde optimaal aan hun omgeving zijn aangepast als ze ook weten om te gaan met de nodige insensitiviteit van de kant van de opvoeder (Lamb e.a., 1985, p.47 e.v.; zie ook Hinde, 1982). Een vermijdende of afwerende gehechtheid zou in sommige gevallen het kind in staat kunnen stellen om aan een (tijdelijk) insensitieve omgeving het hoofd te kunnen bieden (zie verderop).

Overigens is door Petrovich en Gewirtz (1985) hetzelfde evolutiebiologische perspectief in de leertheoretische verklaring voor gehechtheid geïntroduceerd. Ook deze 'verstokte' aanhangers van het leertheoretisch paradigma – met name Gewirtz heeft vanaf het begin van de jaren zestig een belangrijke rol gespeeld in de polemiek over de gehechtheidstheorie (zie ook Elbers, 1985) – zijn van mening dat louter 'proximale' verklaringen die betrekking hebben op de actuele individuele ontwikkeling, tekortschieten en aangevuld dienen te worden met verklaringen van meer 'ultieme' aard. De centrale stelling in deze nieuwe variant van de leertheorie luidt dat ouderlijke gehechtheidsgedragingen het reproductieve succces van de individuen van een soort vergroten. Daarbij speelt niet alleen bescherming tegen roofdieren een rol, maar ook dat het ouderlijk gedrag ingepast moet worden in de bredere strategie van maximalisatie van reproductief succes. Hoe meer genen gedeeld worden tussen opvoeder en kind, hoe groter de waarschijnlijkheid van sensitief inspelen op de gehechtheidsgedragingen van het kind (zie ook Field, 1985). In die zin wijken de opvattingen van Petrovich en Gewirtz nauwelijks af van gehechtheidstheoretische inzichten. Verschil van mening ontstaat vooral op het vlak van vermeende determinanten van individuele gehechtheidsontwikkeling: de leertheorie stelt hier verschillende vormen van conditionering centraal, de gehechtheidstheorie geeft meer systeemtheoretisch getinte verklaringen (zie paragraaf 1.3).

Bovengenoemde evolutiebiologische verklaringen voor de mogelijke genetische basis van gehechtheidsgedrag maken nog een erg speculatieve en metaforische indruk (zie ook Vroon & Draaisma, 1985) en houden zeker geen rekening met het bestaan van een cultureel erfgoed naast een biologisch erfgoed (Van IJzendoorn & Van der Veer, 1984). Opvoeders zijn natuurlijk niet alleen bundels genen op zoek naar reproductie, maar zij streven ook rationele doelen na, die wellicht in de vorm van opvoedingsdoelen zijn geconcretiseerd en ondanks eventuele nadelen voor het reproductief succes tot sensitieve reacties op gehechtheidsgedrag van het kind kunnen leiden. De evolutiebiologische benadering verklaart ook niet de affectieve investeringen van anderen dan de biologische ouders in de opvoeding van het kind (bijvoorbeeld adoptieouders: Juffer, 1993). Wel geven evolutiebiologische verklaringsmodellen aanleiding om gehechtheid te zien als berustend op een soortgebonden genetische infrastructuur, die in ieder geval een interpretatie biedt voor de bijna universele status van gehechtheidsgedrag, robuust voor heel wat variaties in de contextuele voorwaarden voor ontwikkeling.

1.3 Systeemtheoretische overwegingen

Tegen deze evolutiebiologische achtergrond beschrijft Bowlby de individuele ontwikkeling van gehechtheidsgedrag graag met behulp van systeemtheoretische begrippen. De organisatie van kinderlijk gedrag wordt door Bowlby vergeleken met een regelsysteem dat via feedback-mechanismen als het ware doelgericht kan functioneren. Het 'voorgeprogrammeerde' systeemdoel is daarbij het handhaven van contact met en nabijheid tot de opvoeder – of vanuit een intern psychologisch perspectief gezien de maximalisatie van aan hem ontleende veiligheidsgevoelens (Sroufe & Waters, 1977; Bretherton, 1985). De gedragingen die ter realisering van dit systeemdoel worden ingezet, zijn inwisselbaar en aangepast aan de omstandigheden. Zo zal een baby in de wieg vooral huilen om te kennen te geven dat de 'afstand' tot de opvoeder te groot is geworden, terwijl een wat ouder kind zal kruipen of lopen. Hetzelfde kind kan op twee verschillende momenten een reeks verschillende gehechtheidsgedragingen gebruiken om zijn opvoeder te demonstreren dat het gevoel van veiligheid hem in de steek heeft gelaten.

Deze systeemtheoretische interpretatie is beslissend geweest voor het succes van het onderzoeksprogramma van de gehechtheidstheorie. Aan deze interpretatie refereerde Waters (1978) bij de beschrijving van het merkwaardige onderzoeksresultaat dat gehechtheidsgedrag over een periode van een half jaar volstrekt instabiel was, terwijl patronen van gehechtheid – de classificatie (zie verder) – een hoge mate van stabiliteit te zien geven. In de loop van de jaren zeventig hebben steeds meer onderzoekers verzucht dat gehechtheid eigenlijk geen meetbaar construct was, omdat het even vluchtig en instabiel zou zijn als de verschillende gehechtheidsgedragingen – bijvoorbeeld de mate van huilen bij scheiding of de intensiteit van pogingen de moeder bij haar vertrek te volgen (voor een overzicht zie Van IJzendoorn, 1979). Doordat kon worden aangetoond dat gehechtheid, opgevat als doelgericht systeem, op een bijzonder stabiele wijze functioneerde door flexibele inzet van gehechtheidsgedragingen, konden critici van het onderzoekprogramma van repliek gediend worden (zie Lamb e.a., 1985). Het is duidelijk dat Bowlby's theoretische grondslag van het onderzoekprogramma daadwerkelijke gevolgen heeft gehad voor de wijze waarop gegevens werden verzameld en geïnterpreteerd. In die zin is inderdaad sprake van een onderzoekprogramma volgens de criteria van Lakatos (Van IJzendoorn, 1983).

1.4 De ontwikkeling van gehechtheid

De ontwikkeling van gehechtheid kan op twee manieren beschreven worden. Ten eerste kan de beschrijving globaal gericht zijn op de fasen waarin gehechtheid als soortgebonden fenomeen kan worden opgedeeld. Ten tweede kan de aandacht juist uitgaan naar individuele verschillen binnen de soortgebonden ontwikkeling. Niet voor iedere fase is een gedetailleerd beeld voorhanden van de mate waarin en de wijze waarop individuele opvoeder-kindparen verschillen. De verschillen zijn het meest uitvoerig gedocumenteerd voor de derde fase in de ontwikkeling van gehechtheid, de fase van het handhaven van nabijheid tot een specifiek persoon.

In de ontwikkeling van gehechtheid bij het jonge kind worden doorgaans vier fasen onderscheiden (Bowlby, 1984; Ainsworth, Blehar, Waters & Wall, 1978; Lamb e.a., 1985). Deze fasen moeten niet als stadia in de klassieke zin van dat begrip worden opgevat. In feite betreft het een vloeiende ontwikkelingslijn waarin om heuristische redenen enige 'grenzen' kunnen worden aangebracht; grenzen die overigens aan voortdurende empirische kritiek onderhevig zijn, omdat de baby bij nader onderzoek altijd weer meer blijkt te kunnen dan voorheen verondersteld werd (zie Field, 1985; Trevarthen, 1979).

In de eerste fase, *oriëntatie en signalen zonder onderscheid des persoons*, lijkt de baby afgestemd op bepaalde 'golflengten' van signalen uit de omgeving. Deze stimuli lijken vooral van menselijke herkomst te zijn (bijvoorbeeld stemgeluid) maar het is nog onduidelijk in hoeverre dit met het opvallende en indringende karakter van dit type sociale stimuli te maken heeft. In ieder geval heeft de baby al vrij snel de vaardigheid de ogen van een opvoeder te fixeren, terwijl met huilen, glimlachen en grijpen al spoedig na de geboorte de voorlopers van gehechtheid hun intrede hebben gedaan (zie Van Geert, 1988). Wat de baby tot ongeveer 8-12 weken na de geboorte nog niet lijkt te kunnen (hierover bestaat echter geen consensus onder de onderzoekers), is opvoeders van elkaar onderscheiden, zodat willekeurig welke volwassene in staat is de behoeften van de baby te bevredigen.

Waarschijnlijk eerst via het reukorgaan en later pas via het gezichtsvermogen wordt dan een bijzondere voorkeur zichtbaar voor één of enkele opvoeders – de fase van *oriëntatie en signalen gericht op één of enkele specifieke personen*. Gedurende deze tweede fase raakt het kind ingespeeld op enkele opvoeders (en omgekeerd uiteraard) op wie het bij voorkeur zijn nabijheidzoekend gedrag richt. Gehechtheidsgedrag zoals huilen wordt ook gemakkelijker gestopt door een specifieke persoon dan door willekeurige volwassenen. Toch is in deze fase slechts sprake van een relatieve voorkeur voor de vaste opvoeder boven een andere volwassene. In principe zou iedereen met enige moeite in staat moeten zijn dezelfde rol te vervullen als de geprefereerde opvoeder.

Pas als het kind in staat is actief gehechtheidsgedrag ten toon te spreiden, zoals actief nabijheid zoeken en volgen van de gehechtheidspersoon, en in staat is het bestaan van deze persoon te beseffen ook als deze buiten het gezichtsveld is – 'persoonspermanentie' – dan treedt de fase van de eigenlijke gehechtheid in, ofwel *het handhaven van nabijheid tot een specifiek persoon door middel van beweging en signalen.* Pas in deze fase zou het gehechtheidsgedrag op een doelgecorrigeerde wijze als systeem georganiseerd zijn. Het 'systeemdoel' hierbij is 'nabijheid' of 'ervaren veiligheid'. Voor het bereiken van dit globale doel worden naar gelang de afstand ertoe verschillende gedragingen ingezet. Dit alles zou rond 6-8 maanden na de geboorte zijn beslag krijgen. Voor die tijd lijkt het relatief gemakkelijk het kind te laten wennen aan scheiding van zijn opvoeder en aan nieuwe verzorgers, daarna lokt scheiding en verlies de hiervoor besproken, zeer heftige separatie-angst op, tot uitdrukking komend in protest en woede, gevolgd door wanhoop en apathie, en tenslotte uitmondend in de labiele bereidheid opnieuw gehechtheidsrelaties aan te gaan. Overigens is nog onduidelijk of 'persoonspermanentie' als sociale tegenhanger van object-permanentie inderdaad een voorwaarde voor fase drie vormt. Bell (1970) vond hiervoor empirische evidentie, maar Levitt, Antonucci en Clark (1984) hebben deze resultaten niet kunnen repliceren.

Het kind is in fase drie nog te 'egocentrisch' om zich bewust te zijn van plannen van de opvoeder die niet direct met de zijne stroken: uitstel van bevrediging van de behoefte aan veiligheid en nabijheid is dan ook moeizaam af te dwingen. De fase van het *doelgecorrigeerde partner-zijn* treedt in als het kind zich kan inleven in de plannen en percepties van de opvoeder en daarmee rekening wil houden bij het maken van een plan voor de eigen activiteiten (Marvin, 1977). Naar deze vierde fase is nog weinig onderzoek gedaan, maar men vermoedt dat vanaf ongeveer 3 jaar (en aanmerkelijk vroeger volgens Main, Kaplan en Cassidy, 1985) het kind een zogenaamd 'werkmodel', een mentale representatie van zijn gehechtheidsrelatie(s) ontwikkelt, die op abstracte wijze van invloed is op zijn gehechtheidsgedrag. Dergelijk gedrag is dan ook geëvolueerd van primitief 'huilen' tot het overbrengen van relatief ingewikkelde affectieve boodschappen via verbale communicatie. Bowlby (1984) formuleerde de hypothese dat het 'werkmodel' uit deze fase een grote invloed zou uitoefenen op alle gehechtheidsrelaties die later zouden worden aangeknoopt. We zullen in hoofdstuk 3 laten zien, dat de vroege ervaringen met gehechtheidsrelaties niet zonder meer weerspiegeld worden in de wijze waarop het kind als volwassene met zijn eigen kinderen een gehechtheidsrelatie aangaat.

1.5 Individuele verschillen: de Vreemde Situatie

Hiervoor is de ontwikkeling van gehechtheidsrelaties beschreven zonder rekening te houden met pregnante individuele verschillen in type of kwaliteit van de gehechtheidsrelatie. Het gehechtheidsonderzoek heeft zich echter juist op de vraag geconcentreerd hoe deze individuele verschillen gekenschetst moeten worden, en welke determinanten en effecten hieraan gekoppeld zijn. Niet alle kinderen hebben immers de gelegenheid soepel om te gaan met opvoeders die bereid zijn op hun signalen in te spelen. De veronderstelling is nu dat nogal wat verschillen in type of kwaliteit gehechtheidsrelatie kunnen worden herleid tot verschillen in coördinatie en soepelheid van de interacties tussen opvoeder en kind in het eerste levensjaar. Deze hypothese vloeide voort uit de belangrijkste studie die in de geschiedenis van het gehechtheidsonderzoek tot nu werd uitgevoerd, namelijk de Baltimore studie van Mary Ainsworth en haar collega's (Ainsworth e.a., 1978).

In deze longitudinale studie werden 26 moeder-kindparen gedurende het eerste levensjaar vier uur per drie weken thuis geobserveerd. De enorme hoeveelheid gegevens moest aan een extern criterium gerelateerd worden om zinvolle analyses te kunnen doorvoeren. Ainsworth en Wittig (1969) hebben in die fase van het onderzoek de lumineuze gedachte gehad alle kinderen met hun moeder in een vergelijkbare, stresserende scheidingssituatie te brengen en daaraan af te meten in hoeverre het kind vertrouwen in de toegankelijkheid en bereikbaarheid van zijn gehechtheidspersoon kan opbrengen. Deze kunstmatige scheidingssituatie werd gecreëerd in de vorm van de inmiddels wereldberoemde 'Vreemde Situatie'-procedure ('Strange Situation') en de hoop bestond dat aan het gedrag van de kinderen in deze situatie de mate van veiligheid in de relatie met de gehechtheidspersoon afgelezen zou kunnen worden.

De Vreemde Situatie is gebaseerd op de volgende uitgangspunten:

1 verblijf in een nieuwe omgeving, geconfronteerd worden met een onbekende persoon en een tweetal kortdurende scheidingen van de opvoeder zijn stresserende omstandigheden die bij het kind gehechtheidsgedrag oproepen;

2 de terugkeer van de gehechtheidspersoon na scheiding helpt deze stress te verlichten bij kinderen die vertrouwen hebben in de beschikbaarheid van de gehechtheidspersoon maar niet bij kinderen die dat vertrouwen missen (Grossmann, Grossmann, Huber & Wartner, 1981).

De procedure bestaat uit een achttal episodes waarvan de laatste zeven in het ideale geval steeds drie minuten duren. Iedere episode kan echter op verzoek van de opvoeder afgebroken worden, en ook de proefleider kan een episode inkorten als het kind bijvoorbeeld uitsluitend huilgedrag vertoont. Overigens is gebleken dat proefleiders over het algemeen eerder de neiging hebben een episode af te breken dan de opvoeder, zelfs wanneer het kind laat zien dat het erg angstig is.

De eerste episode is slechts een introductie-episode waarin de proefleider opvoeder en kind introduceert in de onbekende ruimte en eventueel nog enkele laatste aanwijzingen geeft. Het observeren begint wanneer de opvoeder het kind op verzoek van de proefleider bij het speelgoed heeft gebracht. In episode 2 bevinden opvoeder en kind zich in de speelruimte. In episode 3 komt een onbekende volwassene (de 'vreemde') binnen die na korte tijd met het kind gaat spelen. Als de opvoeder weggaat begint episode 4 en het kind blijft met de vreemde achter. De terugkeer van de opvoeder vindt plaats in episode 5, gevolgd door een nieuw vertrek van de opvoeder in episode 6: het kind blijft dan alleen achter. In episode 7 keert de vreemde terug en in episode 8 vindt opnieuw een hereniging plaats met de opvoeder.

Aan de hand van uitvoerige instructies kan het kind een score krijgen op een zestal schalen waarin frequentie, duur en latentie van concreet omschreven gedragingen zijn verdisconteerd. Ondanks de schijn van het tegendeel is de procedure er in feite op gericht kenmerken van de opvoeder-kinddyade vast te leggen in plaats van kind-kenmerken. Hoewel het gedrag van de opvoeder in zekere mate 'gestandaardiseerd' is, blijft voldoende bewegingsvrijheid over voor een adequate schatting van interacties en relaties (zie Uzgiris & Fafouti-Milenkovic, 1985). De kwaliteit van de gehechtheidsrelatie verschilt dan ook per dyade: hetzelfde kind kan in verschillende dyades (met vader, moeder of crècheleidster als partner) uiteenlopend geclassificeerd worden (Lamb, 1978; Main & Weston, 1981; Grossmann e.a., 1981; Goossens & Van IJzendoorn, 1990; Fox, Kimmerly & Schafer, 1991). Hier ligt een belangrijk verschil met traditioneel temperamentsonderzoek, waarin temperament als kind-kenmerk wordt beschouwd, en ieder kind dus één type temperament 'bezit' (zie Kohnstamm, Bates & Rothbart, 1989). Overigens veronderstelt men dat de verschillende gehechtheidsrelaties in de loop der jaren worden geïntegreerd in één intern werkmodel of representatie van gehechtheid (zie het Nawoord voor een bespreking van dit thema).

In bovengenoemde schalen voor gehechtheidsgedragingen is rekening gehouden met het (systeemtheoretische) feit dat gedragingen die oppervlakkig beschouwd geheel verschillend zijn, een zekere mate van inwisselbaarheid hebben, aangezien ze alle kunnen worden ingezet voor het bereiken van het gestelde doel: 'nabijheid' of – abstracter – 'ervaren veiligheid'. De variabelen waarop het kind een score krijgt zijn de volgende: nabijheid- en contactzoeken, contacthandhavend gedrag, afwerend gedrag, vermijdend gedrag, zoekgedrag tijdens de separatie-episoden en interactie over een afstand. Het kind scoort hoger naarmate het meer initiatief aan de dag legt. In episodes 2, 3, 5 en 8 wordt het gedrag beoordeeld ten aanzien van de opvoeder, terwijl in de episodes 3, 4 en 7 (ook) een score voor gedrag ten opzichte van de vreemde wordt gegeven. In de episodes 4, 6 en 7 krijgt het kind tevens een score voor zoekgedrag naar de dan afwezige opvoeder. Aan de hand van het patroon van scores, waarbij vooral de herenigingsepisodes zwaar wegen, kan een inschatting worden gemaakt van de kwaliteit van de gehechtheidsrelatie. Naast voornoemde gedragingen is het ook mogelijk scores te geven voor de duur van het huilen tijdens iedere episode, alsmede voor het optreden van exploratief gedrag, veelal spelgedrag (Ainsworth e.a., 1978). Overigens zijn de episodes waarin opvoeder en kind weer herenigd worden (5 en 8) doorgaans doorslaggevend voor de classificatie.

1.5.1 De ABC-classificatie

Onderzoek met de Vreemde Situatie heeft geleid tot een classificatie van kinderen in drie groepen, die door Ainsworth en haar collega's prozaïsch met de letters A, B en C worden aangeduid. In de Verenigde Staten kunnen doorgaans de meeste kinderen in de B-groep worden ondergebracht (ca. 70%); deze kinderen zijn *veilig* gehecht, mede omdat ze een minimum aan onveilig gehechtheidsgedrag zoals 'vermijden' en 'afweren' aan de dag leggen en spoedig na terugkeer van de opvoeder weer gaan spelen. De groepen A en C wijken van dit als 'normatief' aangeduide patroon af en worden als *onveilig* gehecht beschouwd. De A-kinderen (ca. 20%) zijn *vermijdend* gehecht: ze lijken de omgeving weliswaar intensief en ongestoord te verkennen, maar laten door hun actieve vermijding van de opvoeder bij zijn terugkeer zien danig uit hun emotioneel evenwicht te zijn geraakt. De C-kinderen (ca. 10%) daarentegen zijn *afwerend* gehecht: ze klampen zich enerzijds vaak huilend vast aan de opvoeder, maar lijken anderzijds hun woede en teleurstelling door afwerend gedrag kenbaar te willen maken. Ze zijn bijna ontroostbaar. Overigens is de tweedeling van de onveilig-gehechte dyades in vermijdende- en afwerende-gehechtheidsrelaties sterk geïnspireerd door de hiervoor genoemde fasen van 'protest' en 'wanhoop' als reactie op langdurige scheidingen. De fase van het 'protest' lijkt goed gerepresenteerd door de afwerende kinderen die weliswaar nabijheid zoeken, maar ook uitdrukking geven aan hun boosheid en verdriet over de separatie. De fase van de 'wanhoop' daarentegen wordt vertegenwoordigd door de vermijdende kinderen die door onverschillig gedrag hun scheidingsangst proberen te maskeren (zie ook Bretherton, 1985).

De drie hoofdcategorieën zijn nog gesplitst in acht subgroepen, namelijk A1, A2, B1, B2, B3, B4, C1 en C2. In haar Baltimore-studie observeerde Ainsworth 23 moeder-kindparen in de Vreemde Situatie en door een soort intuïtieve 'clusteranalyse' waarbij telkens naar gelijke paren kinderen werd gezocht, ontdekte zij zeven van de hiervoor genoemde acht subgroepen. De achtste subgroep – B4 – werd later naar aanleiding van het onderzoek van Bell (1970) toegevoegd. Een korte typering van de subgroepen, vooral gebaseerd op hun gedrag in de herenigingsepisodes is weergegeven in tabel 1.1 (zie Lamb e.a., 1985, p.37).

1.5.2 Gedesorganiseerde gehechtheid

De drie gehechtheidstypen van Ainsworth bleken in een groot aantal onderzoeken in de VS en later ook in cross-cultureel onderzoek geïdentificeerd te kunnen worden (Lamb e.a., 1985; Sagi, Lamb, Lewkowicz, Shohan, Dvir & Estes, 1985; Miyake, Chen & Campos, 1985; Van IJzendoorn, Tavecchio, Goossens, Vergeer & Zwaan, 1983). In een klein aantal gevallen bleek de classificatie echter problemen op te leveren. De uiteenzetting in deze paragraaf over de problematische gevallen is ontleend aan Van IJzendoorn, De Ruiter en Bakermans-Kranenburg (1991).

Aan het begin van de jaren tachtig verscheen een aantal studies dat expliciet rapporteerde over deze classificatieproblemen. Twee onderzoeken werden verricht met steekproeven uit blanke middenklassepopulaties. Grossmann e.a. (1981) introduceerden een vierde categorie: 'not to classify'. Main en Weston (1981) benoemden 12,5% van hun steekproef als niet-classificeerbaar. Hoewel deze kinderen niet binnen de vermijdende of de afwerende categorie pasten, werden zij als onveilig gekenschetst op basis van andere gedragingen. Bijvoorbeeld 'gedraagt zich bij de hereniging met de ouder als een veilig kind, maar gedraagt zich op dezelfde manier tegenover de vreemde'.

Ook uit onderzoek in steekproeven met mishandelde en/of verwaarloosde kinderen kwamen classificatieproblemen naar voren. Ege-

Tabel 1.1 Typering van acht gehechtheidsklassen (ontleend aan Lamb, Thompson, Gardner & Charnov, 1985)

A1	Vermijdt de opvoeder opvallend in de herenigingsepisodes (bijvoorbeeld negeren, aandacht fixeren op iets anders, wegdraaien of wegkruipen). Geen benadering van de opvoeder bij terugkeer, of de benadering wordt onderbroken. Geen of weinig contact handhaven als het kind wordt opgepakt door de opvoeder. Tendens om de vreemde op dezelfde wijze te behandelen als de opvoeder.
A2	Neigt ertoe om de opvoeder te groeten en te benaderen, maar gemengd met een tendens om zich om te draaien, af te wenden of de opvoeder te negeren. Misschien enig contact handhaven, maar dan in de context van vermijden.
B1	Groet de opvoeder bij hereniging eerder met positieve interactie op afstand dan met benaderen en contact zoeken. Weinig contact handhaven als het wordt opgepakt. Weinig verdriet vanwege de scheiding, en misschien enig vermijden bij hereniging.
B2	Tendeert naar benaderen en groeten van de opvoeder, maar er is slechts weinig contactzoekend gedrag zichtbaar. Misschien enig vermijden in de eerste herenigingsepisode. Nauwelijks contact handhaven als het wordt opgepakt.
B3	Zoekt actief fysiek contact bij hereniging, en toont actief contact handhaven. Lokt troost uit van de kant van de gehechtheidspersoon, wordt zo na scheiding gerustgesteld, en is vervolgens in staat de omgeving in aanwezigheid van de opvoeder te verkennen. Zeer weinig vermijden of afweren.
B4	Zoekt duidelijk contact, met name in de herenigingsepisodes, maar het contactzoeken en -handhaven zijn minder nadrukkelijk aanwezig en minder effectief dan die van B3 kinderen. Het kind ontleent onvoldoende veiligheid en troost aan de aanwezigheid van de opvoeder om na scheiding zelfstandig de omgeving te verkennen, in het bijzonder in de herenigingsepisodes. Het kind kan ook enig afweren tegenover de opvoeder laten zien, en in het algemeen alleen op schoot tot rust komen.
C1	Zoekt in sterke mate nabijheid en contact in de herenigingsepisodes, gemengd met opvallend afwerend, boos gedrag. Veel verdriet vanwege de scheiding. Afweren kan ook op de vreemde betrekking hebben.
C2	Is extreem passief, met geringe exploratie in bijna alle episodes, en weinig actief in het nabijheid/contact zoeken of contact handhaven, hoewel het kind door huilen toont dat ze vastgehouden wil worden. Afweren is niet zo sterk als bij de C1 kinderen.

land en Sroufe (1981a) deden de onthutsende bevinding dat 47% van de 18 maanden oude kinderen van verwaarlozende moeders als veilig gehecht geclassificeerd moesten worden. Dit resultaat was niet in overeenstemming met de eerdere bevindingen dat het veilig-gehechtheidspatroon in de Vreemde Situatie het gevolg is van sensitieve en responsieve interacties met de opvoeder. Een herbestudering van deze gevallen leidde tot de ontdekking van een nieuw patroon van onveilige gehechtheid, dat wil zeggen onveilige gehechtheid zonder dat er sprake was van duidelijk vermijdend of afwerend gedrag (Egeland & Sroufe, 1981b). Vergelijkbare pogingen om tot een nieuwe classificatiecategorie te komen voor kinderen uit klinische steekproeven zijn ondernomen door Crittenden (1985, 1988), Spieker en Booth (1988) en Radke-Yarrow, Cummings, Kuczynski en Chapman (1985) (zie hoofdstuk 4).

Main en Solomon (1986) hebben een systematische studie verricht naar het gedrag van 55 niet-classificeerbare kinderen in de Vreemde Situatie. De meest opmerkelijke bevinding was dat deze kinderen niet gekenmerkt werden door één coherente strategie (zoals veilige, vermijdende en afwerende kinderen). Het gemeenschappelijke kenmerk van deze kinderen was juist de afwezigheid van een duidelijke strategie, hetgeen zich uitte in gedragingen in de Vreemde Situatie waaraan geen doel ten grondslag leek te liggen. Main en Solomon (1986) kozen hiervoor de term gedesorganiseerd gedrag. Dit gedrag kan slechts momentaan optreden, maar kan ook een langere periode van de Vreemde Situatie voortduren. In een aantal gevallen kon het gedrag van het kind alleen als gedesorganiseerd gezien worden als rekening gehouden werd met de verwachte temporele opeenvolging van gehechtheidsgedrag (gedesorganiseerd is bijvoorbeeld veel huilen en roepen tijdens de separatie, gevolgd door sterke vermijding als de opvoeder binnenkomt). In andere gevallen was het gedrag zelf duidelijk gedesorganiseerd (bijvoorbeeld het verstarren of 'bevriezen' van alle bewegingen en voor zich uit staren met uitdrukkingsloos gezicht).

Main en Solomon (1990) onderscheiden zeven indicatoren voor gedesorganiseerd gedrag. Deze zijn weergegeven in tabel 1.2.

Tabel 1.2 Indicatoren voor gedesorganiseerd gedrag in de Vreemde Situatie bij 12-18 maanden oude kinderen, in aanwezigheid van de ouder (uit: Main en Solomon, 1990)

1	Opeenvolgend vertonen van tegenstrijdige gedragspatronen
2	Gelijktijdig vertonen van tegenstrijdige gedragspatronen
3	Ongerichte, verkeerd gerichte, onvolledige en onderbroken bewegingen en expressies
4	Stereotypieën, asymmetrische bewegingen, bewegingen met verkeerde timing, afwijkende houdingen
5	Verstarren, stilhouden, zeer langzame bewegingen en expressies
6	Directe indicatoren die wijzen op angst voor de opvoeder
7	Directe indicatoren voor desorganisatie en desoriëntatie

Omdat het te ver voert alle indicatoren hier uitgebreid te bespreken, zullen we volstaan met enkele voorbeelden (zie ook het intermezzo na hoofdstuk 4). Een voorbeeld van de tweede indicator, 'Gelijktijdig vertonen van tegenstrijdige gedragingen', is het met de rug naar de ouder toekruipen. Hierbij zoekt het kind nabijheid en tegelijkertijd vermijdt het de ouder. Het handhaven van een ineengedoken houding gedurende meer dan 20 seconden valt onder de vierde indicator ('Afwijkende houding'). Een 'Directe indicator voor desorganisatie' (categorie 7) is het angstig opheffen van een hand naar de mond als de opvoeder binnenkomt (zie voor een illustratie het intermezzo na hoofdstuk 4). In de door Main en Solomon (1990) ontwikkelde richtlijnen voor het coderen van gedesorganiseerd gedrag, wordt aangegeven dat als een classificatie voor desorganisatie van toepassing is, ook altijd een tweede (of zelfs meerdere) classificatie(s) volgens het Ainsworth systeem moet(en) worden toegekend.

1.6 De validiteit van de Vreemde Situatie

Hoe weten we dat het gedrag van jonge kinderen in de Vreemde Situatie inderdaad een goede indicatie vormt voor de kwaliteit van hun gehechtheidsrelatie met de opvoeder? Deze vraag houdt de gemoederen al sinds de constructie van deze kortdurende en kunstmatige observatie-procedure hevig bezig. In 1985 concludeerden Lamb, Thompson, Gardner en Charnov na een uitvoerige inventarisatie van het voorhanden onderzoek nog dat het bewijsmateriaal niet eenduidig in het voordeel van de Vreemde Situatie sprak. Zijn we inmiddels wat verder gekomen?

Er zijn tenminste drie wegen waarlangs de vraag naar de validiteit van de Vreemde Situatie kan worden beantwoord. Ten eerste is er het psychofysiologisch onderzoek van baby's voor, tijdens en na de Vreemde Situatie. Zijn de verschillende gehechtheidsclassificaties ook verbonden met systematische verschillen in psychofysiologisch aantoonbare stress tijdens en na de Vreemde Situatie? Ten tweede is er het onderzoek naar sensitieve responsiviteit; dit opvoedersgedrag wordt doorgaans als de belangrijkste determinant van individuele verschillen in gehechtheid aangemerkt. Ten derde is er het onderzoek naar de gevolgen van de verschillende gehechtheidsrelaties voor de sociaal-emotionele en cognitieve ontwikkeling van het kind. Leidt een onveilige gehechtheid tot een minder optimale ontwikkeling in een latere fase van de levensloop? We zullen hier kort op deze drie soorten bewijsvoering ingaan.

De meest recente studie naar psychofysiologische aspecten van de Vreemde Situatie is uitgevoerd door Spangler en Grossmann (1993). Zij verrichtten metingen van hartslag en het hormoon cortisol voor, tijdens en na de Vreemde Situatie bij 41 baby's van 12 maanden. De hartslag werd gemeten met ECG-elektroden aangebracht op de borst van de baby en het niveau van cortisol – een indicator van stressgevoelens – werd via het speeksel van de baby's bepaald. Opvallend was dat de schijnbaar onaangedane en onverstoorbaar exploratieve, vermijdende baby's tijdens de scheidingen van de opvoeder een even grote toename in frequentie van de hartslag lieten zien als de veiliggehechte kinderen, die wel zichtbaar overstuur waren door de scheiding van de ouder. Dat de vermijdende kinderen inderdaad ongerust en gespannen waren kwam ook naar voren uit de toename van het cortisolniveau tijdens de Vreemde-Situatieprocedure. Die toename is een vertraagde fysiologische reactie op verhoogde stress, en deze was wat groter voor de vermijdende baby's dan voor de veilige kinderen.

De grootste toename van cortisol in het speeksel werd echter aangetroffen bij de gedesorganiseerde baby's, en algemeen wordt aangenomen dat deze baby's de slechtste prognose hebben (Main & Hesse, 1990). We zullen nog zien dat betrekkelijk weinig over de antecedenten van de gedesorganiseerde categorie bekend is: wel is aangetoond dat hun opvoeder vaak met onverwerkt verlies of ander onverwerkt trauma te kampen heeft (zie hoofdstuk 3 en 4). In de groep van Spangler en Grossmann (1993) waren te weinig ambivalent gehechte baby's aanwezig om hierover verantwoorde uitspraken te kunnen doen. Over het algemeen echter zijn juist deze kinderen zichtbaar het meest van streek door de Vreemde Situatie (veel huilen) en kunnen de ouders hen ook het minst effectief troosten. De meeste vragen roept de vermijdende categorie op omdat kinderen uit deze categorie zich zo rustig en speels lijken te gedragen; gezien de verhoogde hartslag en cortisol moet hun vermijdend gedrag echter wel degelijk beschouwd worden als onveilig-gehechtheidsgedrag.

Ook recent onderzoek naar sensitieve responsiviteit heeft steun gegeven aan de geldigheid van de Vreemde Situatie (Isabella & Belsky, 1991; Isabella, 1993). Ainsworth en haar collega's (1978) definieerden sensitieve responsiviteit als het vermogen van de opvoeder signalen van het kind snel en onvertekend waar te nemen, en de bereidheid en bekwaamheid om op deze signalen prompt en adequaat te reageren. We menen dat met signalen vooral de gehechtheidssignalen van het kind moeten worden bedoeld. Vooral gedurende het eerste levensjaar zou een sensitieve en responsieve opvoeder bij het kind een algemeen beeld van voorspelbaarheid, toegankelijkheid en betrouwbaarheid ontwikkelen en de baby het idee geven dat hij de sociale omgeving enigszins beheerst. Hieruit zou het kind dan vertrouwen putten in de toegankelijkheid van de beschermende opvoeder in tijden van nood, angst en spanning. Bij onveilig-gehechte kinderen is de opvoeder niet in staat gebleken dit gevoel van vertrouwen op te roepen. Zo is vermijdende gehechtheid vermoedelijk te wijten aan het consequent insensitief zijn van de opvoeder, het steeds weer ongevoelig zijn voor de behoeften en signalen van het kind. De ouders van vermijdende kinderen wekken bijvoorbeeld vaak de indruk liefdevol lichamelijk contact uit de weg te gaan. Het kind wordt ervaren als een bron van onrust en een belemmering voor de gewone gang van zaken. Het kind lijkt, kortom, door de opvoeder afgewezen te worden. De ambivalent-gehechte kinderen hebben opvoeders die inconsequent responsief zijn; het kind wordt niet afgewezen maar de opvoeder gaat er onhandig mee om en reageert onvoorspelbaar op signalen. Ze zijn geneigd op ongelukkige momenten te interfereren in het spel van het kind, of het verdrietige kind te snel aan zijn lot over te laten. De ouders van het ambivalente kind passen zich, kortom, niet goed aan het ritme van het kind aan (Ainsworth e.a., 1978).

Zoals gezegd hebben enkele recente en gedegen studies enig bewijsmateriaal voor deze samenhang tussen sensitieve responsiviteit en kwaliteit van gehechtheid opgeleverd (Isabella & Belsky, 1991; Isabella, 1993), maar doorgaans blijkt de samenhang niet bijzonder sterk te zijn (Goldsmith & Alansky, 1987; De Wolff, Van der Veer & Van IJzendoorn, in voorbereiding). We zullen in hoofdstuk 3 laten zien dat maar een bescheiden gedeelte van de intergenerationele overdracht van gehechtheid op het conto van sensitieve responsiviteit kan worden geschreven. Dit neemt niet weg dat sensitieve responsiviteit als een oorzaak van het tot stand komen van een bepaald type gehechtheidsrelatie kan worden beschouwd. In hoofdstuk 5 zullen we experimenteel onderzoek bespreken dat de oorzakelijke rol van sensitieve responsiviteit in de ontwikkeling van gehechtheid onderstreept. Er zijn verschillende interventiestudies die aantonen dat de verbetering van sensitieve responsiviteit leidt tot een verbeterde gehechtheidsrelatie met het kind (bijvoorbeeld Juffer, 1993; Van den Boom, 1988). Door deze experimentele studies staat het belang van sensitieve responsiviteit buiten kijf, maar er is niet aangetoond dat sensitieve responsiviteit ook een noodzakelijke of voldoende voorwaarde is voor een evenwichtige gehechtheidsontwikkeling. Andere pedagogische gedragingen kunnen daarvoor eveneens verantwoordelijk zijn. Het is echter nog onduidelijk aan welk type gedragingen we in dit verband moeten denken (zie ook hoofdstuk 3). Overigens zijn er nog geen studies gerapporteerd naar de interactieve antecedenten van gedesorganiseerde gehechtheid (zie hoofdstuk 4).

De kwaliteit van de gehechtheidsrelatie in het tweede levensjaar heeft gevolgen voor de sociaal-emotionele en cognitieve ontwikkeling in de peuter- en kleuterperiode. Een veilige relatie gaat over het algemeen gepaard met een wat betere ontwikkeling van taal, spel, omgang met leeftijdsgenootjes en met volwassenen en met een betere beheersing van negatieve emoties in frustrerende situaties. Vermijdend gehechte kinderen hebben als kleuters de neiging wat agressiever tegenover hun klasgenoten te zijn (gebrek aan controle over negatieve emoties), terwijl de ambivalent gehechte kinderen een overmaat aan passiviteit en afhankelijkheid van de leerkracht vertonen (overmatige controle over negatieve emoties; Van IJzendoorn, Sagi & Lambermon, 1992). De ambivalent-gehechte kinderen presteren doorgaans wat minder goed op gestandaardiseerde tests, zoals intelligentietests, mede doordat ze zich in de interactie met de testleider minder op hun gemak voelen. Toch is in enkele tientallen studies onder honderden kinderen slechts een gering effect van gehechtheid op intelligentie vastgesteld (Van IJzendoorn, Dijkstra & Bus, in druk). De samenhang tussen gehechtheid en taalontwikkeling is sterker. Zo is vastgesteld dat onveilig-gehechte kinderen minder geneigd zijn geschreven taal te exploreren en dat onveilig-gehechte moeder-kinddyades vaker conflicten hebben tijdens voorlezen dan veilig-gehechte paren. Ouders van onveilig-gehechte kinderen lezen doorgaans minder vaak voor dan ouders van veilig-gehechte kinderen waarschijnlijk omdat de voorleessessies voor ouder en kind minder plezierig verlopen (Bus, 1993).

Er zijn diverse hypothesen gesuggereerd voor de samenhang tussen gehechtheid en cognitieve ontwikkeling. We hebben hiervoor al gezien dat onveilig-gehechte kinderen niet zonder meer 'dommer' zijn dan veilig-gehechte kinderen, bijvoorbeeld vanwege hun genetische bagage. Het probleem is wat ingewikkelder. Ten eerste blijkt uit het onderzoek naar voorlezen dat veilige gehechte kinderen zich gemakkelijker door hun ouders laten instrueren: het verkennen van geschreven taal leidt tot minder spanningen en conflicten tussen de beide partners en is daardoor meer belonend. Een veilige gehechtheidsrelatie kan dus een vruchtbare voedingsbodem zijn voor effectief 'onderwijzen' door ouders of leerkrachten. Een tweede hypothese heeft betrekking op de intensiteit van de exploratie. Ambivalente kinderen zijn zo sterk gericht op hun gehechtheidsfiguur dat er weinig ruimte voor onbekommerde exploratie van de wijdere sociale en fysieke omgeving overblijft. Vermijdend-gehechte kinderen gebruiken de exploratie van de omgeving om hun aandacht af te leiden van de gehechtheidsfiguur en hem of haar niet af te stoten met al te aanhankelijk gedrag. Dat heeft negatieve gevolgen voor de kwaliteit van hun exploratie, zo mag men veronderstellen (Spangler & Grossmann, 1993). Alleen veilig-gehechte kinderen zijn in staat een evenwicht te vinden tussen aandacht voor de gehechtheidsfiguur en aandacht voor de omgeving en ze zijn daardoor in staat zichzelf meer te leren en leerzamere ervaringen op te doen. Een derde hypothese betreft het grotere gemak waarmee veilig-gehechte kinderen zich in gestandaardiseerde testsituaties bewegen. Ze zullen met minder faalangst en een soepeler omgang met de testleider tot betere prestaties komen: hun 'performance' zal dichter bij hun competentie liggen dan in het geval van onveilig-gehechte kinderen, en vooral ambivalente kinderen (De Ruiter & Van IJzendoorn, 1993; Van IJzendoorn e.a., in druk).

Het is nog onduidelijk welke hypothese de beste verklaring biedt voor de samenhang tussen gehechtheid in het tweede levensjaar en de ontwikkeling van het kind in de peuter- en kleuterperiode. Van belang voor de validiteit van de Vreemde Situatie is dat de verschillende gehechtheidsclassificaties niet alleen systematisch samenhangen met determinanten (sensitieve responsiviteit) maar ook met effecten op langere termijn. Het maakt verschil of een kind veilig of onveilig gehecht is aan zijn ouder. Hoewel de meeste studies naar de gevolgen van een veilige of onveilige relatie in westerse landen zijn uitgevoerd, hebben soortgelijke studies in niet-westerse culturen dezelfde tendens laten zien (Main, 1990; Van IJzendoorn e.a., 1992). Dit leidt tot de veronderstelling dat een veilige relatie inderdaad tot een betere adaptatie aan de omgeving leidt dan een onveilige gehechtheid. In de volgende paragraaf zullen we dieper ingaan op het mogelijk universele karakter van gehechtheid.

1.7 Is gehechtheid universeel?

Een van de eerste empirische onderzoeken naar gehechtheid was een cross-culturele studie, namelijk het onderzoek van Ainsworth in Oeganda (Ainsworth, 1967). De beroemde Baltimore studie waaruit de Vreemde Situatie voortkwam (Ainsworth e.a., 1978), was oorspronkelijk bedoeld als een replicatie van haar Afrikaanse resultaten in een Amerikaanse groep gezinnen. De twee studies toonden aan dat gehechtheid zich in de sterk uiteenlopende culturen volgens hetzelfde basispatroon ontwikkelt (zie hiervoor). In beide culturen proberen eenjarigen in de nabijheid te blijven van de opvoeder, in het bijzonder in bedreigende situaties, en in beide culturen gebruiken ze de opvoeder als een veilige haven van waaruit de omgeving wordt geëxploreerd. Er zijn diverse studies verricht om de claim dat gehechtheid een universeel verschijnsel is, nader te toetsen, niet alleen in Westerse landen zoals Zweden (Lamb, Hwang, Frodi & Frodi, 1982), Duitsland (Grossmann e.a., 1981), Engeland (Smith & Noble, 1987), Australië (Radojevic, 1993; Barnett, Blignault, Holmes, Payne & Parker, 1987) en Nederland (Van IJzendoorn e.a., 1983), maar ook in Japan (Durrett, Otaki & Richards, 1984; Miyake e.a., 1985; Takahashi, 1986), Israël (Sagi e.a., 1985; Sagi, Van IJzendoorn, Aviezer, Donnell & Mayseless, 1994), Afrika (Kermoian & Leiderman, 1986) en Zuid-Amerika (Valenzuela, 1990).

In deze studies werd doorgaans gebruik gemaakt van de Vreemde-Situatieprocedure om de kwaliteit van de gehechtheidsrelatie vast te stellen. Met behulp van deze procedure vonden Ainsworth en haar collega's (1978) zoals gezegd een 'normatief' Amerikaans 'middle class' patroon van ongeveer 20% vermijdende, 70% veilige en 10% ambivalente kinderen (of liever gezegd: kind-moederrelaties). In Bielefeld (Noord-Duitsland) vonden Grossmann en zijn collega's echter een veel hoger percentage van vermijdende moeder-kindparen (ongeveer de helft van de steekproef werd als zodanig geclassificeerd) en in Japan en Israël (in de kibboets) vonden onderzoekers een overmaat aan ambivalente baby's – hoewel hier de meerderheid als veilig kon worden getypeerd. Deze afwijkingen van het 'normatieve' patroon zouden volgens vele onderzoekers het universele karakter van gehechtheid twijfelachtig maken en het bestaan van grote culturele verschillen onderstrepen. Zo werd verondersteld dat in Noord-Duitsland de ouders een vroege zelfstandigheid bij hun kind nastreven, waardoor ze vermijdend gedrag in stresserende omstandigheden oproepen. In Japan zouden baby's bijna nooit scheidingen van hun moeder ondergaan. De Vreemde Situatie met een tweetal scheidingen zou hierdoor in deze cultuur als buitengewoon vreemd worden ervaren en extreem angstig, ambivalent gedrag veroorzaken. De Israëlische kibboetskinderen, zo werd gesuggereerd, hebben in hun leefgemeenschap zelden te maken met onbekende personen, hoewel ze in een omgeving met meerdere opvoeders opgroeien. Omdat ze in de Vreemde Situatie gedwongen zijn met een onbekende persoon te interacteren, ervaren ze zeer sterke gevoelens van angst. Dergelijke interpretaties voor afwijkende verdelingen tastten het vertrouwen in de gehechtheidstheorie als een universeel geldige theorie aan.

Er zijn echter tenminste twee redenen waarom dit debat over de cross-culturele beperkingen van de gehechtheidstheorie niet is uitgemond in een relativering van de reikwijdte van de Vreemde Situatie. Ten eerste toonden we door een meta-analyse van bijna alle gehechtheidsstudies uitgevoerd tot 1988 aan dat de intraculturele verschillen in verdelingen van gehechtheidsclassificaties groter waren dan de interculturele verschillen (Van IJzendoorn & Kroonenberg,

1988). Zo waren de verschillen binnen de Verenigde Staten even groot als de verschillen tussen alle overige culturen. Hoewel de globale Amerikaanse verdeling overeenstemt met de 20% A, 70% B en 10% C verdeling van Ainsworth e.a. (1978), zijn er vele individuele afwijkingen van dit patroon, bijvoorbeeld in steekproeven uit de zeer lage sociaal-economische milieus. Ook in Duitsland en Japan kunnen grote verschillen in gehechtheidsverdelingen worden aangetroffen tussen verschillende studies in dezelfde cultuur (Van IJzendoorn & Kroonenberg, 1988).

In Israël hebben we kunnen vaststellen dat de overmaat aan angstig-ambivalente baby's vooral samenhangt met een specifiek kibboets-systeem. In de zogenaamde 'communale' kibboets worden de kinderen niet alleen overdag maar ook 's nachts in grotere groepen buiten het gezinsverband opgevangen; de ouders zijn alleen in de namiddag en vooravond verantwoordelijk voor de opvoeding (Aviezer, Van IJzendoorn, Sagi & Schuengel, 1994). 's Nachts ondervinden de baby's geen troost van een vertrouwde persoon wanneer ze wakker zijn en huilen. De 'opzichter' gedurende de nacht is veelal voor de kinderen een relatief onbekende volwassene. Deze extreme opvoedingssituatie leidt ertoe dat veel baby's ambivalent gehecht raken aan hun 's nachts volstrekt afwezige moeders. In vergelijkbare kibboetsen zonder dit gemeenschappelijk nachtarrangement – de gezinsgeoriënteerde kibboetsen – vonden we wel de normatieve verdeling terug (Sagi e.a., 1994). Dus doorgaans betreft het afwijkingen – zoals in Israël – die heel goed binnen een universeel geldige gehechtheidstheorie kunnen worden verklaard (Aviezer e.a., 1994), en soms gaat het om afwijkingen die samenhangen met toevalsfluctuaties in relatief kleine en niet altijd aselect gekozen steekproeven.

Ten tweede is de Vreemde Situatie wel gekritiseerd omdat de procedure niet overal en altijd dezelfde mate van milde stress bij kinderen zou oproepen. De Vreemde Situatie zou juist die culturen 'bevoordelen' waarin kinderen gewend zijn aan regelmatige scheidingen van de ouders en een regelmatige omgang met onbekende personen. De veronderstelling van een identieke hoeveelheid stress is echter alleen gerechtvaardigd indien de episodes worden gekortwiekt op het moment dat het kind te verdrietig wordt om nog normaal te kunnen functioneren. Ingekorte procedures kunnen heel goed worden geclassificeerd (Oppenheim, Sagi & Lamb, 1988). We hebben Japanse video-opnamen van Vreemde Situaties onder ogen gehad, waarin de proefleider wel erg strikt vasthield aan de standaardlengte van drie minuten per episode, ongeacht het verdriet van de baby. Hierdoor werd de stress hoog opgevoerd. Het is opvallend dat de classificatie van de Japanse Vreemde Situatie op basis van de eerste vijf episodes een doorsnee verdeling van gehechtheidsclassificaties oplevert (Takahashi, 1986), maar dat het mis gaat zodra de rest van de procedure in de beschouwing wordt betrokken. Hierbij komt dat we in een secundaire analyse van de Vreemde Situatie in diverse culturen hebben kunnen vaststellen dat de eerste kennismaking ('primairy appraisal') met de procedure geen verschillen in stress te zien geeft tussen de culturen: die verschillen ontstaan pas later in de Vreemde Situatie (Van IJzendoorn & Kroonenberg, 1990).

De universele geldigheid van de Vreemde Situatie kan dus niet in twijfel getrokken worden op basis van de voorhanden verdelingen in gehechtheidsclassificaties. De Israëlische kibboets leert ons dat waar sprake is van extreme afwijkingen van de standaard verdeling, er tevens sprake is van een extreem afwijkend opvoedingsarrangement – dat zelfs uniek is in de wereld. In een dergelijk geval kunnen we op grond van de theorie een verklaring geven voor het afwijkend patroon en juist dat is een goede illustratie voor de universele toepasbaarheid ervan. Zo zijn de communale kibboetsen opgericht om een meer zelfstandige mens te creëren (Aviezer e.a., 1994). Het tegendeel blijkt het geval te zijn – ambivalente kinderen zijn juist afhankelijker dan veilig-gehechte kinderen. De adaptieve waarde van veilige-gehechtheid wordt dus ook in dit bijzondere opvoedingsarrangement bewezen. De doorslaggevende toets van de universele geldigheid is daarom niet zozeer te vinden in verdelingen van gehechtheidsclassificaties als wel in voorspellingen over determinanten en effecten van verschillen in gehechtheidsclassificaties. Zo zou sensitieve responsiviteit een belangrijke rol in de ontwikkeling van gehechtheid moeten vervullen – niet alleen in de westerse landen maar ook in Japan of in Afrikaanse landen (Van IJzendoorn, 1990). Hoewel er in dit opzicht vooruitgang is geboekt (Main, 1990) moet nog meer validatieonderzoek naar de determinanten en effecten van gehechtheid in verschillende culturen verricht worden om tot de conclusie te kunnen komen dat het nomologisch netwerk rond gehechtheid over uiteenlopende culturen intact blijft (Van IJzendoorn, 1990).

1.8 Besluit

In dit hoofdstuk hebben we twee pijlers van de gehechtheidstheorie besproken: Bowlby's integratieve theoretische werk en Ainsworth's empirische uitwerking ervan met behulp van de Vreemde Situatie. Dit schept het kader waarbinnen de vraag naar intergenerationele overdracht van gehechtheid kan worden gesteld. In de volgende hoofdstukken zullen de stormachtige ontwikkelingen in het denken en onderzoek rond dit thema besproken en becommentarieerd worden.

2 Intergenerationele overdracht van gehechtheid: traditie en vernieuwing

M.H. van IJzendoorn en M.J. Bakermans-Kranenburg

Intergenerationele overdracht van gehechtheid en van opvoeding in het algemeen duidt op de invloed van de eigen jeugdervaringen van de ouders op hun pedagogische houding en gedrag. Intergenerationele overdracht heeft te maken met de opvoeding van de opvoeders en met de wortels van ouderlijk gedrag en ouderlijke attituden in een vroegere generatie (Feldman & Goldsmith, 1986). Intergenerationele invloeden op het ouderschap omvatten ook genetische factoren. De overdracht van genen over de generaties kan invloed uitoefenen op de houding van een komende generatie tegenover sociale en fysieke ervaringen en daarmee ook op de vervulling van het ouderschap. We stellen voor een onderscheid te maken tussen intergenerationele overdracht in strikte zin en genetisch bepaalde continuïteit in het ouderschap, door intergenerationele overdracht te omschrijven als het proces waardoor een vroegere generatie intentioneel of ongewild de pedagogische praktijken en attituden van de volgende generatie psychologisch beïnvloedt. Deze definitie onderscheidt ook contextuele continuïteit van intergenerationele overdracht. Als grootouders en ouders hun kinderen in ongeveer dezelfde fysieke en sociale omstandigheden grootbrengen, zullen hun pedagogische praktijken meer op elkaar lijken dan wanneer de omstandigheden verschillen. Niettemin hoeft de eerdere generatie geen directe, psychologische invloed op de komende generatie te hebben uitgeoefend (Quinton & Rutter, 1984).

Dit hoofdstuk is mede gebaseerd op Van IJzendoorn (1992b), Van IJzendoorn (1993; Nederlandstalige bewerking: Van IJzendoorn en Bakermans-Kranenburg, 1994) en Van IJzendoorn (in druk).

2.1 Modellen van intergenerationele overdracht in de opvoeding

Intergenerationele overdracht veronderstelt tenminste drie generaties: grootouders, ouders en hun kinderen. Omdat opvoeding het thema is, zijn niet alleen de ouders maar ook hun (mogelijk denkbeeldige) kinderen in het geding. En omdat intergenerationele overdracht van opvoeding aan de orde is, moeten ook de invloeden van grootouders op de ouders in de beschouwing betrokken worden. Als we de drie generaties aanduiden met *g1* (grootouders), *g2* (ouders), en *g3* (kinderen), dan is het meest eenvoudige model van intergenerationele overdracht omlijnd in figuur 2.1a.

Dit model maakt duidelijk dat direkte beïnvloeding van kinderen door grootouders (Radin, Oyserman & Benn, 1989) niet onder de noemer intergenerationele overdracht kan worden gebracht. De interactie tussen *g1* en *g3* moet als opvoeding door grootouders worden omschreven en is daarom onderdeel van het socialisatieproces waarin het kind is ondergedompeld (zie figuur 2.1b). Maar het is geen onderdeel van het proces van opvoeding van de opvoeder, zoals we intergenerationele overdracht hebben omschreven, omdat *g3* niet deelneemt aan de opvoeding, ten minste niet als opvoeder (maar zie Crittenden, 1984).

In feite is het begrip 'intergenerationele overdracht' in strikte zin beperkt tot de studie van (dis)continuïteiten tussen de verschillende generaties – grootouders, ouders, kinderen – wat betreft pedagogische attituden en gedragingen die op ongeveer dezelfde chronologische of sociale leeftijd worden ten toon gespreid. Daarmee hopen we te voorkomen dat ons onderwerp wordt verward met opvoeding door grootouders of met opvoeding in het algemeen (Quinton, 1988) en met ondersteuning van ouders door grootouders in het bijzonder (Radin e.a., 1989; Cherlin & Fürstenberg, 1986; Tinsley & Parke, 1987). We zullen nog zien dat het onderzoek naar intergenerationele overdracht van gehechtheid niet beantwoordt aan deze strikte definitie, tenzij de eerste gehechtheidsrelaties bepalend zouden zijn voor de gehechtheidsrelaties in de volwassenheid. Een dergelijke aanname is zeker niet in alle gevallen plausibel (hoofdstuk 3). Wel zullen gehechtheidsrelaties in de kinderjaren doorgaans een rol spelen in de wijze waarop in de volwassenheid nieuwe gehechtheidsrelaties worden aangeknoopt, maar ook andere factoren kunnen hieraan een belangrijke bijdrage leveren. Omdat gehechtheidsrelaties in de kinderjaren een rol kunnen spelen in de relatie met de eigen kinderen, is toch sprake van intergenerationele overdracht in de brede betekenis van het woord (zie ook paragraaf 2.8).

Ons model moet ook onderscheid maken tussen genetische en contextuele overdracht van factoren die de opvoeding beïnvloeden, en de eigenlijke intergenerationele overdracht van opvoeding. Continuïteit van opvoeding kan worden bevorderd door gedeelde genen, maar ook door gedeelde sociale en fysieke omstandigheden. Zo kan het wonen in dezelfde buurt of in dezelfde familiewoning de intergenerationele continuïteit bevorderen. Dit is een voorbeeld van cumulatieve continuïteit: de omgeving versterkt een bepaalde interactiestijl bij het individu en draagt er zo toe bij dat een gedragspatroon stabiel blijft over de levensloop en zelfs over de generaties (Caspi, Bem & Elder, 1989).

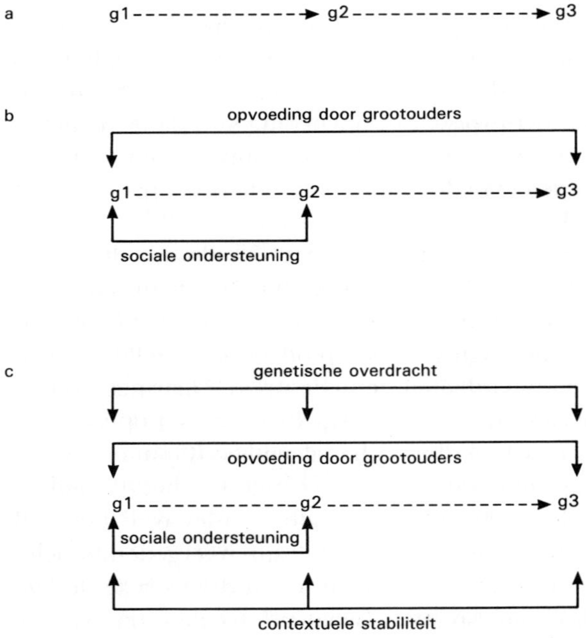

Figuur 2.1 Een model van intergenerationele overdracht van opvoeden (ontleend aan Van IJzendoorn, 1992b)

De mate van intergenerationele overdracht zal groter lijken dan ze in werkelijkheid is, als we ons geen rekenschap geven van genetische overdracht van factoren die het opvoedingsproces beïnvloeden en van de contextuele stabiliteit die de continuïteit van pedagogische attituden en gedragingen bevorderen. We zullen laten zien dat de meeste studies over intergenerationele overdracht geen onderscheid maken tussen genetische, contextuele en psychologische overdracht van opvoeden. Daarbij komt dat het belangrijk is het zogenaamde verwantschapseffect te bestuderen, dat wil zeggen de overdracht van waarden en normen binnen een gezin (Bengtson, 1975). Tegen deze achtergrond is het samenvoegen van vertegenwoordigers van dezelfde generatie en het vergelijken van deze groep met een eerdere of volgende generatie irrelevant voor de vraag naar intergenerationele overdracht van opvoeden. Toch staat juist een dergelijke vergelijking in sommige studies centraal: deze benadering kan wel enig licht werpen op het cohort- of periode-effect (Bengtson, 1975).

2.2 Het mechanisme van overdracht

De overdracht van opvoeding vindt wellicht plaats via één of meer van de volgende leerprocessen (Quinton, 1988). Simonton (1983) wijst op de rolmodel-hypothese: een vorm van sociaal leren of identificatie waardoor het kind zich ouderlijk gedrag verwerft. In zijn onderzoek vond hij steun voor de idee dat de rolmodel-hypothese meer verklaringswaarde had dan genetische overdracht in het ontstaan van eigenschappen als moraliteit en leiderschapsbekwaamheden. Dergelijke eigenschappen zijn mogelijk ook relevant voor de opvoeding. Crittenden (1984) noemt drie modellen van overdracht. Het eerste model is gebaseerd op de rolmodel-hypothese: kinderen zien hun ouders met andere kinderen omgaan en nemen dat als voorbeeld voor hun eigen opvoedingsgedrag. Het tweede model betreft de ervaringen van het kind als interactiepartner van de ouder. In de opvoeding draagt de ouder 'ongewild' kennis, vaardigheden en attituden over, die het latere pedagogisch handelen van het kind beïnvloeden. Het derde model houdt in dat de ouder het kind bewust pedagogische vaardigheden bijbrengt als dit kind omgaat met andere, jongere kinderen. Crittenden geeft aan dat harde gegevens ter ondersteuning van één van de modellen nog ontbreken. Zij voert wel anecdotische gegevens aan, die het belang van bewust 'onderwijzen' door de ouder (het derde model) onderstrepen. In een studie waarin mishandelende ouders werden vergeleken met niet-mishandelende ouders, vond Crittenden dat responsieve, niet-mishandelende ouders hun kind inderdaad leerden zich responsief te gedragen tegenover hun broertje of zusje, terwijl de mishandelende ouders in haar steekproef probeerden alle aandacht van hun kind te richten op de baby. Daarmee leerden ze hun kind het jongere broertje of zusje onresponsief – want overstimulerend – te behandelen. De opvoeders traden ook op als 'harde' leermeesters en hun opdrachten werden doorgaans door het kind genegeerd.

Een ander model voor het mechanisme van intergenerationele overdracht biedt de gehechtheidstheorie. In de theorie van intergenerationele overdracht van gehechtheid wordt verondersteld dat de ervaringen van ouders met de responsiviteit, afwijzing of ambivalentie van hun ouders (de grootouders) tot een interne representatie leidt van de grootouder als (on)gevoelig voor de behoeften van de ouder. Deze interne representatie zou op haar beurt dan weer leiden tot een bepaalde mate van responsiviteit, afwijzing of ambivalentie tegenover de eigen kinderen (Bowlby, 1988; Main e.a., 1985). Ouders die in hun kinderjaren een hoge mate van responsiviteit hebben ervaren, zouden meer open staan voor de gehechtheidssignalen en -behoeften van hun kinderen dan afgewezen of ambivalent behandelde ouders. Ouders met een responsieve opvoeding zouden zich wat gemakkelijker kunnen inleven in hun kind en zich niet zo snel bedreigd voelen door tekenen van angst, verdriet of boosheid van hun kind (Main e.a., 1985).

Ouders met een weinig responsieve opvoeding zijn overigens soms in staat hun interne representatie van gehechtheid bij te stellen op basis van nieuwe gehechtheidservaringen na hun kinderjaren. De interne representatie van gehechtheidservaringen uit het verleden moet worden opgevat als het resultaat van gecompliceerde processen in het autobiografische geheugen, waarbij latere ervaringen de perceptie van eerdere gebeurtenissen beïnvloeden. De interne representatie van gehechtheid zou bijvoorbeeld door therapie of door een veilige gehechtheidsrelatie met een partner kunnen veranderen. Bowlby (1988) veronderstelt wel dat deze interne representaties tamelijk resistent tegen verandering zijn en dat daarvoor meer nodig is dan 'onderwijzen' of model-leren (zie hoofdstuk 5). Bowlby heeft voor deze suggestie overigens alleen klinische gegevens kunnen aanvoeren.

In dit hoofdstuk zal intergenerationele overdracht van opvoeden in brede zin onderwerp van discussie zijn. Zo zullen we er niet alleen overdracht van gehechtheid onder verstaan maar ook pedagogisch gedrag en zelfs pedagogische attituden die de ontwikkeling van de jongste generatie zouden kunnen beïnvloeden. In dit verband zal allereerst een reeks van studies besproken worden die van vragenlijsten gebruik maakten om ouderschapsopvattingen en -attituden vast te leggen. Deze studies berusten niet op een sterk theoretisch fundament en we zullen ons daarom vooral richten op de empirische bevindingen en methodische problemen. Vervolgens zal een reeks studies worden besproken die de interne representatie of het interne werkmodel van ouders met betrekking tot hun gehechtheidsverleden tot onderwerp hebben. Deze interne representatie wordt in diverse onderzoeken in verband gebracht met de ontwikkeling van gehechtheid bij de jongste generatie (Main e.a., 1985; Main & Goldwyn, in druk). De studies naar intergenerationele overdracht van gehechtheid vormen een nieuwe trend in de gehechtheidstheorie, waarin de bijdrage van de ouders aan de gehechtheidsrelatie met het kind ruime aandacht krijgt. De studies in het kader van de gehechtheidstheorie kunnen onder de noemer van intergenerationele overdracht van opvoeden worden gebracht, omdat ze proberen te laten zien hoe de eigen opvoeding van de ouder doorwerkt in de ontwikkeling van hun kinderen via het filter van de interne representatie van gehechtheid van de ouder (zie ook paragraaf 2.8). Wel zijn deze studies toegespitst op gehechtheid en blijft een groot segment van het opvoeden hiermee buiten beschouwing.

2.3 Pedagogisch gedrag en attituden van ouders: de traditie

Als een van de eerste onderzoekers bestudeerde Itkin, ruim 40 jaar geleden (1952), de intergenerationele overdracht van opvoeden in een omvangrijke steekproef. In een cross-sectionele studie onder 400 studenten en hun ouders liet Itkin enkele attitude-schalen over ouderschapsstijl invullen. De gemiddelde correlatie tussen de scores van de studenten en van hun ouders was relatief hoog, namelijk 0,37. Omdat de betrouwbaarheid en validiteit van de schalen niet goed konden worden bepaald, stelde Itkin dat definitieve conclusies nog niet mogelijk waren. Gedurende de drie decennia na deze eerste studie werden minstens vier onderzoeken verricht met dezelfde soort ongevalideerde schalen voor ouderschapsstijl en -attituden (Hill, Foote, Aldous, Carlson & MacDonalds, 1970; Cherlin & Fürstenberg, 1986; Cohler & Grunebaum, 1981; Gelso, Birk & Powers, 1978). De resultaten van deze studies kunnen niet goed worden geïnterpreteerd, omdat de relatief bescheiden correlaties tussen de ouderschapsattituden van twee of meer generaties wellicht overschat zijn vanwege de onbetrouwbaarheid of het gebrek aan validiteit van de centrale meetinstrumenten.

In drie andere studies met vragenlijsten is wel een bevredigende betrouwbaarheid vermeld (Fu, Hinkle & Hanna, 1986; Lefkowitz,

Huesmann & Eron, 1978; Hanson & Mullis, 1986). Fu e.a. (1986) bestudeerden opvoedingsattituden in drie generaties, maar de tweede generatie bestond uit dochters en schoondochters (33%). Omdat schoondochters niet zijn opgevoed door de grootmoeders in het onderzoek, kunnen de resultaten niet in termen van intergenerationele overdracht zoals we hierboven hebben omschreven, worden geïnterpreteerd. Hanson en Mullis (1986) onderzochten de pedagogische attituden van 97 vrouwelijke studenten en hun ouders. De meeste studenten (93%) hadden geen kinderen. De auteurs vonden een bescheiden correlatie (0,29) tussen de scores van de studenten en hun moeders voor pedagogische empathie. De interpretatie van dit resultaat is echter lastig omdat gebruik gemaakt werd van een cross-sectionele onderzoeksopzet. De opzet laat geen onderscheid toe tussen cohort-effecten en andere factoren die de attituden beïnvloeden. Studenten die zelf nog geen ouder zijn, worden vergeleken met hun ouders, hoewel ze zich in een zeer verschillende levensfase bevinden. De geboorte van een baby, bijvoorbeeld, zou de pedagogische attitude van de studenten weleens drastisch kunnen veranderen – mogelijk in de richting van die van de ouders.

Als we zien hoeveel interpretatieproblemen de cross-sectionele onderzoeksopzet met zich meebrengt, is het opvallend hoe weinig longitudinale studies zijn uitgevoerd. Van bijzonder belang is daarom de longitudinale studie van Lefkowitz e.a. (1978) naar pedagogische attituden van grootouders en ouders (211 mannelijke en 216 vrouwelijke proefpersonen). In de eerste onderzoeksronde waren de vertegenwoordigers van de tweede generatie basisschoolleerlingen; tijdens de tweede onderzoeksronde 10 jaar later waren deze proefpersonen nog geen ouders. Een longitudinale opzet heeft als voordeel dat gecontroleerd wordt voor een cohort-effect (Bengtson, 1975). De eerste en tweede generatie vullen immers de attitude-schaal in op ongeveer eenzelfde punt in hun levensloop. Er blijft echter een belangrijk verschil in ervaringswereld bestaan tussen een generatie die daadwerkelijk kinderen heeft opgevoed, en een kinderloze generatie. De ervaring met eigen kinderen zou de ouderschapsopvattingen dichter in de buurt van die van de eerste generatie kunnen brengen. De zwakke mate van intergenerationele overdracht in deze studie (3% gedeelde variantie in opvoedingsattituden) zou daarom een onderschatting kunnen zijn van de toekomstige overlap tussen de twee generaties wanneer de derde generatie geboren is. Ook het onderzoek van Ho en Kang (1984) naar 20 grootvader-vaderparen in Hongkong liet weinig intergenerationele overdracht zien. Dit kan erop wijzen dat de onderzoeksopzet en de selectie van proefpersonen niet bepalend zijn voor de teleurstellende resultaten van deze reeks van studies. We vermoeden dat de validiteit van de gebruikte meetinstrumenten voor pedagogische attituden een belangrijker beperkende factor is.

De cross-sectionele studie van Tinsley en Parke (1987) naar 30 gezinnen met een baby van zeven maanden liet zien, dat zich duidelijkere resultaten voordoen als betere meetinstrumenten worden ingezet. Systematische observaties van gedrag van ouders en grootouders in een kortdurende spelsituatie met de baby toonden aan dat alleen grootvaders en ouders een overeenkomstige interactie-stijl hadden, terwijl een overeenstemming tussen de pedagogische stijl van grootmoeders en ouders geheel afwezig was. De correlaties tussen het gedrag van grootvaders en de ouders tijdens de spelsituatie waren sterk (0,61 voor grootvader-vaderparen; en 0,72 voor grootvader-moederparen). Dit onderzoek is zorgvuldig opgezet en uitgevoerd. Niettemin zijn er ook enkele manco's. Ten eerste werd de steekproef geselecteerd met het criterium dat grootouders en ouders dicht bij elkaar in de buurt moesten wonen; deze voorwaarde zou de generaliseerbaarheid van de resultaten kunnen inperken. Ten tweede kan de korte duur van de spelsituatie (vijf minuten) voor een erg kunstmatige sfeer hebben gezorgd, met als gevolg dat het gedrag van de volwassenen en het kind weinig gelijkenis vertoonde met hun normale gedrag thuis. Ten derde laat de cross-sectionele onderzoeksopzet de mogelijkheid open dat de kinderen hun ouders en grootvaders tot hetzelfde spelgedrag stimuleren. In dat geval zou echter verwacht mogen worden dat ook de grootmoeders soortgelijk gedrag gingen vertonen, en deze interpretatie is dus minder plausibel. Tenslotte zijn ouders en grootouders niet geobserveerd tijdens spel met hun eigen kind op hetzelfde punt in hun levensloop. De grootouders kunnen onder invloed van de kinderen hun spelgedrag aangepast hebben. Niettemin is het onderzoek van Tinsley en Parke (1987) een van de weinige pogingen om observatiematen te gebruiken en om aan te tonen dat er op gedragsniveau continuïteit is tussen grootvaders en ouders.

2.4 Het gehechtheidstheoretische perspectief: de vernieuwing

Intrigerend is de vraag hoe gehechtheidservaringen in de vroege jeugd van invloed zijn op de volwassenheid, wanneer het kind van eens zelf opvoeder is geworden. Gegevens uit de klinische praktijk en retrospectieve interviews wijzen er dikwijls op dat mishandelde kinderen het risico lopen mishandelende ouders te worden en dat ouders die problemen hebben met het opvoeden van hun kind terugkijken op een niet al te plezierige kindertijd. Het eenvoudigste model om overdracht weer te geven ziet er dan ook als volgt uit:

vroege gehechtheidservaringen van de ouder
↓
gedrag als opvoeder
↓
gehechtheidservaringen van het kind

In dit model wordt de continuïteit in de levensloop benadrukt. Met veranderingen, veroorzaakt door discontinuïteit in de omgeving of in de gehechtheidsrelaties die in de loop van de jaren worden aangegaan, wordt in dit model geen rekening gehouden. Toch kan de link tussen de eigen vroege gehechtheidservaringen en de manier waarop het ouderschap wordt uitgeoefend, doorbroken worden door latere gehechtheidservaringen met ouders, goede vrienden, echtgenoot of therapeut. Bowlby (1988) benadrukte al dat door positieve ervaringen in een partnerrelatie herstructurering van een aanvankelijk onveilig werkmodel van gehechtheid kan plaatsvinden; de vroegere ervaringen kunnen worden overdacht en verwerkt vanuit de 'veilige basis' die door een partner of therapeut geboden wordt. Om inzicht in continuïteit en verandering in de overdracht van gehechtheid van ouder op kind te krijgen is het dus essentieel om de blik te richten op de mentale representatie van gehechtheid(servaringen) van ouders. Aan instrumentarium daarvoor heeft het echter lange tijd ontbroken. Wel waren er vragenlijsten over de jeugd, zoals de Parenting Behavior Inventory (PBI, Parker, Tupling & Brown, 1979) en de Mother-Father-Peer Scale (Epstein, 1983) op de markt, maar deze instrumenten zijn gericht op het meten van de ervaringen 'zoals die waren' en gaan daarmee voorbij aan een tweetal problemen: ten eerste zijn ze gefundeerd op een ongerechtvaardigd groot vertrouwen in het autobiografisch geheugen van de respondenten, ten tweede houden ze geen rekening met fenomenen als 'repressie' en idealisatie (zie verder).

Een andere weg werd bewandeld door George, Kaplan en Main (1985), die de aandacht verlegden van een 'objectieve' beschrijving van ervaringen in de kindertijd naar de huidige weergave of representatie daarvan, en van de inhoud van de autobiografische herinneringen van de respondent naar de vorm waarin deze autobiografie wordt gepresenteerd. Zij ontwierpen daartoe het Gehechtheidsbiografisch Interview (Adult Attachment Interview). Het Gehechtheidsbiografisch Interview is gebaseerd op twee aannames:

1 in het autobiografisch geheugen vindt, in het licht van nieuwe er-

varingen, een voortdurende reconstructie van het verleden plaats;
2 verdringing, dissociatie en idealisering van het verleden – met name van negatieve ervaringen in de kindertijd – vinden plaats en men kan deze fenomenen op het spoor komen door vorm en inhoud van de autobiografie afzonderlijk onder de loep te nemen.

Het eerder geschetste model wordt dan als volgt uitgebreid:

vroege gehechtheidservaringen van de ouder
↓
representatie van gehechtheid
↓
gedrag als opvoeder
↓
gehechtheidservaringen van het kind

Volgens de gehechtheidstheorie worden het gedrag als opvoeder en de gehechtheidsrelaties van de ouder met het kind dus wel door de vroegere gehechtheidservaringen beïnvloed, maar gaan deze vroege ervaringen als het ware door het filter van de huidige mentale representatie van gehechtheid. Het geschetste model is natuurlijk een sterk vereenvoudigde weergave van de werkelijkheid en dient alleen om de overdracht van gehechtheid inzichtelijk te maken. Duidelijk wordt dat in de gehechtheidstheorie de intergenerationele overdracht van gehechtheid op een specifieke manier wordt opgevat: studies naar overdracht zoeken de voedingsbodem voor huidige gehechtheidsrelaties tussen de oren van de opvoeders en niet in het verleden van die opvoeders. In dat opzicht is er enige verwantschap met recente studies naar de invloed van opvattingen over het ouderschap op het gedrag van opvoeders (Gerris, 1989; Goodnow & Collins, 1990; Van Zutphen & Vermulst, 1991; Vermulst, Van Zutphen & De Brock, 1989).

2.5 Het Gehechtheidsbiografisch Interview

Hoe ziet het Gehechtheidsbiografisch Interview eruit? Het is een halfgestructureerd interview waarin afwisselend naar globale beschrijvingen en concrete gebeurtenissen wordt gevraagd. (Voor de Nederlandse vertaling en bewerking van het Adult Attachment Interview wordt verwezen naar Van IJzendoorn, Bakermans-Kranenburg, Van Busschbach, Lambermon, Van Rijsoort, De Ruiter, De Wolff, Zwart-Woudstra & Zwinkels, 1991). Na een inleidende vraag over de samenstelling van het gezin van herkomst wordt de respondent gevraagd vijf kenmerken of typeringen te noemen om de relatie met elk van beide ouders in de kindertijd te beschrijven. Daarna wordt gevraagd om aan de hand van concrete gebeurtenissen toe te lichten waarom een bepaalde typering gekozen werd. Er volgen vragen over wat de respondent en zijn ouders deden als hij zich bezeerd had, ziek of overstuur was, of de respondent zich in zijn jeugd soms afgewezen heeft gevoeld door zijn ouders of mishandeling heeft meegemaakt. Vervolgens worden enkele meer reflexieve vragen gesteld: waarom de respondent denkt dat zijn ouders zich gedroegen zoals ze deden, wat de invloed van de vroegere ervaringen op de huidige persoonlijkheid als volwassene is en of het ook de aanpak van het eigen kind beïnvloedt. Het interview rondt af met vragen over de meer recente en huidige relatie met de ouders en de vraag wat de respondent denkt vooral geleerd te hebben van de ervaringen als kind. Tot slot wordt gevraagd welke drie wensen de respondent voor het eigen kind over 20 jaar heeft – maar dat heeft meer tot doel het soms enerverende interview op een meer neutraal niveau af te sluiten. Na ongeveer tweederde van de interviewvragen wordt een vraag gesteld over verlieservaringen als kind en volwassene. Als een respondent het overlijden van een familielid of andere vertrouwde persoon heeft meegemaakt, wordt doorgevraagd over de emoties die toen ervaren zijn en over eventuele veranderingen daarin in de loop van de tijd. Afname van het interview neemt ongeveer één uur in beslag.

Met het classificeren van het getranscribeerde interview gaat doorgaans meer tijd heen. Aan de hand van het complexe codeersysteem van Main en Goldwyn (1985-1993) worden interviews ondergebracht in één van de drie hoofdclassificaties (waarbinnen nog verschillende subclassificaties worden onderscheiden): gereserveerd, autonoom of gepreoccupeerd. In tabel 2.1 is een overzicht te vinden van de hoofdclassificaties, alsmede van de categorie 'onverwerkt verlies of ander onverwerkt trauma'.

Gereserveerde respondenten benadrukken hun onafhankelijkheid en het belang van onafhankelijkheid in het algemeen. Zij beschrijven hun ouders in algemene termen zeer positief, maar kunnen zich nauwelijks concrete gebeurtenissen herinneren of lijken veeleer afwijzing door hun ouders te hebben meegemaakt. Als er negatieve ervaringen naar voren komen, wordt de invloed daarvan op de volwassen persoonlijkheid door de respondent sterk gerelativeerd. Het transcript is niet erg coherent, vooral door de discrepantie tussen de algemene beschrijvingen en de concrete gebeurtenissen die ter illustratie worden

Tabel 2.1 Gehechtheidsrepresentaties bij volwassenen (ontleend aan Main & Goldwyn, 1985-1993)

	Autonoom	Gereserveerd	Gepreoccupeerd	Onverwerkt
Mogelijke ervaringen	– liefdevolle, ondersteunende ouders – of elk type negatieve ervaring	– ouders die gehechtheid afwezen – nadruk op zelfstandigheid	– rolomkerend ouderschap – gebonden aan ouders door schuldgevoel of overbetrokkenheid	– verlies van belangrijke gehechtheidspersoon – fysiek/sexueel misbruik
Huidige representatie	– erkent belang van vroegere relaties in persoonlijke ontwikkeling – gebalanceerde en inlevende kijk op zichzelf en ouders – rijk gevoelsleven – helder en coherent	– minimaliseert of ontkent effecten van vroegere ervaringen – idealisatie van ouders – slecht geheugen – nadruk op persoonlijke kracht – incoherent: gebrek aan bewijzen, gedistantieerd, prikkelbaar	– gepreoccupeerd met ouders – nog voortdurende boosheid t.a.v. ouders of voortgaande pogingen de ouders te behagen – verwarring en ambivalentie – incoherent: onhelder, irrelevant	– ongeloof in realiteit gebeurtenis – gevoelens van oorzaak te zijn – desoriëntatie in taalgebruik rond thema verlies/trauma – psychologisch verwarde opmerkingen over verlies/trauma

aangevoerd (of het ontbreken daarvan). *Autonome* respondenten kunnen overwegend negatieve of positieve gehechtheidservaringen hebben gehad, maar geven in beide gevallen een coherent en evenwichtig beeld van hun kindertijd zonder interne tegenstrijdigheden of andere overtredingen van de regels voor een adequate gespreksbijdrage (Grice, 1975). *Gepreoccupeerde* respondenten geven vaak te kennen dat hun ouders overbetrokken waren of dat van rolomkering sprake was. Belangrijker is echter dat deze respondenten over hun ervaringen rapporteren op een boze of verwarde manier; de respondent wordt mentaal nog door deze ervaringen en de relatie met de ouders in beslag genomen.

Uit het antwoord op de vraag over verlieservaringen tijdens de kindertijd of in de volwassenheid wordt soms duidelijk dat een respondent het overlijden nog niet verwerkt heeft. In dat geval krijgt het interview, naast een classificatie als gereserveerd, autonoom of gepreoccupeerd, ook de classificatie 'onverwerkt' toegekend. Deze classificatie wordt ook gegeven als sprake is van andere traumatische gebeurtenissen, zoals mishandeling of seksueel misbruik, die blijkens het interview nog niet verwerkt zijn. In tabel 2.2 zijn ter illustratie enkele citaten uit interviews met de verschillende classificaties opgenomen. Voor uitgebreidere excerpten uit interviews zijn in dit boek de intermezzi opgenomen. Overigens worden de vier categorieën ook wel met letters aangeduid: Ds ('Dismissing') voor de gereserveerde categorie; F ('Free') voor de autonome categorie; E ('Enmeshed') voor de gepreoccupeerde categorie; en U ('Unresolved') voor de categorie onverwerkt verlies.

In de volgende paragrafen zullen we een tweetal kwesties met betrekking tot het Gehechtheidsbiografisch Interview behandelen: de betrouwbaarheid van het instrument en de discriminante validiteit. We zullen ook kort ingaan op instrumenten die – met het oog op het arbeidsintensieve karakter van het Gehechtheidsbiografisch Interview – als alternatieven in omloop zijn. Daarmee is de weg vrij gemaakt voor een bespreking van aard en mechanismen van intergenerationele overdracht van gehechtheid (hoofdstuk 3).

2.6 Betrouwbaarheid van het Gehechtheidsbiografisch Interview

Omdat het Gehechtheidsbiografisch Interview meer de kenmerken van een natuurlijke dialoog over persoonlijke onderwerpen heeft dan

Tabel 2.2 Korte fragmenten uit Gehechtheidsbiografische Interviews (ontleend aan Van IJzendoorn & Bakermans-Kranenburg, 1994); uitvoeriger interviewfragmenten zijn in de intermezzi weergegeven)

Gereserveerd (Ds)	*'Hele fijne jeugd (heb ik gehad,* MJB-K*), dat is zonder meer waar. Met een heleboel meer luxe dan menig ander heeft gehad.'* *'Als we speelgoed kregen dan was dat nooit troep maar dat was altijd heel goed spul. Ze hadden altijd tijd voor je. En als ze eens geen tijd voor je hadden werd dat altijd op andere tijden ruim gecompenseerd, niet dat je daardoor te kort kwam of zo.'* *'Ik denk dat het gewoon heel harmonieus was, want ik kan me er niet zoveel van herinneren, alles is gewoon heel gladjes verlopen, Dus 't zal wel heel prettig zijn geweest, want anders zou je je daar denk ik meer van herinneren.'* *'Ze (moeder,* MJB-K*) was best wel hard, ze eiste best dingen van ons. En achteraf kan ik zeggen dat ik daar nu alleen maar m'n voordeel mee doe.'*
Autonoom (F)	*'De relatie (met mij ouders,* MJB-K*) was wel goed en gezellig, maar wel, hoe moet je dat zeggen, een beetje afstandelijk. Je keek heel erg op tegen je vader en moeder. Ik zag ze toch wel als streng, ook dat ik dacht van o jee, als ik het niet goed doe dan moet ik het vertellen. Hoofdzakelijk mijn moeder, want mijn vader die moest zoveel werken dus je zag hem weinig. Dus als je iets verkeerd gedaan had, dan hoorde je dat van je moeder, dus vandaar dat je dacht dat zij strenger was.'* *'Maar de relatie was toch ook gezellig. Ondanks dat het wel eens een beetje streng was, dat ik nu denk van nou, zo zou ik het (met mijn kind,* MJB-K*) toch niet willen, die afstand, was ze er wel altijd als je thuiskwam, er was dan wat te drinken en ze ging er ook altijd even bij zitten, dat herinner ik me wel. Ja, het was gezellig maar afstandelijk.'*
Gepreoccupeerd (E)	*'Met mijn zusje had ik altijd ruzie. Ik herinner me dat, dat zij stond echt altijd te sarren en ik gaf haar dan een hengst en dan was het schreeeuwen en dan kreeg ik op m'n donder natuurlijk.'* *'En ik kreeg ook altijd de schuld en dat is nog steeds zo, dat willen ze ook nog steeds niet toegeven.'* *'Mijn zusje werd voorgetrokken. Als we het erover hebben, dan willen ze dat nog niet erkennen. Dat is gewoon niet waar. Zij wèrd niet voorgetrokken. Dat is niet zo. Nou, dat is wèl waar. En m'n zusje ligt dan in een deuk, maar ik krijg het niet aan haar verstand, eh, aan hun verstand, dat eh, nee, dat hebben ze nooit zo ervaren.'* *'Dan had ik weer beter moeten weten, eh, nou ja, je kent het verhaal waarschijnlijk wel.'*
Gedesoriënteerd (U)	*'...ja dat was heel gek; ik, ik was toen bij mijn ouders op visite en, dat was eh, hij was net toen ook thuis en het was net in die week voordat ik ging samenwonen en, ik lag lekker te zonnen want het was lekker weer, trouwens al in mei en toen ging m'n vader allemaal foto's van me maken dus ik zeg tegen m'n moeder, gatverdarrie, ik zeg het lijkt wel of ik doodga zeg ik zo, of dat – ie doodgaat, dat ie zoveel foto's van me aan het maken is. Nou en echt eh, ik was gaan samenwonen en een week daarna, ik zeg dat moet ik ook nooit meer zeggen.' (Vader overleed toen aan een hersenbloeding)*

van een zich vlot afwikkelend vraag-en-antwoordspel, is het denkbaar dat de interviewer door persoonlijkheid of manier van interviewen het gesprek in een bepaalde richting beïnvloedt. Tot nu toe zijn twee studies met het Gehechtheidsbiografisch Interview uitgevoerd, waarin men probeerde een potentieel interviewereffect op het spoor te komen. In Leiden werden 83 moeders twee maal geïnterviewd, waarbij de volgorde waarin vijf interviewers werden ingezet systematisch werd gevarieerd (Bakermans-Kranenburg, 1993; Bakermans-Kranenburg & Van IJzendoorn, 1993). In deze studie werd geen interviewereffect gevonden: de verdeling van de interviews over de classificaties liep voor de verschillende interviewers niet significant uiteen. Bovendien werd de stabiliteit van de classificatie niet beïnvloed door de specifieke interviewercombinatie. In een Israëlische studie, waarin het genoemde Leidse onderzoek werd gerepliceerd en uitgebreid (Sagi, Van IJzendoorn, Scharf, Koren-Karie, Joels & Mayseless, 1994), werd aan 59 studenten het Gehechtheidsbiografisch Interview twee maal voorgelegd. Ook hier kwam geen interviewereffect aan het licht; evenmin bleek van invloed of de interviewer die het interview afnam het interview tevens codeerde.

Het interview wordt niet aan de hand van de bandopname, maar aan de hand van het transcript gecodeerd. Hoewel de betrouwbaarheid van de transcriptie dus van essentieel belang is, wordt daaraan doorgaans in rapportages voorbijgegaan. De intercodeurbetrouwbaarheid staat meer in de schijnwerpers. Op grond van 18 studies met het Gehechtheidsbiografisch Interview vonden we een gemiddelde intercodeurbetrouwbaarheid van ongeveer 80%. Dat duidt op een redelijke intercodeurbetrouwbaarheid. Dat de intercodeurbetrouwbaarheid niet volmaakt is, heeft gevolgen voor bijvoorbeeld de stabiliteit of test-hertestbetrouwbaarheid en voor de predictieve validiteit: door meetfouten liggen de maximale waarden daarvoor lager dan 100% (zie ook Van IJzendoorn, 1992b).

Een toets van de test-hertestbetrouwbaarheid van het Gehechtheidsbiografisch Interview is essentieel. Bowlby koos weliswaar de term 'werkmodel' met opzet om daarmee duidelijk te maken dat het om een open, dynamisch model gaat dat op grond van nieuwe ervaringen kan worden bijgesteld (Bowlby, 1988), maar continuïteit wordt door het werkmodel zelf meer geïmpliceerd dan verandering, vooral op latere leeftijd (Sroufe, 1988). Bij volwassenen mag dus stabiliteit van het werkmodel verwacht worden, zeker als geen zeer ingrijpende gebeurtenissen plaatsvinden. In de vier tot nu toe uitgevoerde studies naar de test-hertestbetrouwbaarheid van het Gehechtheidsbiografisch Interview (Bakermans-Kranenburg & Van IJzendoorn, 1993;

Benoit & Parker, in druk; Sagi e.a., 1994; Steele & Steele, in druk) werden test-hertestbetrouwbaarheden gevonden tussen de 77% en 90%, met een interval dat varieerde van 1 tot 15 maanden. We noemden reeds dat de maximale waarde voor de test-hertestbetrouwbaarheid lager is dan 100% door de onvolmaakte intercodeurbetrouwbaarheid. Het is immers niet erg waarschijnlijk dat precies alle interviews die bij de eerste afname onjuist gecodeerd werden, bij de tweede afname weer onjuist gecodeerd werden – en nog wel in dezelfde richting. Op grond van deze bevindingen kan men concluderen dat het instrument geschikt lijkt om de *stabiliteit* van het werkmodel van gehechtheid bij veranderingen in de leefsituatie, ingrijpende gebeurtenissen of therapeutische interventie te onderzoeken. Daarbij kan aangetekend worden dat – getuige de hoge stabiliteit in de studie van Benoit en Parker – de geboorte van een eerste kind nog niet zo ingrijpend is dat daardoor grote veranderingen in het gehechtheidswerkmodel worden teweeggebracht.

2.7 Discriminante validiteit van het Gehechtheidsbiografisch Interview

2.7.1 Intelligentie

Het Gehechtheidsbiografisch Interview leunt geheel op de wijze waarop de respondent zich verbaal uitdrukt; op hoe hij over zijn verleden praat. Bij het coderen van het transcript speelt de coherentie van de tekst een belangrijke rol. Daarbij wordt coherentie opgevat in termen van Grice (1975): de tekst wordt getoetst aan criteria voor kwaliteit, kwantiteit, relevantie en stijl. Daarom zou het logisch redeneervermogen van respondenten bepalend kunnen zijn voor de coherentie van hun interviewtranscript en daarmee voor de classificatie die aan het interview wordt toegekend. In drie studies werden relaties tussen Gehechtheidsbiografisch Interview-classificaties enerzijds en verbale vaardigheden en logisch redeneren anderzijds onderzocht. Bakermans-Kranenburg en Van IJzendoorn (1993) lieten zien dat scores op een verbale IQ-test (Groninger Intelligentie Test, Luteijn & Van der Ploeg, 1982) en op een test van het logisch redeneervermogen (Raven, 1958) niet samenhingen met Gehechtheidsbiografisch Interview-classificaties. Sagi en zijn collega's (Sagi e.a., 1994) vonden hetzelfde resultaat toen zij in hun groep Israëlische studenten de resultaten van de universitaire toelatingsexamen voor de drie Gehechtheidsbiografisch Interview-classificaties vergeleken: slechts een gering onderscheid werd gevonden voor de gereserveerde studenten, die tendeerden naar iets hogere scores. In de derde studie, die van Crowell, Waters, Treboux, Posada, O'Connor, Colon-Downs, Feider, Fleischman, Gao, Golby, Lay en Pan (1993), werd wel een verschil gevonden tussen de autonome en de gepreoccupeerde moeders: de eerstgenoemden scoorden hoger op de test voor mentale vaardigheden. Op grond daarvan concluderen de auteurs dat in studies met het Gehechtheidsbiografisch Interview altijd voor intelligentie moet worden gecontroleerd. Wij vragen ons af of deze conclusie gerechtvaardigd is, als men bedenkt dat de test die Crowell en haar collega's gebruikten, relatief onbekend is en in de andere twee studies geen relatie tussen Gehechtheidsbiografisch Interview-classificatie en intelligentie werd gevonden.

Crowell e.a. (1993) onderzochten op creatieve wijze in hoeverre de coherentie in het spreken over gehechtheidservaringen vergelijkbaar is met de coherentie in het spreken over zaken die met gehechtheid weinig van doen hebben. Ze ontwikkelden een zogenaamd Werk Interview, dat volledig parallel aan het Gehechtheidsbiografisch Interview was opgebouwd. Zo werd ouders gevraagd typeringen te geven van hun werk en deze met concrete voorbeelden toe te lichten. De interviews werden getranscribeerd en gecodeerd met een serie schalen en categorieën die analoog waren aan die van het codeersysteem van het Gehechtheidsbiografisch Interview. De ouders werden ingedeeld in vier classificaties: *a* geïntegreerd over het werk, *b* overbetrokken op het werk, *c* niet betrokken bij het werk en *d* gedesorganiseerd in de discussie over werk. Er bleek geen enkele samenhang te bestaan tussen deze werkclassificaties en de gehechtheidsclassificaties. Ook vonden de onderzoekers geen samenhang tussen de mate van coherentie in het spreken over gehechtheidservaringen en de mate van coherentie in het spreken over de werkervaringen. De discriminante validiteit van het Gehechtheidsbiografisch Interview wordt op deze wijze wel heel pregnant gedemonstreerd.

2.7.2 Autobiografisch geheugen

Verschillende Gehechtheidsbiografisch-Interviewvragen betreffen ervaringen uit de vroege jeugd. Hoewel deze ervaringen niet van doorslaggevend belang zijn voor de classificatie, wordt het ontbreken van herinneringen uit de kindertijd als indicatie voor een onveilig werkmodel van gehechtheid gezien. Verondersteld wordt dat gereserveerde respondenten negatieve aspecten uit de kindertijd buiten het gezichtsveld houden en door een beroep op hun slechte geheugen een potentieel pijnlijke bespreking daarvan vermijden. Men kan echter opwerpen dat de als gereserveerd geclassificeerde respondenten niet zozeer belemmerd worden door een onveilig werkmodel van gehechtheid, maar zich door een slechter (autobiografisch) geheugen gewoon minder van hun vroege jeugd kunnen herinneren. Het is daarom van belang dat onderzocht wordt of het Gehechtheidsbiografisch Interview wel de representatie van gehechtheid meet en niet, in plaats daarvan, algemene cognitieve verschillen in het autobiografisch geheugen. De twee studies die zich richtten op het autobiografisch geheugen zijn de eerder genoemde studies van Bakermans-Kranenburg en Van IJzendoorn (1993) in Leiden en van Sagi e.a. (1994) in Israël.

De 83 moeders in de Leidse studie kregen een vragenlijst over hun eigen autobiografisch geheugen voorgelegd en er werd een geheugentest afgenomen. Bij deze laatste test werden vragen over de kindertijd gesteld die weinig of niets te maken hadden met gehechtheidservaringen (bijvoorbeeld 'Wat was de kleur van uw eerste fiets?'). De latentietijd, dat wil zeggen de tijd die verstrijkt tussen het laatste woord van de vraag en het eerste woord van het antwoord, was indicatief voor de kwaliteit van het autobiografisch geheugen: de tijd die nodig is om het antwoord op een bepaalde vraag in het geheugen te vinden, geeft weer hoeveel moeite het kost om de gevraagde informatie te bereiken. Moeders die als gereserveerd werden geclassificeerd, schatten hun eigen geheugen niet lager in dan de andere respondenten en zij presteerden zelfs iets beter op de geheugentest met latentietijden.

In de Israëlische studie werden drie tests afgenomen. Het langetermijngeheugen werd getoetst met een test waarbij de respondenten uit telkens vier mogelijkheden de titel moesten kiezen van een televisieprogramma dat in hun kindertijd was uitgezonden; de andere drie titels waren verzonnen. De tweede test behelsde een associatietaak: bij twaalf woorden moesten de respondenten volgens Galtons methode van 'Semantic Cuing' herinneringen uit hun kindertijd ophalen en aangeven welke leeftijd bij de herinnering hoorde (Crovitz & Quine-Holland, 1976). In de derde test, die op het geheugen voor relatief korte termijn (drie maanden) gericht was, moesten de respondenten zich eerder geleerde woordparen herinneren. Er werden geen significante verschillen tussen de drie gehechtheidsclassificaties gevonden; er was alleen een tendens dat gereserveerde studenten bij de associatietaak herinneringen ophaalden van iets later in hun leven (gemiddeld 8 jaar, tegenover gemiddeld 7 jaar voor de overige respondenten). Het is duidelijk dat dit verschil gering is; er is dan ook aanleiding om te concluderen dat de Gehechtheidsbiografisch Interview-classificatie niet door verschillen in het autobiografisch geheugen wordt beïnvloed. Het beroep op een slecht geheugen voor gehechtheidservaringen dat gereserveerde respondenten plegen te doen, kan niet toegeschreven worden aan geringere geheugencapaciteiten in het algemeen.

2.7.3 *Repressie?*

We weten dat vermijdende kinderen in de Vreemde Situatie minstens evenveel spanning ervaren als de overige kinderen, hoewel ze zich schijnbaar onverschillig en onaangedaan gedragen (Spangler & Grossmann, 1993). Het is opmerkelijk dat ook de gereserveerde respondenten met hun schijnbare afstandelijkheid in het Gehechtheidsbiografisch Interview hun gevoelens van spanning maskeren. Dozier en Kobak (1992) vonden dat gereserveerde adolescenten tijdens de neutrale vragen naar de gezinssamenstelling en naar verhuizingen niet meer of minder gespannen waren dan de overige respondenten. De mate van spanning werd gemeten met huidgeleidingsmaten. Tijdens de vragen naar gehechtheidsrelevante gebeurtenissen, zoals scheidingen, afwijzingen en dreigementen van de kant van hun ouders, lieten juist de gereserveerde respondenten een hogere huidgeleiding (indicatief voor ervaren spanning) zien. Ondanks hun idealisatie bleken deze adolescenten dus relatief gespannen te zijn. Gereserveerden lijken hun negatieve gehechtheidsgevoelens te hebben gemaskeerd en verdrongen en dreigen door het interview weer met de neus op de feiten te worden gedrukt. De tegenstelling tussen het verbale gedrag en het fysiologische functioneren zou een illustratie van deze vorm van verdringing kunnen zijn. We moeten echter voorzichtig zijn met het trekken van dergelijke conclusies. Zoals Loftus (1993) terecht heeft opgemerkt, wordt vooral in de praktijk van de diagnostiek te pas en te onpas over repressie gesproken. Niettemin zijn er duidelijke aanwijzingen dat er in ons geheugen meer ligt opgeslagen dan wat bewust toegankelijk is (Newcombe & Fox, 1994).

2.7.4 *Sociale wenselijkheid*

Gezien de aard van het Gehechtheidsbiografisch Interview, waarin over persoonlijke herinneringen en opvattingen gesproken wordt, kan beïnvloeding van het interview door sociale wenselijkheid een rol spelen: het is heel wel voorstelbaar dat een geïnterviewde zich meer op haar gemak voelt als ze voelt dat ze een goede indruk maakt. Wellicht is dan ook bij een als gereserveerd geclassificeerde respondent niet zozeer idealisering van de kindertijd aan de orde om negatieve ervaringen zelf niet onder ogen te hoeven zien, maar om een gezellige gesprekssfeer en een gunstige indruk op de interviewer te realiseren. De classificatie weerspiegelt dan niet het werkmodel van gehechtheid van de geïnterviewde, maar de neiging om sociaal wenselijke antwoorden te geven. In twee studies met het Gehechtheidsbiografisch Interview werd ook sociale wenselijkheid gemeten (Bakermans-Kranenburg & Van IJzendoorn, 1993; Crowell e.a., 1993), in beide gevallen met de Marlowe-Crowne-schaal (Crowne & Marlowe, 1960). Geen van beide studies bracht een verband tussen sociale wenselijkheid en gehechtheidsclassificatie aan het licht. Het antwoordpatroon van gereserveerde respondenten berust dus niet op specifieke tendenties ten gevolge van sociale wenselijkheid.

2.7.5 *Persoonlijkheid*

Het Gehechtheidsbiografisch Interview pretendeert het intern werkmodel van gehechtheid in kaart te brengen. Daarmee is het vooral gericht op representaties van en gedrag in hechte relaties. Er valt wel enige samenhang te verwachten met persoonlijkheidstrekken en sociaal functioneren, maar het instrument beoogt meer specifiek te zijn en niet geheel samen te vallen met de genoemde persoonlijkheidsvariabelen. Relaties met gehechtheidsspecifieke variabelen zoals responsiviteit en de gehechtheidsrelatie van het kind behoren de boventoon te voeren. Twee studies namen de samenhang van persoonlijkheidsvariabelen met Gehechtheidsbiografisch Interview-classificaties onder de loep.

De Haas, Bakermans-Kranenburg en Van IJzendoorn (1994) brachten de EAS (Buss & Plomin, 1984)-variabelen Emotionaliteit, Activiteit en Sociabiliteit in verband met de Gehechtheidsbiografisch Interview-classificaties. Er werd geen significante samenhang gevonden. Bovendien bleken de classificaties niet gerelateerd te zijn aan het mentaal en fysiek welbevinden (gemeten met de Algemene GezondheidsVragenlijst, Ormel & Giel, 1984). In de tweede studie (Crowell e.a., 1993) werd echter een verband geconstateerd tussen de Gehechtheidsbiografisch-Interviewclassificaties en een instrument voor sociale aanpassing (Social Adjustment Scale). Autonome moeders kwamen als het best aangepast uit de bus, gepreoccupeerde moeders waren het minst aangepast. Daarom stellen de auteurs voor om in studies met het Gehechtheidsbiografisch Interview altijd een instrument voor algemene sociale aanpassing mee te nemen opdat voor deze variabele statistisch kan worden gecontroleerd. De auteurs geven echter ook aan dat er geen sprake is van een volkomen overlap tussen sociale aanpassing en gehechtheidsrepresentatie: daarvoor is de gevonden effectgrootte te klein.

2.8 Alternatieve meetinstrumenten

Het Gehechtheidsbiografisch Interview is een bewerkelijk onderzoeksinstrument: afname, transcriptie en codering vragen training en veel tijd. Dat heeft verschillende onderzoekers geïnspireerd tot het ontwerpen van een vragenlijst over hetzelfde domein van opvoeding en gehechtheidservaringen. Hazan en Shaver ontwierpen een zelfclassificatie-vragenlijst, waarop respondenten kunnen aangeven in welk van drie beschrijvingen van 'gehechtheidsstijlen' zij zich het meest herkennen (Adult Attachment Styles, Hazan & Shaver, 1987). Andere vragenlijsten, zoals de Mother-Father-Peer-schaal van Epstein (1983), de EMBU (Arindell, Emmelkamp, Brilman & Monsma, 1983) en de Adult Attachment Questionnaire (Lichtenstein, 1991), richten zich op een beschrijving van de vroegere en huidige relatie met de ouders. De Berkeley Leiden Adult Attachment Questionnaire for Unresolved loss and other trauma (BLAAQ-U; Main, Van IJzendoorn & Hesse, 1993) ten slotte, is ontwikkeld om respondenten te identificeren die met het Gehechtheidsbiografisch Interview waarschijnlijk als onverwerkt zullen worden geclassificeerd. De validering van de meeste bovengenoemde instrumenten is een probleem (De Haas e.a., 1994). Bij alle tot nu toe ontwikkelde vragenlijsten, die natuurlijk grote voordelen bieden voor het afnemen in grote groepen, ontbreekt het aan voldoende convergente validiteit om als alternatief voor het Gehechtheidsbiografisch Interview in aanmerking te komen. De BLAAQ-U lijkt redelijk succesvol in het onderscheiden van respondenten met onverwerkt verlies, maar biedt vooralsnog geen houvast voor de andere classificaties. De moeilijkheid is dat zelfrapportage-vragenlijsten niet toelaten een onderscheid te maken tussen vorm en inhoud van het verhaal over het gehechtheidsverleden. De vragenlijsten zijn gericht op de inhoud en hebben daardoor bijvoorbeeld problemen met het subtiele (vorm)onderscheid tussen respondenten die hun verleden idealiseren, en diegenen die een positieve evaluatie van hun verleden coherent kunnen weergeven en dus als autonoom moeten worden geclassificeerd. Als we de balans voor alternatieven voor het Gehechtheidsbiografisch Interview opmaken, moeten we de spijtige conclusie trekken dat een goed alternatief niet voorhanden is, dat wellicht betrouwbare zelfclassificatie problematisch blijft en dat we voorlopig voor de bepaling van de gehechtheidsrepresentatie bij volwassenen op het boeiende maar tijdrovende Gehechtheidsbiografisch Interview zijn aangewezen.

2.9 Besluit

In dit hoofdstuk hebben we laten zien dat het onderzoek naar intergenerationele overdracht van gehechtheid een radicale breuk maakt met traditionele studies naar overdracht van opvoedingsgedragingen en -attituden over de generaties. Het Gehechtheidsbiografisch Interview geeft inzicht in de huidige mentale representatie van gehechtheid en deze gehechtheidsrepresentatie is – zo veronderstellen we – van invloed op de ontwikkeling van gehechtheid bij jonge kinderen. De betrouwbaarheid en discriminante validiteit van het instrument hebben we uitvoerig belicht en in het volgende hoofdstuk zullen we de vraag bespreken in hoeverre het Gehechtheidsbiografisch Interview de aard van het pedagogisch handelen bepaalt en de kwaliteit van de gehechtheidsrelatie met het kind voorspelt.

In dit verband kan men zich afvragen of het onderzoek naar gehechtheidsrepresentaties wel onder de noemer van intergenerationele overdracht van gehechtheid kan worden gebracht. Als we intergenerationele overdracht strikt definiëren en beperken tot studies onder tenminste twee generaties op hetzelfde moment in hun levensloop, moet deze vraag ontkennend beantwoord worden. Immers, het Gehechtheidsbiografisch Interview geeft geen blik op de opvoeder zoals hij of zij werkelijk was gedurende de kinderjaren. Niettemin hebben we argumenten aangevoerd voor de stelling dat het onderzoek met het Gehechtheidsbiografisch Interview wel degelijk past in een ruimere omschrijving van intergenerationele overdracht.

Hoewel het Gehechtheidsbiografisch Interview de huidige mentale representatie van gehechtheidservaringen uit het verleden vastlegt en niet de gehechtheidservaringen zelf, is het toch niet onbelangrijk de vraag te stellen hoe cruciaal de vroegere ervaringen met gehechtheid voor de mentale representaties op latere leeftijd zijn. Hoe meer deze ervaringen de representaties bepalen, hoe nauwer het onderzoek naar overdracht van gehechtheid past bij de strikte definitie van intergenerationele overdracht. Bowlby (1984) beweerde aan de ene kant dat de organisatie van gehechtheid steeds stabieler wordt en steeds meer weerstand biedt tegen verandering na de eerste levensjaren. In die eerste jaren is het patroon van gehechtheid nog overwegend een kenmerk van de opvoeder-kinddyade en minder van de gehechtheidsorganisatie in het kind. Maar na verloop van tijd ontstaat een werkmodel van gehechtheid dat van invloed is op de omgeving door selectieve waarneming en door het scheppen van verwachtingen die zichzelf waarmaken. Daardoor creëert het kind een omgeving waarin zijn mentale representatie van gehechtheid relatief onveranderd kan blijven. Aan de andere kant laat Bowlby (1988) nadrukkelijk ruimte voor reorganisatie van gehechtheidsrepresentaties op basis van positieve ervaringen met gehechtheid in de adolescentie of volwassenheid. Hij verdedigde de stelling dat de huidige representatie van gehechtheid niet alleen op vroegere ervaringen berust, maar ook beïnvloed wordt door latere relaties. Een vertrouwde vriend, partner of therapeut kan een 'veilige basis' zijn van waaruit negatieve ervaringen in de kinderjaren worden verkend en verwerkt, en de volwassenen moet in staat worden geacht een coherente en autonome gehechtheidsrepresentatie te 'verwerven' (Main & Goldwyn, 1985-1993).

Rutter, Quinton en Hill (1990) hebben indirect enig bewijsmateriaal voor deze mogelijkheid aangedragen. Zij vonden dat kinderen die in internaten zijn opgegroeid en in hun vroege kinderjaren veel verbroken gehechtheidsrelaties hebben meegemaakt, later als volwassene toch redelijk competente ouders kunnen worden als ze in hun adolescentie of volwassenheid de ondersteuning kunnen genieten van een warme en vertrouwde partner. We zullen in het volgende hoofdstuk zien dat er nog geen onderzoek met het Gehechtheidsbiografisch Interview is gerapporteerd dat de stabiliteit van de gehechtheidsrepresentatie over een groot deel levensloop heeft bestudeerd. Er is ook nog geen onderzoek naar de vraag onder welke voorwaarden er een breuk kan optreden in de schakel tussen vroegere gehechtheidservaringen en de huidige gehechtheidsrepresentaties, tenzij men de interventiestudies in dit kader plaatst (zie hoofdstuk 5). Daardoor blijven Bowlby's suggesties over stabiliteit en wetmatige discontinuïteit van representaties speculatief en past het gehechtheidsonderzoek niet goed in een strikte definitie van intergenerationele overdracht van gehechtheid – of van opvoeding in het algemeen. Wel mogen we in de komende jaren nieuwe gegevens verwachten over dit thema. Deze zijn afkomstig uit lopende longitudinale projecten waarin de gehechtheidsrepresentaties worden gemeten van adolescenten of jongvolwassenen die als baby zijn geobserveerd in de Vreemde Situatie. Er worden tenminste drie longitudinale studies uitgevoerd die nieuw licht op de stabiliteit van gehechtheid kunnen werpen, te weten de projecten van Sroufe en collega's in Minneapolis, van Grossmann en collega's in Regensburg en van Main en collega's in Berkeley. Voorlopig zullen we echter genoegen moeten nemen met een reeks van baanbrekende studies naar intergenerationele overdracht van gehechtheid in de ruimere betekenis (zie ook het Nawoord). Dit onderzoek zal in het volgende hoofdstuk worden geanalyseerd.

Intermezzo

De gevalsbeschrijvingen die in de intermezzi zijn opgenomen zijn ontleend aan interviews waarvan ouders ons toestemming hebben gegeven deze in een wetenschappelijke context te gebruiken als illustratiemateriaal. Om de anonimiteit van de interviews te garanderen hebben we gegevens die irrelevant zijn voor de classificatie van de interviews veranderd en ook uitspraken geparafraseerd. Voorts zijn de gevalsbeschrijvingen samengesteld uit diverse interviews die dezelfde classificatie hebben gekregen. De gevalsbeschrijvingen zijn dus gebaseerd op fragmenten uit meerdere interviews waarop dezelfde classificatie van toepassing is en ze zijn daardoor niet meer herleidbaar tot één persoon. Ook de kinderen van wie het gedrag in de Vreemde Situatie wordt beschreven, kunnen niet aan één bepaalde persoon worden gekoppeld maar ze zijn prototypisch voor de betreffende gehechtheidsclassificatie.

Overdracht van autonome gehechtheid: Casus F

De eerste casus betreft een autonome moeder met een veilig gehechte baby. Mevrouw F vertelt bij aanvang van het Gehechtheidsbiografisch Interview dat ze afkomstig is uit een gezin met vier kinderen, met een oudere broer en twee jongere zusjes. Haar vader werkte als bouwkundig tekenaar, eerst bij een fabriek en later bij de overheid. Haar moeder was thuis in het gezin.

Het Gehechtheidsbiografisch Interview met mevrouw F

Nu volgt een aantal letterlijke fragmenten uit interviews met autonome moeders. Hier en daar is commentaar tussen vierkante haakjes bijgevoegd om aan te duiden welke rol het betreffende fragment bij de classificatie speelt. In dit geval beginnen we met de vraag naar de vijf kenmerken van de relatie met de ouders:

Dan zou ik u willen vragen om vijf kenmerken of typeringen te kiezen, voor de relatie die u als klein kind met uw moeder had. Dan denk ik weer aan de eerste tien jaar.

.... Eh **(ik kan me voorstellen dat 't moeite kost. Neem er rustig de tijd voor.)** Dat is moeilijk hoor, ja. Vijf kenmerken die typerend zijn voor de relatie met mijn moeder **(hm)**..... Eh **(als u een omschrijving wilt geven kan dat ook)**, ja.. 't Was een eh.. ja, een hele harmonieuze, **(hm)** vriendelijke relatie.. Eh.... tsja... 't klinkt misschien allemaal een beetje erg mooi maar ik kan me eigenlijk gewoon geen wanklank eh, herinneren **(hm)**. Dus daarom vind ik 't heel moeilijk. Ja en, heel eh.. heel warm, heel diep, genegen **(hm)**. Ja want ik kom gewoon uit een heel beschermd gezin, dat eh, dat merk je gewoon wel, ja **(hm)**.........

[Moeder F gebruikt hier wel heel erg juichende adjectieven voor de beschrijving van de relatie met haar moeder. Ze laadt zo veel bewijslast op zich omdat de verdenking van idealisatie rijst. Maar ze verontschuldigt zich bijna voor het gebruik van de mooie termen ('licensing')]

U gebruikte 't woord harmonieus als typering voor de relatie met uw moeder. (ja) **Kunt u zich daarbij een bepaalde gebeurtenis, een bepaald voorval herinneren, uit die eerste tien jaar?)**

.... Eh...... één bepaald voorval....... Nou, nee, misschien ja ik eh, heb een broer dus die is één jaar ouder, en dat is eh, was vroeger een eh, dat was te weinig zeg maar. We vochten altijd heel erg veel, tenminste, en dat, eh wist zij toch ook heel goed eh op te lossen, ja, maar wat ik daar verder nou voor voor harmonieus aan toe moet voegen, ze ze kon dat dan toch eh, zonder dat we daar nou verder nog over eh, nakibbelden of zonder dat eh, de één 't gevoel had dat hij voorgetrokken werd boven de ander **(hm)**, toch eh, ons uit elkaar krijgen zeg maar **(hm)**. Ja eh **(hm)**, ik weet niet hoe ik 't anders moet voor eh voorbeelden, nee.

[De moeder geeft hier een adequaat, concreet voorbeeld van conflicten die door haar moeder kundig werden opgelost, zonder rancune bij één van de partijen achter te laten, en ook zonder afbreuk te doen aan de harmonieuze relatie met haarzelf. Ook uit het antwoord op de volgende vraag blijkt dat moeder F haar adjectieven met concrete illustraties kan waarmaken.]

U gebruikte 't woord wat afstandelijker, als typering voor de relatie met

uw vader (ja). **Kunt u zich daarbij een bepaalde gebeurtenis, een bepaald voorval herinneren uit de eerste tien jaar?**
..... Nou, als er wat was, als er écht wat was, als je.. ja eh, gevallen was of zo, weet ik wat of of eh, je pijn had of zo, dan ging ik naar m'n moeder, **(hm)** ja. Dat eh, dus dat is denk ik toch als eh, als typering dat je dan toch naar degene gaat die, die je 't meest dichtbij je voelt, **(hm)** ja....

[Hieruit blijkt dat moeder F heel goed weet te differentiëren tussen haar relatie met vader en met moeder, en niet alles over één idealiserende kam scheert. Ze noemt ook spontaan het nabijheid zoeken tot haar moeder als ze zich bezeerd had: dat is een concrete indicatie voor de warmte in de relatie. De volgende vraag wordt veel later in het interview gesteld.]

Hoe denkt u dat de ervaringen die u als kind met uw eigen ouders hebt opgedaan, u als volwassene hebben beïnvloed?
.... Eh... ja ik denk eigenlijk helemaal. Ik denk dat 't gewoon heel veel uitmaakt **(hm)**. Maar hoe precies ja waarschijnlijk gewoon zoals ik nu ben dat 't gewoon veel uitmaakt dat ik eh, zo opgevoed ben. Als ik heel anders opgevoed was was ik ook heel anders geworden denk ik, ja, **(hm)**. Moet ik echt voorbeelden weer noemen?
(Als u, dat zo voorhanden hebt) (beiden lachen kort)
Nou vind ik wel moeilijk hoor... Ja, 't 't is de- ik denk dat 't gewoon heel ver gaat. Dat je daardoor toch eh of dat ik daardoor wel eh, zo ben en anders was ik misschien anders geweest als ik anders opgevoed was..**(hm)** dat eh, dat denk ik wel (ja).

[Moeder F erkent en benadrukt hier de vormende waarde van haar opvoeding, hoewel ze geen pasklaar antwoord heeft op de vraag hoe de kinderjaren haar hebben beïnvloed. Ze is tijdens het interview zichtbaar aan het nadenken over de vragen, dat blijkt ook uit de lange pauze na de volgende vraag. De interviewer wordt niet afgescheept met een standaard verhaaltje waarin alleen positieve aspecten een plaats hebben.]

Zijn er bepaalde ervaringen van vroeger thuis, die u naar uw gevoel een belemmering zijn geweest in uw ontwikkeling?
.... Belemmering.................. Eh..... nou niet echt naar m'n gevoel..... Hetgene wat ik wel als, waarvan ik nu zelf denk van dat was misschien wat weinig, was dat lichamelijke contact. Maar wat ik daar nou precies nou als belemmering, van van over heb gehouden, dat zou ik niet weten, **(hm)**. Dat kan je misschien in eerste instantie wel.. ja dat je..... maar dat is dan meer me- met vriendjes en zo dat je daar misschien dan in eer-

ste instantie anders mee bent of of wat wat huiveriger of zo dat dat dat eh, dat zou kunnen. Maar of dat nou zo slecht is, dat weet ik ook niet, dat eh.......... Nee en ja en eh, nee ik eh...... belemmering, hm.. ja ik heb nu zelf wel eens dat ik denk van eh.. ik had nog wel dat kunnen gaan doen of ik had nog wel dat kunnen gaan doen, qua studie of opleiding, hoewel toch, mijn eh, ik heb dan interieurverzorging gedaan, en dat is eigenlijk gewoon ook helemaal vrije keus geweest.. Maar mijn moeder was altijd wel bang, met name m'n moeder, dat ik me, eh, dat ik te hoog zou grijpen. Die was altijd bang, dat ik eh, me over de kop zou werken, meer een beetje naar, haar eigen ervaringen, dat ze heeft zelf 't idee, zij werkte altijd heel erg hard op school en dat soort dingen, terwijl ze 't ook best wel kon, maar.. eh dat ze, daardoor zelf ervaren had dat 't gewoon niet prettig is als je op je tenen moet lopen, bij een bepaalde studie.. En., dat werkte op zich wel een beetje bij mij door dat ze, eh met alle, keuzes die je dan moet maken met school enzovoorts, dat ze dat altijd aan de behoudende kant deed. Terwijl ik zelf dacht van nou dat kan wel of ze dat van school uit ook anders adviseerden. En, die studiekeuze heb ik gewoon eh, ja.. moeilijk gevonden. Ik wist wel dat ik dit wel wilde maar ik had ook wel andere dingen willen doen. En dit vind ik nu een leuk beroep en ik ben er nu wel blij mee, ik doe 't graag en ik vind 't, ja, maar eh.. ja ik had ook wel iets anders kunnen doen. Maar dat geldt denk ik voor een heleboel mensen wel.. Ja belemmering is moeilijk hoor, **(hm)** echt een belemmering weet ik niet, nee **(hm)**. Ik ben daardoor niet niet echt eh dingen, heb ik gelaten of zo, nee **(hm)**.

[Moeder F werkt langzaam en tastenderwijze naar een antwoord toe, en dat maakt dit antwoord zo authentiek. Ze blijft wel een rooskleurige kijk op de opvoeding houden, zelfs waar sprake is van mogelijke belemmeringen, maar dit klinkt nergens defensief of gespeeld, en het verhaal is coherent met haar algemene positieve typering van het gezinsleven.]

Beïnvloeden de ervaringen van vroeger thuis, ook de aanpak van uw eigen dochter?
... Ja ik denk 't wel. Ik doe 't allemaal een beetje maar op m'n gevoel, zoals ik denk dat 't goed is. En eh, ik merk ook ja 't gaat ook gewoon wel goed, tenminste ik merk niks, aan haar dat ze niet eh, 't niet goed zou vinden of niet prettig vindt. En, ik denk dat dat, niet bewust zo doorspeelt als wel dat je daar gewoon zelf eh, ik ben 't produkt van zoals ik eh opgegroeid ben, opgevoed ben, en ik voed haar ook weer, op gevoelsmatig op en, zodoende zal 't dus zeker invloed hebben, dat geloof ik wel **(hm)**. Ja en dingen van eh ik heb doordat we altijd veel naar buiten gestuurd werden en zo houd ik er gewoon heel erg van, van naar buiten gaan dus ik ga

met haar ook veel naar buiten dus ik neem aan dat zij daar ook van zal gaan houden **(hm)**. En eh..... ja, dus 't eh 't zal zeker eh invloed hebben. Dat geloof ik zeker.. maar **(hm)** eh, ja..

Waarom denkt u dat uw ouders zich gedroegen zoals ze deden, tijdens uw kinderjaren?
... dat zou ik niet weten **(mm mm)** ik denk dat ze het gewoon leuk vonden met ons **(hm)** en dat nou nog, want ze vinden het nog steeds erg dat ik het huis uit ben... **(hm)**...

Is er veel veranderd, in de relatie met uw moeder, ik bedoel vanaf ongeveer uw tiende jaar tot nu, zo in die periode, van, puberteit en..
Nee nou, nee, niet echt hoor. Ik ehh.. 't was wel daarna dat 't dan een beetje begon te spelen met die wrevel van eh.. wat ik al zei met dat stu- eh studeren en leren en zo dat ze eigenlijk, eh, niet goed kon begrijpen dat ik ehh, niet zo veel de- nou niet zo veel deed nou ik deed eigenlijk niet zo veel en, dat ik dat eh, ik vond 't wel genoeg en ik haalde 't zo wel en, zij was daarin anders en, dat was eigenlijk, een eh, omdat we zo erg op elkaar lijken was dat eh, ineens gewoon eh, een groter verschil dan ik tot dusver had meegemaakt. En ik begreep helemaal niet waar ze 't over had of in ieder geval ik vond 't eigenlijk gewoon maar onzin **(hm)**. En die eh zoiets, wordt gewoon een wreveltoestand. En dat speelt wel mee. Maar niet echt, 't gaat allemaal niet zo erg diep hoor **(hm)**.. Ja 't i- eh ja je je, je, je wordt volwassen, je gaat uit huis. 't Is allemaal natuurlijk eh je hebt je eigen gezin en eh, 't is gewoon eh.... ehh, minder natuurlijk, of m-... je staat natuurlijk zelfstandiger tegenover elkaar. Vroeger als kind dan ben je afhankelijk van d'r, zo voel je 't tenminste dan wel **(hm)**.... Maar dat is denk ik 't grootste verschil, ja **(hm)**.

[Ook uit dit antwoord blijkt dat moeder F open oog heeft voor de schaduwzijde van haar relatie met haar moeder. Toch blijft ze zich in heel gematigde bewoordingen uitlaten over de negatieve veranderingen tijdens de adolescentie. Tegen de achtergrond van haar zeer lovende typeringen is deze beschrijving geloofwaardig als een beschrijving van een voorzichtig maar ook definitief losmakingsproces dat uitmondt in een nieuwe verhouding tot haar beide ouders, zoals uit het antwoord op de volgende vraag naar voren komt.]

En is er veel veranderd in de relatie met uw vader, ook vanaf uw jeugd tot nu?
. Ehh... dat is denk ik grappiger geworden, ja. 't Opkijken tegen hem is er niet meer zo erg (lacht kort) **(hm)**, en daardoor eh, ja is 't gewoon eh.. be-

grijp ik hem beter denk ik, ja **(hm)**. Dus die relatie is wel veranderd **(ja)**.. Vroeger was 't meer iemand die toch wat hoger stond als ik en meer naar opkeek en minder begreep, ook omdat ik hem minder zag, en nu eh.. is dat dus eh, minder, ja. Ja en bij m'n moeder is 't misschien ook wel zo dat ik nu dingen, beter eh... begrijp, maar dat ging altijd toch wel makkelijk omdat je 't gevoelsmatig nogal makkelijk begreep. Dus dan eh, is 't minder eh., vereist 't minder eh, ouderdom zeg maar **(hm.. hm)**.

[Een opvallend kenmerk van dit interview is de spontaniteit waarmee de antwoorden worden gegeven. Nergens is sprake van standaardopmerkingen die als uiting van reserves tegenover het gespreksthema kunnen worden geïnterpreteerd. Ze is weliswaar heel positief over haar ouders maar ze weet deze algemene typeringen redelijk goed met concrete voorbeelden te illustreren. Het interview voldoet niet altijd aan de hoogste normen van stijl of kwantiteit (soms zijn haar uitweidingen wat lang) maar niettemin is hier toch sprake van een redelijk coherent verhaal. Er is kortom voldoende aanleiding voor een F-classificatie.]

Moeder F en kind B in de Vreemde Situatie

Het kind van moeder F speelt in de tweede episode van de Vreemde Situatie op zichzelf hoewel moeder regelmatig aangekeken wordt. Ook vocaliseert ze soms in de richting van moeder. In de derde episode komt de vreemde binnen; baby B stopt direkt met spelen en met vocaliseren, blijft passief ook wanneer de vreemde haar speelgoed aanbiedt. Als moeder weggaat blijft het kind wat passief: het huilt of zoekt niet naar de moeder. De interactie met de vreemde is afstandelijk en beperkt zich tot kijken. Dan komt moeder binnen, het kind kijkt naar haar en glimlacht, en zoekt nabijheid. Vlak voordat de baby de moeder heeft bereikt draait ze zich even om naar de vreemde. *[Hiervoor krijgt ze een gematigde score voor vermijdend gedrag en zelfs dat is wellicht teveel gezien het aandacht vragende gedrag van de vreemde op het moment dat de moeder binnenkwam.]* Dan kijkt de baby weer naar moeder, heft de armen een beetje omhoog en wordt opgepakt. Moeder praat tegen haar baby, en het kind kijkt wat rond. Na een halve minuut wordt ze neergezet, waarbij het direkt aandacht heeft voor het speelgoed en niet protesteert. Dan wordt de omgeving verkend waarbij het kind regelmatig moeder speelgoed toont, haar opzoekt en soms op schoot wil. Als de moeder weggaat zoekt de baby haar bij de deur, ze vocaliseert en begint dan te spelen. De vreemde wordt in episode 7 ongeveer op dezelfde wijze behandeld als in episode 4. Als de moeder weer binnenkomt is er geen spoor van vermijdend gedrag over. *[Dat betekent in ieder geval geen A-classificatie.]* De baby kijkt, strekt haar armen uit naar de moeder die even in de deur wacht. Dan zoekt het kind ook actief nabijheid, en als het vlakbij moeder is strekt het de armen weer uit om opgepakt te worden. De moeder wil dan het kind na enige tijd neerzetten maar daartegen protesteert het zelfs door een licht afwerende houding. *[Dit leidt tot een lage score voor afwerend gedrag, een indicatie voor ambivalente gehechtheid indien het zich in sterke mate voordoet.]* Pas tegen het einde van de episode is het kind zover dat het zelfstandig speelt. De sterke oriëntatie op de moeder gedurende de gehele Vreemde Situatie, het sterke nabijheidzoeken en contact handhaven gemengd met een lichte vorm van afwerend gedrag leidt tot de classificatie B4 (zie hoofdstuk 1).

3 Intergenerationele overdracht van gehechtheid in diverse sociaal-culturele contexten

De ontwikkeling van het Gehechtheidsbiografisch Interview stond in het kader van het beantwoorden van de vraag waarom sommige kinderen een veilige- en andere kinderen een onveilige-gehechtheidsrelatie met hun ouders opbouwen. Een antwoord werd gezocht in de gehechtheidsrepresentatie van de ouder en de categorieën van het codeersysteem weerspiegelen het classificatiesysteem voor de gehechtheid van kinderen in de Vreemde Situatie. Op de Vreemde-Situatieprocedure en de toegekende classificaties is in het eerste hoofdstuk al ingegaan. Duidelijk werd dat in de balans tussen exploratie en gehechtheidsgedrag de vermijdend-gehechte kinderen gehechtheidsgedrag minimaliseren of de-activeren ten faveure van exploratie, terwijl de ambivalent-gehechte kinderen gehechtheidsgedrag maximaliseren ten koste van exploratie.

3.1 De koppeling tussen gehechtheid bij het kind en bij de ouder

Veilig gehechte kinderen weten het evenwicht te vinden tussen gehechtheidsgedrag (het zoeken van troost) direct na de hereniging en het hervatten van exploratief gedrag na enige tijd. Ook de classificaties van het Gehechtheidsbiografisch Interview zijn gebaseerd op de manier waarop de communicatie over emoties in gehechtheidsrelaties wordt vormgegeven. Autonome respondenten worden gekenmerkt door een open reflectie op hun gehechtheidservaringen; gereserveerden minimaliseren de invloed van gehechtheidservaringen op hun volwassen persoonlijkheid en gepreoccupeerde respondenten worden

Dit hoofdstuk is mede gebaseerd op Van IJzendoorn (1992b), Van IJzendoorn (1993; Nederlandstalige bewerking: Van IJzendoorn en Bakermans-Kranenburg, 1994), Van IJzendoorn en Bakermans-Kranenburg (in druk), en Van IJzendoorn (in druk).

nog steeds door hun ervaringen of door de relatie met hun ouders in beslag genomen (Bretherton, 1990; Cassidy, in druk). In figuur 3.1 staan de corresponderende gehechtheidscategorieën naast elkaar weergegeven. In deze figuur zijn ook de resultaten van een meta-analyse opgenomen, die we in dit hoofdstuk nog uitvoeriger zullen bespreken.

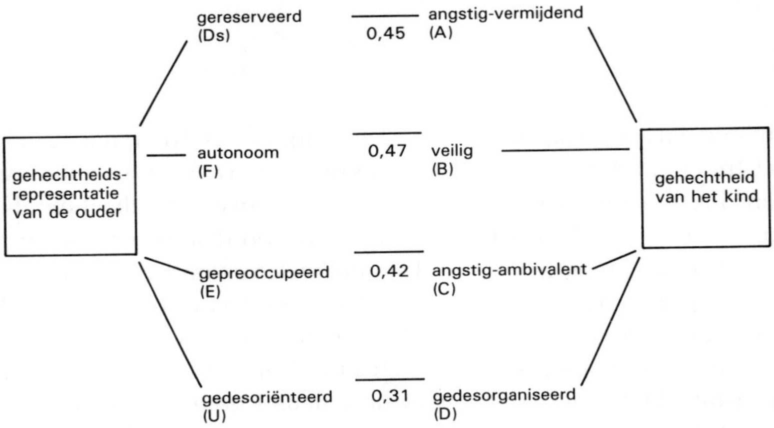

Figuur 3.1 Intergenerationele overdracht van gehechtheid: De samenhang van gehechtheidsrepresentaties van ouder en kind. De effectgroottes zijn gebaseerd op 18 studies met in totaal 854 ouder-kindparen (zie Van IJzendoorn, in druk)

Waarom zijn de gehechtheidsrepresentaties van de ouders op de in figuur 3.1 weergegeven manier gekoppeld aan de gehechtheid van het kind aan de ouder? De gehechtheidsrelatie tussen kind en ouder is de uitkomst van interacties tussen beide partners gedurende het eerste levensjaar. Gehechtheidsrepresentaties van de ouder zouden de mate van sensitiviteit en responsiviteit voor de gehechtheidssignalen van het kind bepalen. Uit verschillende studies weten we dat sensitieve responsiviteit van belang is voor de ontwikkeling van gehechtheid (Ainsworth e.a., 1978; Isabella, 1993; Isabella & Belsky, 1991; Smith & Pederson, 1988). Responsieve ouders hebben vaker veilig gehechte kinderen terwijl insensitieve of niet-responsieve ouders eerder een onveilig gehecht kind hebben (zie hoofdstuk 1). Ouders met een autonome gehechtheidsrepresentatie zouden weleens adequater op de gehechtheidssignalen van het kind weten te reageren dan gereserveerde of gepreoccupeerde ouders. Autonome ouders zijn niet geneigd om hun innerlijk evenwicht te bewaren door hun waarneming van het kind te vertekenen of te blokkeren. Gereserveerde ouders daarentegen wijzen wellicht het gehechtheidsgedrag van hun kind in spanningsvolle situaties af omdat dergelijk gedrag allerlei onaangename herinneringen uit het eigen gehechtheidsverleden oproept. Gereserveerde ouders zouden via afwijzing van gehechtheidsignalen het kind aanzetten tot vermijdend gedrag omdat dergelijk gedrag de kans op afwijzing vermindert. Gepreoccupeerde ouders zijn nog steeds gefixeerd op de gehechtheidservaringen die ze in hun kinderjaren en ook in hun volwassenheid met hun ouders hebben opgedaan. Ze zijn daardoor mogelijk niet in staat op voorspelbare wijze te reageren op de gehechtheidssignalen van het kind. Daar komt nog bij dat de gepreoccupeerde ouders geneigd zijn hun eigen negatieve ervaringen te willen overcompenseren door perioden van excessieve aandacht voor het kind. Dit leidt tot inconsistente responsiviteit – onvoorspelbare afwisseling van gebrek aan aandacht en overmatige betrokkenheid. Het is precies deze vorm van responsiviteit waarvan Ainsworth e.a. (1978) aantoonden dat de meeste angstig-ambivalente kinderen eronder te lijden hadden gehad.

De verbinding tussen onverwerkt verlies bij de ouder en gedesorganiseerd gedrag bij het kind zou tenslotte verklaarbaar zijn op grond van onvoorspelbaar angstig en beangstigend gedrag van de ouder. Main en Hesse (1990) hebben gesuggereerd dat ouders die met een onverwerkt verlies of ander trauma te kampen hebben, op onverwachte momenten in gedachten naar die gebeurtenis terugkeren en in hun gedrag de opgeroepen spanning tot uitdrukking brengen. Deze spanning is voor het kind onvoorspelbaar omdat de oorzaak ervan in de ouder zelf en niet in de omgeving schuilgaat. Daardoor wordt de ouder voor het kind een bron van angst, maar tegelijkertijd is de ouder ook de enige veilige haven. Doordat het kind telkens met deze tegenstelling wordt geconfronteerd, kan het geen coherente strategie voor de omgang met angst en spanning opbouwen, waardoor zijn gedrag in dergelijke situaties gedesorganiseerd is. We zullen in dit hoofdstuk zien dat voor de overdracht van onverwerkt verlies via angstig en beangstigend gedrag van de ouder nog geen empirisch bewijsmateriaal voorhanden is.

Naar het verband tussen classificaties van ouder en kind zijn sinds de ontwikkeling van het Gehechtheidsbiografisch Interview verschillende studies gedaan. Achttien studies zijn tot op heden gepubliceerd of in een gevorderd stadium van publikatie. We zullen de eerste, baanbrekende studies van Main en van Ainsworth wat uitvoeriger bespreken, en vervolgens laten zien dat in verschillende landen en onder verschillende groepen hun resultaten zijn bevestigd. Ook vaders hebben aandacht gekregen en we zullen hun rol in de overdracht van gehechtheid eveneens belichten.

3.1.1 De eerste studies naar overdracht van gehechtheid

In de eerste studies naar intergenerationele overdracht van gehechtheid werden sterke samenhangen geconstateerd tussen de representatie van gehechtheid bij de ouders en hun gehechtheidsrelaties met het kind (Main e.a., 1985; Main & Goldwyn, in druk; Ainsworth & Eichberg, 1991).

Main en haar collega's (1985) beschrijven de opvallende resultaten van een baanbrekend onderzoek naar 40 moeders, vaders, en hun zesjarige kinderen. De gezinnen waren geselecteerd uit een grotere steekproef uit een tamelijk hoog sociaal-economisch milieu. Zowel moeder en kind als vader en kind waren geobserveerd in de Vreemde Situatie toen het kind tussen één en twee jaar oud was. Het belangrijkste selectiecriterium was de kwaliteit van de gehechtheidsrelatie tussen moeder en kind. De onderzoekers probeerden een gelijk aantal veilige, vermijdende, en gedesorganiseerde dyades in hun follow-up studie te betrekken. Op zesjarige leeftijd werden de kinderen met ieder van hun ouders in een spelkamer geobserveerd, en werden de ouders individueel geïnterviewd over hun kinderjaren.

Het Gehechtheidsbiografisch Interview van de moeders bleek hoog gecorreleerd te zijn met de veiligheid van het kind op éénjarige leeftijd in de Vreemde Situatie (0,62). De mentale representatie van gehechtheid van vaders hing veel minder sterk samen met de mate waarin het kind veiligheid liet zien in de Vreemde Situatie met zijn vader (0,37). De auteurs presenteren geen percentages overeenstemmende classificaties maar de correlaties (tussen coherentie in het Gehechtheidsbiografisch Interview en een continue schaal van ouder-kindgehechtheidsclassificaties) laten geen twijfel over de hoge mate van correspondentie. We moeten ons wel realiseren dat de resultaten van deze exploratieve studie onder een geselecteerde groep gezinnen een overschatting kunnen zijn van de werkelijke verbanden. In de steekproef zijn de onveilige kinderen (en ouders) oververtegenwoordigd. Daarbij komt dat de onderzoeksopzet 'retrodictief' is en wel in twee opzichten: de generatie van de grootouders is slechts indirect bij het onderzoek betrokken – door de ogen van de ouders; en de Gehechtheidsbiografische Interviews werden vijf jaar na de observatie van de ouder-kindgehechtheidsrelatie afgenomen. Dit betekent dat we uit deze studie geen causale conclusies kunnen trekken. We zullen hieronder nog zien dat er inmiddels studies zijn uitgevoerd die de causale richting wat duidelijker maken (bijvoorbeeld Fonagy, Steele & Steele, 1991).

Een vollediger rapportage van het onderzoek van Main e.a. (1985) kan worden gevonden in het artikel van Main en Goldwyn (in druk). Dit artikel is al sinds 1985 of 1986 in druk en sindsdien veelvuldig geciteerd. De publicatie ervan laat op zich wachten. Dat is jammer omdat in dit artikel veel meer details over de steekproef, de onderzoeksopzet, en de resultaten te vinden zijn dan in Main e.a. (1985). De onderzoeksopzet zag er als volgt uit: In 1977 werden moeders, vaders, en hun kinderen geobserveerd in de Vreemde Situatie (de kinderen waren 12 en 18 maanden oud). In 1982 werd een vervolgstudie verricht waarin het Gehechtheidsbiografisch Interview werd afgenomen bij 33 moeders en 35 vaders. De steekproef omvatte op dat moment 45 kinderen (22 kinderen met beide ouders). Meisjes waren ondervertegenwoordigd. De constructie van het Gehechtheidsbiografisch Interview werd onafhankelijk gehouden van het zoeken naar samenhangen tussen gehechtheid van de ouder en gehechtheid van het kind. De interviews waarop het codeersysteem van het Gehechtheidsbiografisch Interview werd ontwikkeld en verfijnd, werden niet gebruikt voor de verkenning van samenhangen. Overigens is de overlap tussen proefpersonen in deze en in de Main e.a. (1985) studie niet volledig: In plaats van 40 kinderen werden nu gegevens gerapporteerd over 45 (andere?) kinderen. Voorts zijn nu alle gehechtheidsclassificaties van de kinderen geforceerd ondergebracht in de ABC-driedeling, en worden de gedesorganiseerde gevallen niet apart beschreven.

Main en Goldwyn (in druk) presenteren bevredigende intercodeurbetrouwbaarheden voor de schalen van het Gehechtheidsbiografisch Interview, en een bevredigende intercodeur-overeenstemming voor de classificaties (81%). We zullen ons hier richten op de classificaties. De verdeling van classificaties voor moeders is tamelijk scheef: de onveilige-gehechtheidsclassificaties zijn beter vertegenwoordigd dan de veilige classificaties. De overeenstemming tussen de mentale representatie van gehechtheid bij de moeders en de gehechtheidsclassificatie van haar kind zoals deze vijf jaar eerder was geobserveerd in de Vreemde Situatie, was 75% (kappa = 0,61). Voor de vaders lag dit percentage wat lager: 69% (kappa = 0,41). Zelfs zonder de gedesorganiseerde gehechtheidsclassificatie is deze overeenstemming indrukwekkend, juist doordat er zoveel tijd is gepasseerd tussen de eerste en de tweede meting. Gebrek aan overeenstemming was vooral gelocaliseerd in het gebied van de marginaal vermijdende (A2) en marginaal veilige (B1/B2) classificaties; dit kan betekenen dat de werkelijke samenhang tussen gehechtheid bij de ouder en bij het kind nog sterker zou zijn wanneer er geen codeerfouten zouden worden gemaakt.

Ainsworth en Eichberg (1991) konden in hun onderzoek naar intergenerationele overdracht van gehechtheid de uitkomsten van Mains studies bevestigen. Ainsworth en Eichberg (1991) bestudeerden de samenhang tussen de kwaliteit van de moeder-kind gehechtheidsrelatie en de gehechtheidsclassificatie van de moeder zoals vastgesteld met behulp van het Gehechtheidsbiografisch Interview. Het betrof 45 gezinnen uit een tamelijk hoog milieu. De onderzoekers waren vooral geïnteresseerd in de mate waarin gedesorganiseerde gehechtheid bij het kind zou samenhangen met onverwerkt verlies of ander trauma bij de moeder. De leeftijd van de kinderen tijdens de Vreemde Situatie-metingen was 12-18 maanden. Binnen twee tot zes maanden na deze observatie werden de moeders geïnterviewd met het Gehechtheidsbiografisch Interview.

Ainsworth en Eichberg (1991) vonden een hoog percentage overeenstemming tussen de gehechtheid bij de ouder en bij het kind. Bij een indeling van gehechtheid in drie categorieën werd een percentage van 80% overeenstemming gevonden, en wanneer de vierdeling werd gehanteerd (dus inclusief de classificaties voor gedesorganiseerde gehechtheid bij het kind en onverwerkt verlies bij de ouder) was dat zelfs 82%. Van zeer groot belang was de bevinding dat uitsluitend de huidige mentale representatie omtrent het verlies een voorspelling toeliet over de gehechtheidsrelatie met het kind; de feitelijke ervaring van verlies bleek geen voorspellende waarde te hebben. De wijze van denken en spreken over verlies is blijkbaar van doorslaggevend belang, en niet de gebeurtenis zelf. Ouders die hun verlies verwerkt hadden bleken een sterke solidariteit in het gezin te hebben ervaren, en/of hadden direct na het overlijden een verantwoordelijke rol voor andere gezinsleden gehad. Deze omstandigheden lijken de invloed van verlies sterk in te perken, en intergenerationele overdracht van de gevolgen van verlieservaringen te blokkeren. Maar wanneer zulke factoren afwezig zijn, blijkt de overdracht maximaal te zijn: alle moeders met onverwerkt verlies hadden baby's die zich gedesorganiseerd gedroegen in de Vreemde Situatie (zie ook hoofdstuk 4).

Dit onderzoek moet worden beschouwd als een belangrijke replicatie van de exploratieve studie van Main en haar collega's. De resultaten vormen een sterke steun voor de hypothese dat een bijna perfecte overdracht van gehechtheid over de generaties heen kan worden waargenomen als we de huidige kijk van ouders op hun gehechtheidsverleden tot uitgangspunt kiezen. Het voordeel van deze benadering is dat de contextuele invloeden die de verbinding tussen vroegere gehechtheidservaringen en huidige gehechtheidsrepresentaties kunnen doorbreken, in rekening zijn gebracht. Het is echter op grond van dit onderzoek niet mogelijk causale conclusies te trekken. Het betreft immers een cross-sectionele opzet, waarin de gehechtheidsrepresentaties bij de ouders enkele maanden later zijn gemeten dan de gehechtheidsclassificatie van het kind. Ook is de verdeling van gehechtheidsclassificaties in deze steekproef nogal scheef, vergeleken met wat we op grond van eerdere studies mogen verwachten (Ainsworth e.a., 1978; Van IJzendoorn & Bakermans-Kranenburg, in druk). Ainsworth en Eichberg (1991) vonden dat ongeveer 50% van de kinderen onveilig gehecht was en dat wijkt af van de normatieve verdeling over diverse 'normale' steekproeven in de VS (Van IJzendoorn, Goldberg, Kroonenberg & Frenkel, 1992). De generaliseerbaarheid van de onderzoeksresultaten moet daardoor misschien beperkt worden tot een populatie waarin tamelijk veel kinderen onveilig gehecht zijn, en in het bijzonder veel gedesorganiseerd gedrag laten zien. Niettemin is dit de eerste onafhankelijke replicatie van de oorspronkelijke studie van Main, en de resultaten hebben ertoe bijgedragen dat het Gehechtheidsbiografisch Interview in de jaren negentig razendsnel aan bekendheid en populariteit heeft gewonnen.

3.1.2 Enkele Nederlandse studies

In Nederland zijn inmiddels twee kleinschalige studies naar intergenerationele overdracht van gehechtheid uitgevoerd en gerapporteerd, en meer studies zijn onderweg. De eerste studie (Van IJzendoorn e.a., 1991) is een retrodictief onderzoek, analoog aan de hiervoor besproken studie van Main e.a. (1985). Tachtig gezinnen uit een tamelijk hoog milieu namen deel aan de eerste fase van ons onderzoek. De kinderen waren één jaar oud en werden met hun vader en met hun moeder in de Vreemde Situatie geobserveerd. Twee jaar later selecteerden we 31 gezinnen voor afname van het Gehechtheidsbiografisch Interview, bij moeders en vaders afzonderlijk. Twee vaders en vier moeders konden niet worden geïnterviewd en er werden dus uiteindelijk 29 vaders en 27 moeders geïnterviewd. Bij de moeders bleek de veiligheid van hun gehechtheidrepresentatie sterk samen te hangen met de veiligheid van hun gehechtheidsrelatie met het kind, twee jaar eerder. Bij de vaders vonden we een matige samenhang die door het kleine aantal respondenten niet significant bleek te zijn. De opzet van de studie laat te wensen over. In feite probeerden we achteraf de gehechtheidsclassificaties van het kind te voorspellen, zodat causale conclusies uitgesloten zijn. Omdat we maar een bescheiden aantal gezinnen in beide delen van de studie konden betrekken, en de ouders nogal scheef waren verdeeld over de diverse gehechtheidsclassificaties, was alleen een gefundeerde uitspraak mogelijk over de samenhang tussen autonomie bij de ouders en veiligheid bij het kind. Uitspraken over de verschillende categorieën onveilige gehechtheid(srepresentatie) waren uitgesloten. Ook een vergelijking tussen vaders en moeders was vanwege de geringe aantallen niet goed mogelijk. Wel kan de studie een bijdrage leveren aan de meta-analytische beantwoording van deze vragen.

De tweede Nederlandse studie naar overdracht van gehechtheid is uitgevoerd in een groep van 32 moeders met hun peuters, afkomstig uit een zeer laag sociaal-economisch milieu. In deze studie (Bus & Van IJzendoorn, 1992) werd op hetzelfde meettijdstip het Gehechtheidsbiografisch Interview bij de moeders afgenomen en werden de peuters in een scheidingssituatie geobserveerd. Omdat de Vreemde Situatie voor peuters niet meer geschikt is gebruikten we een wat meer stresserende scheidingsepisode van ongeveer een half uur waarin het kind door de proefleider werd getest. De hereniging met de moeder na afloop van deze sessie werd nauwkeurig geobserveerd met een bewerkte versie van de schaal voor veiligheid bij zesjarigen van Main e.a. (1985). De uitkomst van deze studie onder een andere leeftijdsgroep, in een ander sociaal economisch milieu en met gedeeltelijk verschillend meetinstrumentarium bleek de uitkomst van de hiervoor besproken studie te bevestigen. We vonden een sterke samenhang tussen autonomie bij de moeders en veiligheid bij het kind. Ook deze studie heeft haar tekortkomingen. Zo hadden we graag gebruik gemaakt van een beter gevalideerd observatie-instrument voor gehechtheid bij peuters, bijvoorbeeld het systeem van Cassidy en Marvin (1989) dat ten tijde van de uitvoering van onze studie nog niet beschikbaar was. Niettemin hebben we goede aanwijzingen voor intergenerationele overdracht van gehechtheid in Nederland. Ten eerste convergeren de twee studies op een opmerkelijke wijze hoewel ze geheel verschillend van opzet zijn. Ten tweede convergeren de Nederlandse studies met een reeks van buitenlandse studies naar dit verschijnsel (Van IJzendoorn, in druk). De sterkte van de samenhang tussen autonomie bij de ouder en veiligheid bij het kind is vergelijkbaar met de resultaten van een meta-analyse onder alle beschikbare studies naar intergenerationele overdracht. Ook de wat zwakkere samenhang in onze groep vaders convergeert met de uitkomst van de meta-analyse naar het verschil tussen vaders en moeders (zie verder).

Dat geeft ons vertrouwen in de resultaten van de twee Nederlandse studies, hoewel ze uiteraard replicatie behoeven.

3.1.3 Prenatale studies

Indien de gehechtheidsrepresentatie bij de ouder op hetzelfde tijdstip of zelfs later wordt gemeten dan de gehechtheid bij het kind, is het eigenlijk niet goed mogelijk een causale interpretatie te geven van de samenhang. Het ligt niet voor de hand dat de mentale representatie van gehechtheidservaringen uit het verleden sterk beïnvloed wordt door de komst van een baby en door de soort van gehechtheidsrelatie die zich tussen kind en ouder ontwikkelt. Toch is een dergelijke invloed niet geheel uit te sluiten, als een onderzoeksopzet wordt gebruikt waarin gehechtheid bij de ouder en bij het kind gelijktijdig wordt gemeten. Die invloed kan wel uitgesloten worden als de gehechtheidsrepresentaties bij de ouders voorafgaand aan de geboorte van het kind worden vastgesteld en stabiel over tijd blijven. In dat geval zal de samenhang tussen de prenataal gemeten gehechtheid bij de ouder en de gehechtheidsrelatie met het kind een jaar na de geboorte niet kunstmatig versterkt zijn door de invloed van het kind. Overigens is ook dan nog steeds geen sluitende causale interpretatie mogelijk, omdat we niet weten of een derde factor het verband tussen gehechtheid bij de ouder en bij het kind in stand houdt. Wel is dan voldaan aan een belangrijke voorwaarde voor causaliteit, namelijk dat de tijdsvolgorde (oorzaak gaat in de tijd vooraf aan het gevolg) ondubbelzinnig is vastgelegd. Er zijn inmiddels vier studies gerapporteerd, waarin de gehechtheid bij de ouder voorafgaand aan de geboorte van het kind is gemeten: Fonagy e.a., (1991), Benoit en Parker (in druk), Radojevic (1992) en Ward en Carlson (in druk).

De studie van Benoit en Parker gebruikt de meest complexe opzet: niet alleen wordt de stabiliteit van de gehechtheidsrepresentaties bij de ouders over een periode van 15 maanden vastgesteld, maar ook worden de grootmoeders bij het onderzoek betrokken. Hierdoor kunnen Benoit en Parker uitspraken doen over overdracht van gehechtheid over drie generaties: grootouders, ouders en kinderen. Omdat het Gehechtheidsbiografisch Interview met de grootmoeders de relatie met de overgrootouders tot onderwerp heeft, zouden we zelfs kunnen spreken van een vier-generatiestudie. De respondenten in deze studie kwamen uit stabiele middenklasse gezinnen met een baby op komst. De onderzoekers interviewden de moeders met het Gehechtheidsbiografisch Interview gedurende hun zwangerschap en enkele weken voordat hun baby's in de Vreemde Situatie zouden worden geobserveerd. De grootmoeders werden in de tussenliggende periode met het Gehechtheidsbiografisch Interview geïnterviewd. De stabiliteit van de gehechtheid bij de moeder was opmerkelijk hoog: 90% van de gehechtheidsklassificaties bleef stabiel over een periode van meer dan een jaar (in geval van de DS, F, E, U classificatie was dit 77%). Ook bleek de gehechtheid bij de moeder voor de geboorte van de baby haar gehechtheidsrelatie met het kind goed te voorspellen (81% in geval van de DS, F, E classificatie en 68% in geval van de DS, F, E, U classificatie). Tenslotte werd ook een samenhang gevonden tussen de gehechtheidsrepresentatie bij de grootmoeder en die bij de moeder (75% in geval van de DS, F, E classificatie en 46% in geval van de DS, F, E, U classificatie). Het ligt voor de hand dat de overdracht van onverwerkt verlies minder groot is, omdat met het klimmen der jaren ook de mogelijkheden tot verwerking zullen kunnen toenemen. Hierbij komt dat de categorie voor onverwerkt verlies het minst stabiel is gebleken (Bakermans-Kranenburg & Van IJzendoorn, 1993; zie figuur 3.2).

De prenatale studies van Fonagy e.a. (1991) in Engeland, van Ward en Carlson (in druk) onder adolescente moeders in Amerika en van Radojevic (1992) onder Australische vaders bevestigen het beeld van intergenerationele overdracht van gehechtheid zoals dat uit het longitudinale onderzoek van Benoit en Parker (in druk) naar voren komt. Het is opmerkelijk dat de vier prenatale studies ongeveer dezelfde verbanden laten zien als de overige studies: de chronologisch betere opzet doet dus geen afbreuk aan de sterkte van de samenhangen die in de overige studies werden gevonden. Toch blijven ook deze longitudinale studies correlationeel van aard en laten strikt genomen causale interpretaties niet toe. Daarvoor zijn minstens twee soorten studies noodzakelijk:

1 studies naar het mechanisme van intergenerationele overdracht;
2 interventiestudies waarin de gehechtheidsrepresentatie bij de ouder experimenteel wordt beïnvloed en een overeenkomstige verandering in de gehechtheidsrelatie met het kind wordt bewerkstelligd.

Eerstgenoemde studies zullen in dit hoofdstuk worden besproken; interventiestudies worden in hoofdstuk 5 behandeld. Maar eerst zal de rol van de vader in de intergenerationele overdracht van gehechtheid worden belicht.

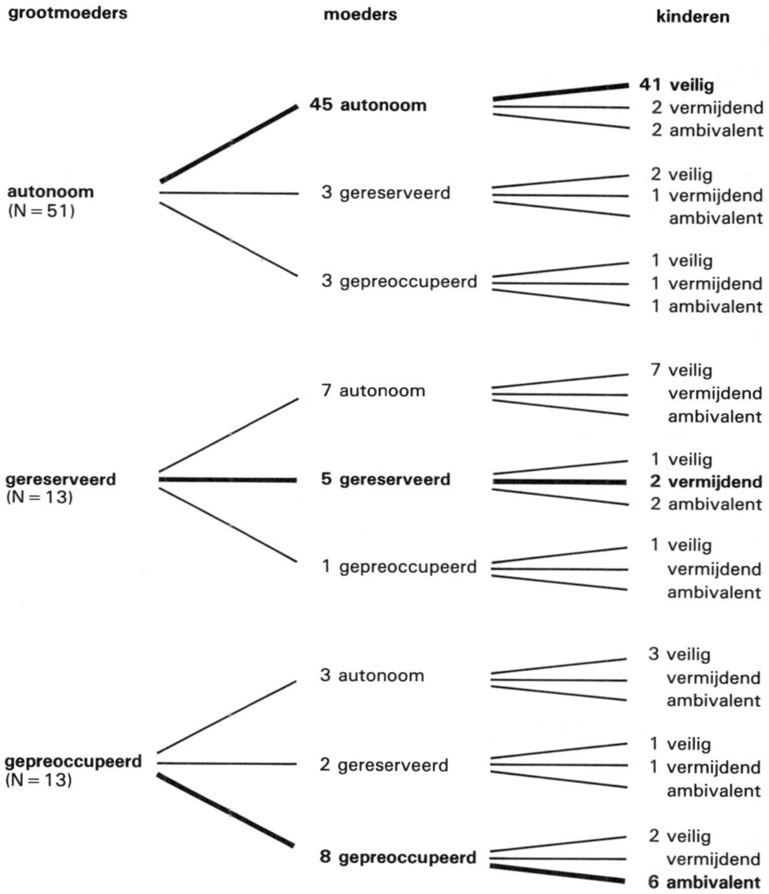

Figuur 3.2 Overdracht van gehechtheid over drie generaties (ontleend aan Benoit en Parker, in druk)

3.2 Overdracht van gehechtheid bij vaders

Onderzoek naar gehechtheidsrepresentaties bij vaders kan een antwoord geven op zeker drie interessante vragen:

- is de verdeling van autonome en onveilige representaties ongeveer hetzelfde als bij moeders (of vrouwen in het algemeen)?
- is bij partnerkeuze sprake van 'soort zoekt soort', dat wil zeggen trouwen autonome mannen vaker met autonome vrouwen dan met vrouwen met een onveilige-gehechtheidsrepresentatie?
- is de overdracht van gehechtheid van vader op kind even sterk als de overdracht van moeder op kind en drukken beide ouders eenzelfde stempel op de gehechtheidsrelatie met hun kind?

Hoewel het gehechtheidsonderzoek een voorkeur lijkt te hebben voor moeders als proefpersonen zijn er toch al vier studies verricht naar intergenerationele overdracht van gehechtheid bij vaders (Steele e.a., in druk; Radojevic, 1992; Van IJzendoorn e.a., 1991; Main & Goldwyn, in druk). Op grond van deze studies en enkele andere studies naar gehechtheidsrepresentaties van partners in een gezin (Miehls, 1989; Cohn, Silver, Cowan & Pearson, 1992) kunnen we een voorlopig antwoord formuleren op de gestelde vragen.

De vraag naar de verdeling van gehechtheidsrepresentaties is ingegeven door de idee dat mannen over het algemeen wellicht wat meer distantie nemen van vroegere gehechtheidservaringen en zich minder om deze relationele aspecten in hun bestaan bekommeren dan vrouwen (zie bijvoorbeeld Gilligan, 1982). Dit zou betekenen dat bij mannen de gereserveerd gehechten oververtegenwoordigd zijn, ten koste van de gepreoccupeerd- en wellicht ook de autonoom gehechte personen. De gecombineerde verdeling in de steekproeven met vaders blijkt echter heel sterk overeen te komen met de verdeling bij moeders: 22% van de vaders is gereserveerd, 62% autonoom, en 16% gepreoccupeerd (*N*=286). De verdeling bij moeders is: 24% gereserveerd, 58% autonoom en 18% gepreoccupeerd (*N*=584). In tabel 3.1 zijn deze verdelingen alsmede de verdelingen in enkele andere groepen opgenomen. De klinische groepen komen met name in hoofdstuk 4 aan de orde.

Tabel 3.1 Verdeling van gehechtheidsrepresentaties in diverse populaties (ontleend aan Van IJzendoorn en Bakermans-Kranenburg, in druk)

Populatie	N	Verdeling in percentages		
		Gereserveerd (Ds)	Autonoom (F)	Gepreoccupeerd (E)
Moeders (normaal)	584	24	58	18
Vaders (normaal)	286	22	62	16
Laag SES	411	33	48	18
Adolescenten	277	27	56	17
Klinische volwassenen	291	41	12	47
Ouders van klinische kinderen	148	41	14	45

Er is geen sprake van een oververtegenwoordiging van gereserveerde vaders die gehechtheidservaringen idealiseren ofwel weinig relevant vinden voor hun huidig functioneren. Uiteraard zegt de overeenstemming van verdelingen nog weinig over de vraag of binnen een gezin de partners wat betreft gehechtheidsrepresentatie op elkaar lijken. Er zijn vijf studies waarin echtparen deelnemen aan het Gehechtheidsbiografisch Interview (Cohn e.a., 1992; Crittenden e.a., 1991; Miehls, 1989; Steele e.a., in druk; Van IJzendoorn e.a., 1991). In de studie van Main en Goldwyn (in druk) worden geen gegevens over de gehechtheidsrepresentaties binnen het gezin gerapporteerd.

Als we de gegevens uit deze vijf studies in een kruistabel combineren krijgen we het volgende resultaat (zie tabel 3.2).

Tabel 3.2 Gehechtheidsrepresentaties binnen het gezin. Tussen haakjes: Haberman's gestandaardiseerde residuen; cursieve residuen zijn significant. (Ontleend aan Van IJzendoorn en Bakermans-Kranenburg, in druk)

Mannen	Vrouwen			
	Gereserveerd	Autonoom	Gepreoccupeerd	Totaal
Gereserveerd	19 (1,6)	24 (−2,4)	18 (1,2)	61
Autonoom	23 (−1,7)	78 (*4,2*)	18 (*−3,3*)	119
Gepreoccupeerd	12 (0,4)	16 (−2,7)	18 (2,7)	46
Totaal	54	118	54	226

Omdat niet alle studies een classificatie voor onverwerkt verlies of ander onverwerkt trauma bevatten is hier uitgegaan van de Ds, F, en E classificaties die voor 226 echtparen beschikbaar waren. Een toets op onafhankelijkheid van de verdelingen laat zien dat de gehechtheidsrepresentaties van vader en moeder binnen een gezin samenhangen. Met name autonome partners vinden elkaar vaker dan op grond van louter toeval mag worden verwacht en autonome mannen en gepreoccupeerde vrouwen stappen minder vaak met elkaar in de huwelijksboot dan eveneens op grond van toeval verwacht zou mogen worden. Overigens is de sterkte van de samenhang niet erg groot, en vergelijkbaar met een correlatie van 0,28. Aan de ene kant zoekt soort dus inderdaad soort, en zijn met name autonome personen met elkaar getrouwd, terwijl gereserveerde mannen en gepreoccupeerde vrouwen elkaar enigszins lijken af te stoten. Aan de andere kant zijn vele onveilig-gehechte personen getrouwd met een veilig-gehechte partner en is op deze wijze een doorbreking van intergenerationele overdracht van onveilige gehechtheid door een gelukkige partnerkeuze niet geheel onmogelijk (Rutter, Quinton & Hill, 1990). Dit geldt overigens alleen indien de veilige partner inderdaad de mentale representatie van gehechtheid bij de ouder weet te veranderen of de nadelige invloed van een onveilige ouder op de gehechtheidsontwikkeling van een kind weet te compenseren. Hiervoor zijn wel aanwijzingen, maar er is nog geen sluitende bewijsvoering voorhanden (zie Nawoord).

De derde vraag betrof de relatieve invloed van vaders en moeders op de gehechtheidsontwikkeling van het kind. In een meta-analyse naar intergenerationele overdracht van gehechtheid (Van IJzendoorn, in druk) werd onderscheid gemaakt naar studies onder vaders en onder moeders. Uit de berekening van de sterkte van de samenhang tussen autonomie bij de ouder en veiligheid bij het kind bleek dat het verband voor de moeders significant sterker was (vergelijkbaar met een correlatie van 0,50) dan het verband voor de vaders (vergelijkbaar met een correlatie van 0,37). In feite vinden we hier op meta-analytisch niveau een bevestiging voor de trend die al in het onderzoek van Main e.a. (1985) werd aangetroffen: moeders drukken een zwaarder stempel op de ontwikkeling van gehechtheid bij het kind dan vaders.

Er zijn twee interpretaties van deze uitkomst mogelijk. Ten eerste zou de Vreemde Situatie, waarmee de gehechtheid tussen kind en ouder wordt bepaald, weleens minder valide kunnen zijn voor vaders. De Vreemde Situatie is tenslotte ontworpen en gevalideerd aan de hand van steekproeven met moeders en hun kinderen. Het is niet uitgesloten dat het instrument essentiële kenmerken van een vader-kind gehechtheidsrelatie niet in kaart kan brengen. Het zwaardere stempel van moeders zou dan dus op een artefact berusten. Ten tweede is in de westerse, geïndustrialiseerde wereld de verdeling van opvoedings- en verzorgingstaken tussen man en vrouw scheef. Vaders nemen over het algemeen nog steeds veel minder verantwoordelijkheid voor de opvoeding van hun kinderen dan de moeders (Tavecchio, Van IJzendoorn, Goossens & Vergeer, 1985). Dit heeft tot gevolg dat vaders vaak minder langdurige en intensieve interacties met hun kind hebben en mogelijk daardoor ook een minder grote invloed op gehechtheid.

3.3 Gehechtheidsnetwerken

De resultaten van de meta-analyses naar gehechtheid van beide ouders en hun kinderen leiden tot een complex netwerk van gehechtheidsrelaties (zie figuur 3.3).

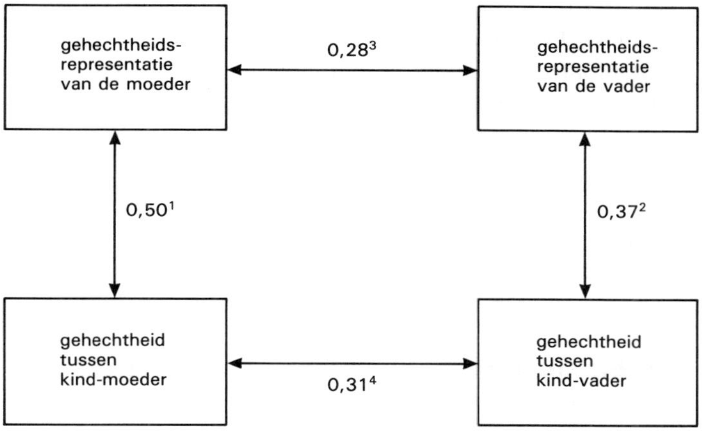

Figuur 3.3 Het netwerk van gehechtheidsrelaties in een gezin.
1. *N* = 655 (Van IJzendoorn, 1993; gecombineerde r)
2. *N* = 198 (Van IJzendoorn, 1993; gecombineerde r)
3. *N* = 226 (Van IJzendoorn & Bakermans-Kranenburg, in druk; gewone r)
4. *N* = 672 (Fox, Kimmerly & Schafer, 1991; kappa)

In figuur 3.3 zijn de uitkomsten van vier meta-analyses weergegeven, uitgedrukt in vergelijkbare grootheden zoals de correlatie-coëfficiënt en kappa. Het betreft hier uitsluitend de samenhangen op het niveau van veilige of onveilige gehechtheid. De uitsplitsing naar de verschillende typen onveilige gehechtheid(srepresentaties) is niet mogelijk. De gehechtheidsrepresentaties van vaders en moeders binnen het gezin hangen ongeveer even sterk met elkaar samen als de gehechtheidsrelaties van het kind met beide ouders (respectievelijk 0,28 en 0,31). Uit figuur 3.3 blijkt ook dat de samenhang tussen de generaties aanzienlijk sterker is dan die binnen de generaties. Dit zou erop kunnen wijzen dat de invloed van de gehechtheidsrepresentatie van de moeder zich beperkt tot haar relatie met het kind. Datzelfde zou ook voor vaders kunnen gelden. Maar door de samenhang van gehechtheidsrepresentaties tussen beide ouders kan toch ook niet uitgesloten worden dat moeders via hun invloed op vaders – bijvoorbeeld via hun partnerkeuze – een indirecte invloed op de gehechtheidsrelatie tussen vader en kind uitoefenen. Voor vaders zou hetzelfde kunnen gelden. Onderzoek naar het belang van wederzijdse ondersteuning van huwelijkspartners voor een evenwichtige ontwikkeling van het kind wijst in dezelfde richting (Cohn e.a., 1992). Daar staat tegenover dat de samenhangen verre van volmaakt zijn. Gezien de cijfers die in figuur 3.3 zijn gepresenteerd, moeten er tal van kinderen zijn die op heel jonge leeftijd met sterk uiteenlopende gehechtheidsrelaties worden geconfronteerd. Een gezin kan heel wel bestaan uit een kind dat veilig gehecht is aan zijn moeder en onveilig gehecht aan zijn vader, waarbij de moeder een autonome gehechtheidsrepresentatie heeft en de vader een gereserveerde kijk op het verleden en zijn huidige relaties ten toon spreidt. Het is nog onduidelijk hoe een kind uiteenlopende gehechtheidsrelaties verwerkt tot een of meerdere interne werkmodellen van gehechtheid (Van IJzendoorn e.a., 1992). In het Nawoord zullen we dit thema wat uitvoeriger bespreken.

3.4 Gehechtheidsrepresentaties en responsiviteit

3.4.1 Het mechanisme van overdracht

Main en Goldwyn (in druk) presenteren enkele hypothesen over het overdrachtsmechanisme van gehechtheid (zie hoofdstuk 2). Zij suggereren dat de autonome ouder in staat is de gehechtheidssignalen van het kind zonder vertekeningen waar te nemen en te begrijpen, zelfs als die signalen een bedreiging lijken te vormen voor de huidige mentale representatie van gehechtheid. Onveilige ouders daarentegen zouden de neiging hebben sommige gehechtheidssignalen te negeren of te veranderen, omdat deze signalen het evenwicht in de mentale organisatie van ervaringen met gehechtheid uit het verleden in gevaar dreigen te brengen. Zo verhaalde Mary Ainsworth over haar bezoek aan een (waarschijnlijk gereserveerde) ouder van een vermijdende baby, die ontkende dat de baby ooit huilde terwijl op de achtergrond de baby luidkeels en langdurig lag te huilen (Ainsworth, persoonlijke communicatie, 1988). Een wat eenvoudiger interpretatie zou kunnen zijn dat verschillende gehechtheidsrepresentaties zijn verbonden met verschillen in opvoedingsopvattingen en -stijlen of dat het kind bepaalde ouderlijke reactiepatronen zou imiteren (Main & Goldwyn, in druk). Een gemeenschappelijk element in deze speculatieve beschouwingen over het overdrachtsmechanisme is de idee dat de sensitieve responsiviteit van de opvoeder een goede kandidaat is om de kloof tussen gehechtheidsrepresentaties bij de ouder en gehechtheid bij het kind te overbruggen. Daarnaar is – zij het op bescheiden schaal – onderzoek verricht.

3.4.2 De eerste studies

Er zijn drie studies waarin de samenhang tussen gehechtheidsrepresentaties bij opvoeders en hun sensitiviteit is onderzocht (Haft & Slade, 1989; Crowell & Feldman, 1988, 1991; Grossmann e.a., 1988).

Grossmann en haar collega's (1988) vonden in hun steekproef in Bielefeld, dat autonome moeders meer sensitief responsief tegenover hun baby's waren gedurende het eerste levensjaar dan onveilig gehechte moeders. De autonome moeders waren ook geneigd om de individuele 'persoonlijkheid' van hun baby beter te onderkennen en meer te waarderen, in het bijzonder bij de observaties rond de tiende levensmaand. Ruim een jaar later toonden ze ook meer begrip voor de specifieke ontwikkelingsproblemen en individualiteit van hun peuters, en waren ze meer bereid hun gezinsleven aan te passen aan de bijzondere behoeften van de tweejarigen. Kortom, een autonome gehechtheidsrepresentatie blijkt een bepaald pedagogisch gedrag tegenover het kind tot gevolg te hebben. In die zin wordt de suggestie van Main en Goldwyn (in druk) ondersteund dat een bepaalde vorm van sensitieve responsiviteit bij de opvoeder ontstaat op basis van een daarmee corresponderende mentale representatie van gehechtheid. Maar een causale conclusie is niet mogelijk omdat de Gehechtheidsbiografische Interviews achteraf – na de verzameling van gegevens omtrent het ouderlijk gedrag – zijn afgenomen. Grossmann en haar collega's gebruikten ook een ander codeersysteem voor de classificatie van de interviews en we weten niet precies hoe valide de resultaten van dit systeem zijn.

Haft en Slade (1989) bestudeerden de samenhang tussen gehechtheidsrepresentaties bij moeders en hun afstemming op de gehechtheidssignalen van de baby. De steekproef was erg klein ($n = 14$) en was afkomstig uit de middenklasse in New York. Afstemming werd in deze studie opgevat als de mate waarin de moeder in staat is haar affectieve stemming of gemoedstoestand overeen te laten stemmen met de affectieve gemoedstoestand van de baby. Bij een dergelijke afstemming betreft het kenmerken als aard, intimiteit en de tijdsvolgorde (Stern, 1985). Afstemming kunnen we opvatten als een bijzonder soort responsiviteit – waarbij niet zozeer gedrag als wel stemming of gemoedstoestand centraal staat. De auteurs interviewden de moeders met het Gehechtheidsbiografisch Interview, en observeerden de afstemming met behulp van de Afstemming van Gemoedstoestanden Schaal (Affect Attunement Scale). De mate van afstemming werd bepaald door te kijken of de moeder haar verlangen om met de baby een bepaalde affectieve gemoedstoestand te delen combineerde met de intentie het kind iets te leren (dit werd een laag-niveau afstemming genoemd), of dat ze uitsluitend erop uit was een afstemming op de gemoedstoestand van de baby te bewerkstelligen (een hoog-niveau afstemming). Moeders met verschillende gehechtheidsrepresentaties verschilden tijdens een episode met vrij spel in een spelkamer van elkaar. Autonome moeders bleken beter te zijn afgestemd op hun baby en vaker afstemming op een hoger niveau te realiseren. Gereserveerde moeders waren niet zo geneigd af te stemmen op negatieve emoties. Gepreoccupeerde moeders waren onvoorspelbaar in hun afstemming van positieve alsmede negatieve gemoedstoestanden. Tijdens een herenigingsepisode gebruikten gereserveerde moeders afstemming van laag niveau minder vaak dan gepreoccupeerde moeders. De interpretatie van dergelijke bevindingen wordt natuurlijk bemoeilijkt door de heel kleine steekproef. Daarbij komt nog dat om onduidelijke redenen een zeer scheef verdeelde groep bij het onderzoek werd betrokken: de onveilige moeders bleken sterk oververtegenwoordigd te zijn.

Hoewel Crowell en Feldman (1988, 1991) in hun studie ook kinderen met gedragsproblemen betrokken (zie hoofdstuk 4), is hun onderzoek toch belangrijk voor ons onderwerp omdat ze een niet-klinische, 'normale' controlegroep (n = 22) gebruikten, en voor deze groep ook apart de bevindingen rapporteerden. Crowell en Feldman onderzochten de samenhang tussen de gehechtheidsrepresentatie van de moeder en haar ondersteuning en hulp tijdens het gezamenlijk oplossen van een probleem (bijvoorbeeld het maken van een puzzel). Ondersteuning en hulp kunnen beschouwd worden als een aspect van de sensitieve responsiviteit van ouders, toegespitst op het cognitieve domein dat in het tweede levensjaar in belang toeneemt. Ook werd de stijl van ondersteuning tijdens de moeilijkste opdracht geobserveerd, en deze observaties leidden tot de classificatie van de moeder in drie groepen: bevorderen van autonomie; verwarrend en chaotisch; directief en controlerend. Het Gehechtheidsbiografisch Interview werd gebruikt voor meting van de gehechtheidsrepresentaties. Autonome en gereserveerde moeders bleken te verschillen in ondersteuning en hulp: zoals verwacht, waren autonome moeders meer ondersteunend en behulpzaam.

In de totale groep van 64 moeder-kindparen (dus inclusief de klinische gevallen) was de samenhang tussen de gehechtheidsrepresentatie en de ondersteuning nog duidelijker: zowel gereserveerde als gepreoccupeerde moeders waren aanmerkelijk minder ondersteunend en behulpzaam bij het oplossen van problemen door hun kinderen dan autonome moeders; er waren geen verschillen tussen de twee onveilige groepen moeders. Voorts bleek 62% van de autonome moeders een gedragsstijl te hebben die leerprocessen en ontdekkingen bij het kind stimuleerde. De gepreoccupeerde moeders lieten zowel verwarrende als controlerende ondersteuning zien, terwijl de meeste gereserveerde moeders erg sturend en controlerend waren.

Het onderzoek met Crowell en Feldman laat goed zien hoe het vraagstuk van het overdrachtsmechanisme gewoonlijk wordt aangepakt. Het cross-sectionele karakter van de studie sluit niet uit dat er ook andere causale mechanismen mogelijk zijn. Ouders zijn wellicht gereserveerd omdat hun kinderen zich op een bepaalde (vermijdende) manier gedragen en ontwikkelen; de steun van ouders bij probleemoplossen wordt misschien ook beïnvloed door kenmerken van het kind, bijvoorbeeld zijn activiteitsniveau. Daarbij komt dat een derde factor (zoals huwelijksproblemen) van invloed kan zijn op zowel de gehechtheidsrepresentatie bij de moeder als op het functioneren van hun kinderen tijdens het oplossen van een probleem. De relatief kleine omvang van de niet-klinische groep leidt ertoe dat de studie als exploratief moet worden beschouwd.

3.4.3 Enkele Nederlandse studies

De samenhang tussen de gehechtheidsrepresentatie van de ouders en hun responsiviteit tegenover het kind is ook in een tweetal Nederlandse studies onderzocht (Van IJzendoorn e.a., 1991; Bus & Van IJzendoorn, 1992). In de eerste studie onder 31 gezinnen uit midden en hogere milieus werd de responsiviteit van beide ouders afzonderlijk geobserveerd in een vrij-spelsituatie in de spelkamer van ons onderzoekscentrum. De mate van responsiviteit werd bepaald met de schaal van Ainsworth, Bell en Stayton (1974). De ouders werden ook beide onafhankelijk van elkaar geïnterviewd met het Gehechtheidsbiografisch Interview. De responsiviteitsmeting vond plaats in het tweede levensjaar van het kind en het Gehechtheidsbiografisch Interview werd twee jaar later afgenomen. De samenhang tussen de gehechtheidsrepresentatie van de moeder en de mate van responsiviteit bleek afhankelijk van de sekse van het kind. Autonome moeders van meisjes waren sensitiever dan onveilig gehechte moeders, maar bij de jongens werd geen verschil aangetroffen. Ook bij vaders was de samenhang afhankelijk van de sekse van het kind. Bij jongens was er een duidelijke trend naar een hogere responsiviteit van autonome vaders. Dat was in mindere mate het geval bij meisjes. Ouders lijken dus wat meer in overeenstemming met hun gehechtheidsrepresentatie te interacteren met het kind van hetzelfde geslacht. Als het kind een ander geslacht heeft, dan blijkt de gehechtheidsrepresentatie van de ouder geen bepalende factor te zijn, maar moeten er andere factoren in het spel zijn. Dit onderzoek geeft een eerste aanwijzing voor de mogelijkheid dat intergenerationele overdracht mede afhankelijk zou kunnen zijn van de overeenkomst tussen de sekse van ouder en van kind. Hierover is in het verleden wel gespeculeerd (bijvoorbeeld Chodorow, 1978) maar er zijn in de gehechtheidsliteratuur geen verdere gegevens voorhanden.

De tweede Nederlandse studie betrof 33 gezinnen uit een zeer laag sociaal-economisch milieu (Bus & Van IJzendoorn, 1992). In plaats van de gebruikelijke vrij-spelsituatie werd in deze studie geobserveerd hoe moeders en hun peuters met elkaar interacteerden tijdens voorlezen. Het voorlezen door ouders aan hun jonge kinderen beschouwden we als een situatie waarin cognitieve en affectieve aspecten met elkaar verweven zijn. Tijdens voorlezen wordt allerlei informatie over de wereld van het geschreven woord overgedragen maar deze instructie is ingebed in de affectieve omgang tussen ouders en kind. Op basis van eerdere studies (Bus & Van IJzendoorn, 1988) verwachtten we dat autonoom gehechte moeders wat makkelijker een aangename en conflictloze sfeer tijdens voorlezen zouden weten te scheppen dan onveilig gehechte moeders, en dat mede daardoor de autonome moeders ook vaker voorlezen. Onze kleinschalige studie liet een heel duidelijk verband zien tussen de gehechtheidsrepresentatie van de moeders en problemen in de interactie met het kind tijdens voorlezen. Vooral de hoeveelheid stokkende interacties – het kind is afgeleid van het verhaal, de moeder voelt zich verplicht te disciplineren, enzovoort – was afhankelijk van de gehechtheid van de ouder: autonome ouders hadden veel minder vaak met stokkende interacties te kampen dan onveilige ouders (Bus & Van IJzendoorn, 1992).

Ook de twee Nederlandse studies geven geen doorslaggevend bewijs voor de samenhang tussen gehechtheidsrepresentatie en sensitiviteit. Toch illustreren ze deze samenhang wel – in verschillende groepen en situaties. Ook convergeren de uitkomsten met de resultaten van ander onderzoek naar deze kwestie (Crowell e.a., 1991; Cohn e.a., 1992; Das-Eiden e.a., 1993; Ward & Carlson, in druk). In het laatstgenoemde onderzoek werd sensitiviteit op de traditionele wijze thuis in het eerste levensjaar enkele malen geobserveerd, en vervolgens gerelateerd aan een voor de geboorte van het kind afgenomen Gehechtheidsbiografisch Interview. Bij deze studie kan door de opzet geen sprake zijn van een effect van de aard van de interactie op de wijze waarop de ouders over hun gehechtheidsverleden spreken.

Toch vonden de onderzoekers ook in dit geval een tamelijk sterke samenhang tussen autonomie en sensitiviteit.

In een meta-analyse van 11 studies op dit terrein – waaronder de Nederlandse – bleek dat de samenhang overeenkomt met een correlatie van 0,34 (*N*=389) (Van IJzendoorn, in druk). Hiermee is althans een deel van het proces van intergenerationele overdracht blootgelegd. Deze uitkomst wijst er inderdaad op dat de gehechtheidsrepresentatie van ouders via hun al dan niet sensitieve gedrag de gehechtheidsrelatie met het kind beïnvloedt. Het proces van intergenerationele overdracht van gehechtheid is hierdoor echter nog beslist niet volledig verklaard.

3.5 Onverklaarde overdracht

Een belangrijk vraagstuk is natuurlijk hoe ouders hun mentale representatie van gehechtheid overdragen op hun kinderen. Zoals gezegd wordt in de gehechtheidstheorie al sinds jaar en dag aan de sensitieve responsiviteit van ouders voor gehechtheidssignalen van hun kinderen een sleutelrol toegekend. Onze meta-analyse naar de relatie tussen gehechtheidsrepresentatie en sensitieve responsiviteit laat zien dat er een tamelijk sterke samenhang is, zowel in spelsituaties als in taaksituaties. De gehechtheidsrepresentatie van de ouder verklaart ongeveer 12% van de variantie in de responsiviteit voor hun kinderen. Het lijkt erop alsof ouders hun mentale representatie van gehechtheid tot uitdrukking brengen in meer of minder responsief gedrag tegenover hun kinderen. Autonome ouders lijken de gehechtheidssignalen van hun kinderen scherper waar te nemen en ze zijn ook meer bereid en in staat om prompt en adequaat te reageren in vergelijking met ouders die een onveilige-gehechtheidsrepresentatie hebben. Ons inzicht in de overdracht van gehechtheid via sensitieve

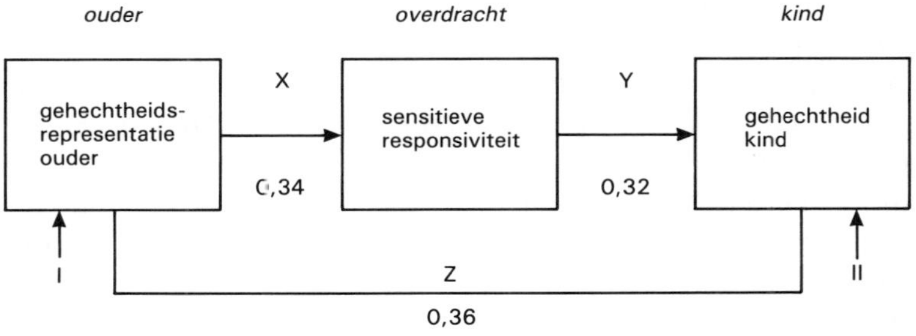

Figuur 3.4 Onverklaarde overdracht (ontleend aan Van IJzendoorn, in druk)

responsiviteit is echter verre van volledig. In figuur 3.4 hebben we enkele speculatieve overwegingen over de onverklaarde overdracht grafisch weergegeven.

De pijlen in figuur 3.4 geven causale invloeden aan. De letter X staat voor de invloed van gehechtheidsrepresentaties bij de ouders op hun responsiviteit, en volgens onze meta-analyse is de omvang van deze invloed gelijk aan een correlatie van ongeveer 0,34. De letter Y staat voor de invloed van ouderlijke responsiviteit op de veiligheid van het kind, en de letter Z staat voor de invloed van de ouderlijke gehechtheidsrepresentatie op de gehechtheid bij het kind via andere overdrachtsmechanismen dan sensitieve responsiviteit. De totale invloed van de gehechtheidsrepresentatie bij ouders op de gevoelens van veiligheid en geborgenheid bij het kind is gelijk aan (X * Y) + Z, en bedraagt volgens onze eerdere meta-analyse 0,47 (Van IJzendoorn, in druk). In een meta-analyse naar ouderlijke responsiviteit en de gehechtheid bij het kind vonden Goldsmith en Alansky (1987) een bescheiden samenhang van *d* = 0,68, overeenstemmend met een correlatie van 0,32. We nemen hierbij alleen de studies in beschouwing die de Ainsworth-schalen voor sensitieve responsiviteit gebruikten; studies met andere meetinstrumenten laten doorgaans een geringere samenhang zien.

Als we ervan uitgaan dat de genoemde correlatie een redelijke schatting is, dan kunnen we onze vergelijking met betrekking tot de verschillende invloeden op de gehechtheid bij het kind nog wat verder invullen: (0,34 * 0,32) + Z = 0,47. In dit geval zou de invloed van de gehechtheidsrepresentatie bij de ouder op de gehechtheid van het kind via andere overdrachtsmechanismen dan responsiviteit: Z = 0,36 zijn. Met andere woorden, het grootste deel van de invloed zou via andere mechanismen dan responsiviteit zoals gemeten door de Ainsworth-schalen worden uitgeoefend. De meta-analyse van Goldsmith en Alansky (1987) heeft wellicht een wat conservatieve schatting van de werkelijke samenhang tussen responsiviteit en gehechtheid opgeleverd. In de afgelopen jaren zijn er diverse studies naar deze samenhang uitgevoerd die met behulp van betere onderzoeksopzetten en meetinstrumenten tot een hogere inschatting van de relatie tussen responsiviteit en gehechtheid leidden (Isabella, 1993; Isabella & Belsky, 1991). Maar zelfs als we aannemen dat de werkelijke samenhang ongeveer r = 0,40 zou bedragen dan nog is de onverklaarde overdracht (Z) 0,33.

Hoe moeten we deze stand van zaken interpreteren? De volgende speculatieve overwegingen zijn hierbij van belang. Allereerst hebben we door middel van pijlen I en II (figuur 3.4) de ongespecificeerde invloeden op de gehechtheid van de ouder en van het kind aangeduid. Een deel van deze invloeden heeft misschien te maken met meetfouten. Geen enkel meetinstrument is volledig betrouwbaar en er sluipt dus altijd wel wat ruis in de metingen. De meetfouten van het Gehechtheidsbiografisch Interview en de Vreemde Situatie zijn wellicht gecorreleerd, waardoor de samenhang tussen gehechtheid bij de ouder en bij het kind wordt overschat: een gedeelte van die samenhang zou in dat geval immers bestaan bij de gratie van de samenhang tussen de meetfouten van beide meetinstrumenten. Omdat de instrumenten heel verschillend zijn (analyse van een discours versus observatie van gedrag), is deze alternatieve hypothese niet echt plausibel.

Ten tweede zouden de twee pijlen I en II gedeeltelijk gemeenschappelijke bronnen van systematische variantie kunnen beschrijven. Een derde factor zou van invloed kunnen zijn zowel op de gehechtheid van de ouder als op de gehechtheid van het kind, en daardoor de samenhang sterker doen lijken dan deze in werkelijkheid is. De laatste tijd wordt het temperament van het kind wel gezien als een factor die het gehechtheidsgedrag van het kind voor een deel zou bepalen (Vaughn, Lefeves, Seifer & Barglow, 1989). Prikkelbare baby's worden bijvoorbeeld eerder als angstig-ambivalent dan als angstig-vermijdend geclassificeerd. Tegelijk wordt het steeds duidelijker dat fundamentele karaktertrekken zoals activiteitsniveau en prikkelbaarheid een genetische basis hebben (Goldsmith, 1983; Plomin, DeFries & McLearn, 1990). Door de overdracht van hun genen op de volgende generatie zouden ouders indirect ook de veiligheidsgevoelens van het kind kunnen beïnvloeden en deze invloed zou dan gedeeltelijk verantwoordelijk zijn voor de onverklaarde overdracht z (Van IJzendoorn, 1992b).

Ten derde bestrijken de bestaande meetinstrumenten voor sensitieve responsiviteit wellicht niet alle relevante aspecten van openheid in de communicatie en zijn er andere interactieve mechanismen verantwoordelijk voor de overdracht van gehechtheid van de ouders op die van het kind. In de bestaande meetinstrumenten is er bijvoorbeeld weinig aandacht voor de uitwisseling van emoties via gelaatsuitdrukkingen en in veel gevallen laten de video-opnamen van ouder-kind-interacties technisch gezien niet toe dat de nonverbale communicatie via gelaatsuitdrukkingen wordt geregistreerd en gecodeerd. Toch zou dit een belangrijke vorm van uitwisseling van emoties kunnen zijn (Ekman, 1982). Daar komt nog bij dat er maar een paar studies zijn waarin ouder-kind interacties in natuurlijke situaties – bijvoorbeeld bij het gezin thuis – werden geobserveerd en met behulp van de klassieke Ainsworth-schalen gecodeerd (Ainsworth e.a., 1978). Ten vierde zou een combinatie van de hiervoor genoemde interpretaties de kloof kunnen verklaren tussen onze inschatting van de totale invloed van gehechtheid bij de ouder op die van het kind en de invloed die werkt via de sensitieve responsiviteit van de ouder. Gecorreleerde meetfouten, genetische invloeden en interactieve overdrachtsmechanismen die nog ontdekt moeten worden, zouden in samenspel met elkaar de onverklaarde overdracht kunnen bepalen.

3.6 Contextuele belemmeringen van de overdracht

Zelfs als het probleem van de onverklaarde overdracht zou zijn opgelost, dan nog moeten we constateren dat gehechtheidsrepresentatie bij de ouder slechts een gedeelte van de veiligheidsgevoelens bij het kind bepaalt en dat er sprake is van een 'onderbroken' of 'geblokkeerde' overdracht die niet via meetfouten kan worden verklaard. Sommige autonome ouders hebben onveilig-gehechte kinderen en sommige onveilige ouders hebben veilig-gehechte kinderen. Het onderzoek naar de uitzonderingen op de algemene regel zou weleens heel belangrijk kunnen zijn voor het ontwikkelen van hypothesen over de mechanismen en begrenzingen van de intergenerationele overdracht van gehechtheid. Er is in de theorie van en het empirisch onderzoek naar intergenerationele overdracht van gehechtheid nog weinig aandacht besteed aan de ecologische context van de overdracht van gehechtheid. De meeste studies met het Gehechtheidsbiografisch Interview zijn verricht in westerse, geïndustrialiseerde landen met dezelfde soort gezinsverhoudingen. Binnen deze grenzen vonden we dat studies uit de Verenigde Staten een iets sterkere overdracht laten zien dan studies die in andere landen zijn uitgevoerd, en dat studies onder gezinnen uit de lagere milieus een minder sterke overdracht hebben opgeleverd (Van IJzendoorn, in druk). Deze resultaten ondersteunen de mogelijkheid dat er contextuele beperkingen zijn in de overdracht van gehechtheid over generaties. Een voorbeeld hiervan is de Israëlische kibboets.

In Israëlische kibboetsen met een gezinsgeoriënteerd slaaparrangement vonden we de gebruikelijke samenhang tussen gehechtheid bij de ouder en die bij het kind. Deze gezinsgeoriënteerde kibboetsen zijn goed vergelijkbaar met opvoedingsarrangementen, waarbij baby's en jonge kinderen meer dan 40 uur per week in kinderopvang buitenshuis vertoeven. De professionele opvoeder ('metapelet') is hier een belangrijke gehechtheidspersoon. Zelfs in dit verbrede netwerk van gehechtheidsrelaties is de gehechtheidsrepresentatie van de moeder nog steeds op unieke wijze bepalend voor de gehechtheidsrelatie met het kind. In de wat buitenissige context van de 'communale' kibboetsen is de overdracht van gehechtheid van moeder op kind echter geblokkeerd. In deze kibboetsen brengen de kinderen ook de nacht buitenshuis door in een gemeenschappelijke slaapruimte en gesuperviseerd door relatief onbekende personen die de 'wacht houden' (Aviezer e.a., 1994). Blijkbaar zijn hier de grenzen bereikt van een onbelemmerde overdracht van gehechtheid over generaties en gaan andere determinanten van gehechtheid dan de gehechtheidsbiografie van de ouders een doorslaggevende rol vervullen.

Het onderzoek met het Gehechtheidsbiografisch Interview moet worden uitgevoerd in een reeks van culturele contexten. Langs deze weg wordt het mogelijk de grenzen van intergenerationele overdracht van gehechtheid te bepalen, en de aard van de contextuele beperkingen nader te omlijnen.

3.7 Besluit

Nu we uitvoerig zijn ingegaan op intergenerationele overdracht van gehechtheid in relatief 'normale' groepen zullen we in het volgende hoofdstuk het onderzoek in klinische groepen bespreken. De gehechtheidstheorie is geworteld in een klinische traditie – Bowlby was kinderpsychiater van opleiding en professie – en de idee van intergenerationele overdracht van gehechtheid is juist ontstaan aan de hand van klinische gevallen. Daarom wordt het nu tijd te laten zien hoe de gehechtheidstheorie weer is teruggekeerd naar haar inspiratiebron – de klinische praktijk – maar verrijkt met inzichten over gehechtheid in normale groepen en met een betrouwbaar en valide instrumentarium.

Intermezzo

Overdracht van gereserveerde gehechtheid: casus Ds

Het eerste deel van dit intermezzo betreft de overdracht van een gereserveerde gehechtheidspresentatie. Meneer Ds is opgegroeid in een klein gezin met twee kinderen; hij was het oudste kind. Hij had nog een broertje. Zijn vader had een kleine boerderij en de kinderen werden ingezet om hand- en spandiensten te verlenen. Meneer Ds typeert het gezin van herkomst direkt bij aanvang van het interview als een gelukkig gezin.

Het Gehechtheidsbiografisch Interview met meneer Ds

We beginnen met de vraag naar de globale beschrijving van de relatie die de vader met zijn ouders had toen hij klein kind was.

Nu zou ik graag willen dat u probeert een beschrijving te geven van de relatie die u als klein kind met uw ouders had. En het is de bedoeling dat u van zo vroeg mogelijk herinneringen ophaalt. En dan denken we vooral aan de eerste tien jaar.
... Eerste tien jaar.. ja.. Hele fijne jeugd wat is, dat is zonder meer waar. Met denk ik een heleboel meer luxe als eh als menig ander heeft eh gehad. Eh eh en ja luxe ja niet in de in de zin dat we verwend werden, zeer zeker niet. Maar wat we kregen was altijd wel heel goed en heel degelijk en heel eh heel eh ja eh eh als we 'n step nodig hadden dan kregen we een step en dat was dan een goeie step waar je tig jaar mee verder kon. En en eh ja ook altijd speelgoed dat was als we speelgoed kregen dat was nooit troep maar was altijd heel goed eh spul. En en kleding ook. Eh ja doordat ze mede daardoor denk ik doordat ze dus de boerderij hadden en dus allebei dus veel thuis waren eh waren ze d'r ook altijd voor ons. Ook m'n vader ondanks dat ie dus de boerderij ook had en waar mam dan ook in meewerkte. Eh ze hadden altijd tijd voor je. Eh wat ik ook heel erg vond dat was eh ja ze hadden natuurlijk ook weleens geen tijd voor je maar dat dat

dat werd dan altijd weer heel erg ruim gecompenseerd doordat 't kijk als 't natuurlijk druk was op de boerderij hadden ze op dat moment natuurlijk weleens even geen tijd. Maar dat heeft iedereen denk ik wel. Maar eh dat werd dan altijd op andere tijden erg ruim eh gecompenseerd, op zich niet dat je daardoor tekort kwam ofzo.

[Meneer Ds legt een sterke nadruk op materiële aspecten in zijn gezin van herkomst, en laat zich in heel positieve bewoordingen over zijn ouders uit. De drukte op de boerderij liet niet altijd toe dat de kinderen aan bod kwamen, maar dat 'heeft iedereen wel': dit is normaliseren; en daarenboven, zo stelt hij, werd dit mogelijk tekort op andere tijden ruim gecompenseerd. Hier komt al enigszins de verdedigende houding van de vader naar voren. Hij lijkt te werken vanuit de idee dat alles perfect was en dat waar dat niet zo was dat normaal is, of op lange termijn toch ideaal was.]

Ja, nou de relatie was, eh, altijd ontzettend goed eh... We werden altijd eh, meegenomen overal naar toe en ja, wat ik me er van kan herinneren is het alleen maar goed geweest. Ja, dat eh, ja, dat is altijd prima eh, ja, geen eh, wat ik me kan herinneren geen eh, narigheden **(nee).** Nee, eh, ja, er was verder, het was gewoon allemaal prima eh, ze stonden altijd voor ons klaar, ze waren er altijd en he...ja ik had verder geen he, ...**(nee).** Nee, ik, ja, ik vind het moeilijk. ja, ja, dat, ik weet alleen dat het goed was **(kunt u er nog iets meer over vertellen?)** En eh, d'r werd ook naar je mening geluisterd of dat dan altijd meegenomen werd dat was natuurlijk een tweede maar toch wel 't feit dat d'r naar geluisterd werd dat heb ik later best als iets heel eh belangrijks eh ervaren **(ja)** omdat je toch heel vaak hoort nou dat kinderen maar d'r mond wordt gesnoerd terwijl ze vaak hele eh zinnige dingen zeggen maar d'r wordt helemaal geen tijd voor gemaakt om daar eens naar te luisteren ofzo. En dat is bij ons altijd wel eh geweest. **(mm)** Maar wij hebben dus altijd wel eh mee eh moeten doen. of moeten doen. Dat is dan wel een beetje na de tien jaar. Dat we dus eh we hadden dus thuis ook allemaal een taak: afwassen, bedden opmaken, eh boodschappen doen, eh maar dat dat is natuurlijk ook mede door je boer- doordat de boerderij d'r was enzo. En op een gegeven moment als we oud genoeg waren dan eh ja moesten we meehelpen. Gras snijden, de koeien voeren. (Ds lacht) Al zulk soort, zulk soort dingen. **(mm)** En op de boerderij helpen op een gegeven moment. Dat eh. Maar ja... Ja we zijn ook altijd op vakantie geweest. Eh altijd met z'n vieren, heel erg hecht, heel erg eh ja we deden altijd alles met z'n vieren **(mm).** Ja en ook als het dan 's zomers weleens mooi weer was. Nou dan gingen we met z'n allen naar 't bos. (Ds lacht) Dat, zulk soort dingen dat zou nu denk ook niet meer mogen. **(mm)** Maar. **(mm)** Ja dat kon in die tijd allemaal. **(mm)** Ja (Ds lacht).

[Opvallend aan deze positieve anecdotes is dat de geinterviewde zelf nauwelijks naar voren treedt. Hij spreekt voortdurend in de wat onpersoonlijke wij-vorm en het blijft onduidelijk hoe zijn unieke relatie met zijn ouders eruit zag, of liever gezegd: hoe hij deze relatie nu precies ziet.]

Dan zou ik u nu willen vragen om vijf kenmerken of typeringen te geven voor de relatie die u als klein kind met uw moeder had. En dan gaat het ook weer om die eerste tien jaar.
...Ik kan me daar heel weinig van zo herinneren dat er dingen zijn.. ja hoe-hoe zal ik dat zeggen. Als ik 't weleens van anderen hoor dan hebben ze een een rottijd gehad of of dit of dat. Ik denk dat 't gewoon heel erg harmonieus, en ik denk dat dat een woord is (Ds lacht) eh want ik kan me d'r gewoon niet zoveel van van, als ik daar weleens meer aan denk niet alleen nu maar dan alles is gewoon heel gladjes gelopen. **(mm)** Dus 't't (Ds lacht) dus 't zal wel heel prettig zijn geweest. Want anders zou je daar denk ik meer eh van herinneren **(mm)**.

[Hier valt op dat de omgekeerde weg gevolgd wordt: vanuit de algemene typering van 'heel erg harmonieus' doet meneer Ds een beroep op zijn geheugen bij het uitblijven van meer concrete illustraties. Zijn algemene typeringen zijn dus geen generalisaties van een reeks heldere, concrete voorbeelden van harmonie in het gezin, maar juist een deductie op basis van het afwezig zijn van voorbeelden die het tegendeel bewijzen. Het beroep op een gebrekkig geheugen is kenmerkend voor gereserveerde gehechtheid, zie hoofdstuk 2.]

Eh.. ja ze was d'r ook altijd voor ons. ...ja, wat moeilijk.. begripvol eh. Eh ze.......... ja.. misschien ook ja dat klinkt misschien raar. Eh weleens hard maar niet in in 't woord van hard dat 't verkeerd is maar juist wel goed. Eh..eh.. daardoor je, daardoor juist op je eigen benen beter te te laten staan. Als je als je dat dan heel veel ziet tegenwoordig dan wordt alles maar die kinderen uit handen genomen. Ook eh boodschappen voor jou doen ofzo. O daar heb ik geen zin in hoor. Of d'r moet geld tegenover staan of eh zulk soort dingen. D'r wordt heel weinig maar gewoon gedaan omdat dat omdat je dat best kan doen. En eh daarmee bedoel ik dus dat ze best wel hard was dat ze best wel eh ja dingen van ons eiste. En en achteraf kan ik zeggen dat ik daar ach nu alleen maar m'n voordeel mee doe **(mm)**. Niet niet dat ik daar dus eh minder door ben geworden ofzo.

[Meneer Ds ziet zijn moeder als hard maar voegt er direkt aan toe: in de goede zin van het woord, en op de lange termijn heeft hij er alleen maar baat bij gehad; ook hier treedt idealisatie nadrukkelijk op als een omkering van negatieve ervaringen in positieve invloeden.]

Nou anders gaan we eerst deze bespreken misschien dat er dan nog een paar bij u boven komen. Als eerste gebruikte u het woord harmonieus voor de relatie met uw moeder. Kunt u zich daar een bepaalde gebeurtenis of een bepaald voorval bij herinneren uit die eerste tien jaar?
.... Nee niet echt, ik ik ik denk dat ik daar ook mee bedoel dat dat eh .. dat er gewoon een hele harde regelmaat bij ons in huis eh geldde en eh dat houdt dus in gewoon om zeven uur werd d'r gegeten en om twaalf uur werd d'r gegeten en om vijf uur werd d'r gegeten en en meer van dat soort dingen. En ja was ja en nee was nee. En eh gewoon echt hele duidelijke dingen waardoor je ook zelf wist van eh nou ja dat kan gewoon niet en ook daar vaak dus de redelijkheid van bijgebracht werd en dat is ook best inzag. En dat daar dus dus d'r gewoon toch een een eh ja een harmonie eh eh.. ja geeft **(mm)** en en en duidelijkheid voor je zelf en en ik denk voor iedereen. Dat eh **(mm)** Maar een echte gebeurtenis... nee (R lacht) ja nee dat dat kan ik niet echt zeggen. **(Nee)**

[Hier gebruikt vader Ds toevallig hetzelfde kenmerk als moeder F in het vorige intermezzo, namelijk harmonieus, maar de invulling is verschillend. Hier wordt met harmonieus meer strikt, geregeld, of zelfs streng bedoeld, en krijgt de affectieve lading minder sterke nadruk.]

Verder zei u: 'Dat ze d'r altijd was' kunt u zich daar een bepaalde gebeurtenis of een bepaald voorval eh bij herinneren?
Ja gewoon als je uit school kwam dan was ze d'r en dan had ze tijd om te luisteren wat er gebeurc was en alles en eh eh ja ze was er gewoon altijd. Dat eh... als jij als jij haar nodig had dan was ze d'r en en eh..... ja echt echt.... ik denk dat ik cat ik niet echt grote happenings heb gehad waarvan ik zeg daar daar eh kan dat dat is echt iets wat altijd bijgebleven is ofzo **(mm)** Dat eh.. nee (Ds lacht).

En eh u gebruikte het woord eh begripsvol als typering voor de relatie met uw moeder. Kunt u zich daar een bepaalde gebeurtenis of bepaald voorval bij herinneren? Een voorval uit die eerste tien jaar.
Nee, wel van later eh.. Maar ja, ze was eh, ze begreep ons, dat doet ze nog. Ze begrijpt altijd alles wel en eh... ja, voorvallen die weten we altijd goed op te lossen en,.... ja, ze weet het altijd goed te schipperen tussen alles... **(hm)** Als je met, je kan altijd, ze wil altijd dat je eerlijk bent en eh. Ja,

vroeger had je nog weleens dat je ze, dan deed je iets stiekem of zo eh, maar daar moest je altijd toch wel mee op de proppen komen, eh, wilde ze,.. Ja.

Kunt u zich een, zo'n bepaald voorval herinneren?
Nou, dat was dan met mijn broer die had, die was gaan vissen en was in de sloot gevallen. En eh, helemaal zijn broek nat en eh, ja, die kwam thuis. Durfde dat toen niet te zeggen en eh ging, toen ging hij naar boven. Toen heb ik zijn broek op een kacheltje gelegd. Maar ja, wat gebeurde, die broek ging (lachend), in de brand. Ja, en toen ze, was ze ook zo van eh, 'zeg dat dan jongens'. Gewoon eh eerlijk wezen en eh... ja, dat is dan iets wat ik me kan herinneren.

[Meneer Ds moet bij de vragen naar concrete voorbeelden voortdurend een beroep doen op zijn gebrekkige geheugen. Ook valt op dat potentieel negatieve gebeurtenissen en eigenschappen omgebogen worden in normale of zelfs ideale zaken. Tenslotte heeft meneer Ds de neiging irrelevante antwoorden te geven: de vraag naar de typering 'begripsvol' wordt eigenlijk niet beantwoord. Dit doet afbreuk aan de coherentie van het verhaal.]

En eh als u emotioneel overstuur was toen u klein was, wat deed u dan?
.... Nou ten eerste kan ik me niet, kan ik me niet eh. Kan ik niet zeggen dat ja dat ik echt emotioneel overstuur ben geweest en dan echt, echt overstuur. Ik bedoel natuurlijk heb ik best weleens een huilbui gehad of of zoiets dergelijks. Maar niet niet echt overstuur eh. En als we is wat hadden. Wat dan wat dan gebeurde waardoor je dan moest huilen, weet ik het wat, als je gevallen was of of of eh als je een keertje ruzie had of weet ik het dan nou ja dan werden we getroost en eigenlijk al op het moment dat je dus een troost, een aai, weer een aai over je bol had, dan was dat ook weer over. Dus ik eh, ja en je ging dan naar of de één of de ander, dat was maar net wie er dan op dat moment het eerste 't eerste binnen je bereik was. **(ja)** 't Was niet zo dat je specifiek naar mamma of specifiek naar pappa ging. Nee net wie d'r dan op dat moment eh. En 't voordeel bij ons natuurlijk is omdat ze er altijd waren, allebei. En ik zeg al dat was ook heel gauw altijd weer over dat eh.

En kunt u dit illustreren met een eh bepaald voorval?
.... (Ds lacht) Ja ik vind dat echt moeilijk hoor. **(ja)** Echt heel moeilijk........................ Ik denk ook dat dat is misschien wel belangrijk. Dat dat 't feit dat dat 't bij ons nooit zo emotioneel eh. Ten eerste zijn wij geen van allen, en ik denk dat dat ook wel door m'n ouders komt natuurlijk, geen

erg emotionele mensen, meer realistisch. En eh. Nou weet ik niet meer wat ik wou zeggen. (Ds lacht)..... Ja... die eh........

[Hier raakt de geïnterviewde de draad van zijn betoog kwijt (incoherentie) en weet hij weer geen concrete illustratie te bedenken. Nu voegt hij daaraan ter verontschuldiging toe dat de ouders nooit erg emotioneel waren, en dat strookt goed met zijn eerdere typering van hard. Niettemin blijft hij volhouden dat deze kenmerken niet als negatief uitgelegd moeten worden. Opvallend hierbij is dat hij 'emotioneel' een negatieve klank geeft door het te contrasteren met 'realistisch'.]

Zijn er bepaalde ervaringen van vroeger thuis die naar uw gevoel een belemmering zijn geweest in uw ontwikkeling?
Eh nou een belemmering. Op dat moment zou ik het misschien wel een belemmering hebben genoemd, nu zeer zeker niet meer. Eh dat mijn ouders vrij terughoudend waren in die vorm dat eh sporten niet zozeer nodig was en eh niet omdat ik niet zou mogen korfballen maar omdat mijn vader daar vaak dus eh ja eh een gevaar in zag dat je .... laat ik het zo zeggen op jonge leeftijd hoefde dat niet zo. Terwijl toen ik dus een jaar of dertien, veertien was dat er al best wel eh een heleboel klasgenootjes gingen korfballen enzo. Maar ja dan mocht ik dus niet weg dat eh en eh ja daar heeft ie zich dan even tegen kunnen verzetten. Maar op een gegeven moment ging dat dus ook niet meer maar op dat moment zag ik dat dus wel van eh als een stukje belemmering in de vorm van ja je kan dan niet met je vrienden meegaan. Ik bedoel die mochten dan wel weg en jij niet. Zulk soort dingen. Maar.. ik zeg 't achteraf heb ik zeg ik van nou ja heb ik me daar nou zo druk over gemaakt want **(mm)**... Maar verdere belemmeringen... nee ik ik nee. We hebben altijd een heleboel gemogen en en mogelijkheden gekregen tot enzo. Ik denk eerder dat we meer mogelijkheden hebben gekregen als dat we belemmeringen opgelegd werden. **(mm)** Dat eh.

En die ervaringen van vroeger thuis beïnvloeden die ook de aanpak van Jaap?
Ja zeker en ik denk toch wel ja alleen nog maar erger zal worden ja. Ik bedoel eh. Ja nu is hij natuurlijk dan nog vrij jong en eh. Ja. Ja ik weet 't zeker. (Ds lacht) Dat je dat je bepaalde ervaringen die jij gewoon als goed heb ervaren dat je die dus ook door probeert te te ja op hem over- ja te brengen.

En welke bijvoorbeeld?
Eh het wat voor mij doen. Eh dus eh dat ie niet alles maar zomaar krijgt. Maar dat d'r best wel wat tegenover mag staan in in op het niveau wat hij

dus aankan. Eh het zelf eh voor z'n fietsje zorgen. In en dan zal ik niet zeggen dat ik 't niet opruim. Maar hij zal dus best overal zijn eigen bijdrage aan moeten geven. Ik ruim niet z'n speelgoed. Dat doen we nu samen. Nu al. Eh ik bedoel of hij 't nou opruimt of niet. Maar hij komt bij me en hij zal ook een dingetje in de, in de doos doen.

Het valt op dat de les uit het verleden voor de opvoeding van het eigen kind ook een nadruk laat zien op materiële aspecten en op disciplineren in plaats van op emotionele ondersteuning en warmte. We zullen nog laten zien dat dit in de Vreemde Situatie tot specifieke reacties bij het kind leidt. Er zijn kortom verschillende redenen om meneer Ds als gereserveerd gehecht te classificeren. Hij is niet coherent in zijn weergave van gehechtheidservaringen. Er is bijvoorbeeld een kloof tussen zijn algemene typeringen en (het gebrek aan) concrete illustraties. Waar sprake is van negatieve aspecten normaliseert hij deze of probeert hij aan te tonen dat hij er op lange termijn alleen maar beter van is geworden. Uiteraard kunnen we in dit verband niet alle argumenten de revue laten passeren, maar ook op grond van de hier weergegeven fragmenten is een classificatie als Ds aangewezen.

Meneer Ds en zijn kind in de Vreemde Situatie

In de Vreemde Situatie blijkt het kind extreem vermijdend gedrag te tonen *[hij krijgt dan ook een A1-classificatie]*. In de tweede episode geeft de baby geen blijk van angst of stress maar het speelt ook niet erg intensief. Bij binnenkomst van de vreemde kijkt hij op, en wat later in de episode neemt hij het initiatief door een speelgoedje aan te bieden aan de vreemde. In de tweede helft van de derde episode wordt dan ook relatief veel gespeeld tussen vreemde en baby. Als vader weggaat kijkt het kind even op, en gaat dan weer spelen met de vreemde, bijna de gehele vierde episode. Tegen het einde toont hij toch wat van zijn angst door een beetje te huilen. Als de vader dan weer binnenkomt en de aandacht vraagt van de baby is hij echter geïnteresseerd in een bal die in een hoek van de kamer rolt. Ook na herhaaldelijk aandringen van de vader komt de baby niet dichterbij; integendeel, hij draait zich geheel van hem weg, druk bezig met het speelgoed. *[De baby krijgt voor dit gedrag een hoge score op de schaal voor vermijdend gedrag.]* Pas na een halve minuut wordt het kind opgepakt, maar zelfs dan lijkt het zich nog te willen wegdraaien van de vader. Na 20 seconden zet de vader de baby neer, en dit wordt zonder protest geaccepteerd. In de rest van de vijfde episode is er wat contact in de vorm van kijken en speelgoed aanbieden, maar het kind zoekt geen nabijheid of lichamelijk contact. Als de vader weggaat zoekt het kind hem en laat het ook een huiltje horen maar het slaagt erin door te spelen, soms even onderbroken door een kort huiltje. Als de vreemde binnenkomt ontstaat er wat samenspel, en vocaliseert het naar de vreemde, maar het laat verder geen bijzonder intensieve reacties zien. Bij aanvang van de achtste episode is het gebrek aan aandacht voor de terugkerende vader opvallend. Er is geen poging de nabijheid te zoeken of lichamelijk contact, en dat blijft zo gedurende gehele episode. Ondanks aandringen van de vader wendt de baby zich van hem af direkt na binnenkomst. Hij heeft meer aandacht voor de vreemde. Met de rug naar de vader kruipt hij naar de bal, zo de afstand tussen de gehechtheidsfiguur en zichzelf vergrotend. Overigens lijkt hij daarbij wat te huilen *[een tegenstrijdigheid in gedrag dat bijdraagt aan een relatief hoge score voor gedesorganiseerd gedrag]*. De vader blijft voortdurend aandacht vragen maar het kind kijkt pas voor het eerst echt in de richting van de vader na ongeveer anderhalve minuut. *[Ook deze hereniging leidt tot een tamelijk hoge score voor vermijdend gedrag. Een vermijdende classificatie ligt voor de hand.]*

Overdracht van gepreoccupeerde gehechtheid: casus E

De tweede casus van dit intermezzo betreft de overdracht van gepreoccupeerde gehechtheid. Mevrouw E heeft twee broers en een zusje. Haar vader werkte bij een klein bedrijf voor metaalwaren, en haar moeder ging parttime werken toen het jongste broertje naar school ging. Mevrouw E was de oudste thuis.

Het Gehechtheidsbiografisch Interview met mevrouw E

We beginnen weer met de vraag naar een beschrijving van de relatie met de ouders in de kinderjaren.

En dan zou ik nu graag willen dat u probeert een beschrijving te geven van de relatie die u had met uw ouders toen u nog klein was. En zoudt u daarbij zo vroeg mogelijke herinneringen willen ophalen, denken we aan de eerste tien jaar.

... Ja......... Ja, hoe bedoel je relaties, hoe ze, hoe ze met ons omgingen zo eh in die trant? Ja.. Ja, ik weet wel, we mochten altijd eh best wel veel maar nee was nee **(ja)** en binnen die grenzen kon je je gang gaan. Ja, ja als kind ervaar je dat natuurlijk best wel als streng **(hm),** dat weet ik wel, bijvoorbeeld met mijn kleinste, met mijn jongste zusje **(ja),** daar had ik altijd ruzie mee, maar ik, ik herinner me dat, dat zij stond echt altijd te sarren **(ja),** en ik gaf haar dan een hengst en dan was het schreeuwen en dan kreeg ik op m'n donder natuurlijk **(ja)** want ik was de oudste en ik moest beter weten en ik had m'n handen thuis te houden **(ja)** en dat eh, dat is eigenlijk gebleven tot ik de deur uitging **(ja),** dat weet ik wel, had altijd ruzie met haar **(ja).** En ik kreeg ook altijd de schuld en dat is nog steeds **(hm),** dat willen ze ook nog steeds niet toegeven, dat ze 't altijd best wel deed **(ja),** maar ja, zij was natuurlijk eh de kleinste, en, ja, vier jaar jonger, en dan eh, werd ze in bescherming genomen **(ja),** en dat zeggen we nog steeds wel 's hoor, dat ze best wel een etter was (lacht) **(lacht; ja)** maar ja.

[In dit interview komt herhaaldelijk het probleem naar voren dat mevrouw E geen maat kan houden bij de beantwoording van vragen. Zij verliest de eis van kwantiteit (zie hoofdstuk 2) uit het oog, en dwaalt vaak weg van de vraag, waarbij de eis van relevantie in het geding is. Dit is een probleem van coherentie. Verder komt in bovenstaand fragment een thema naar voren dat haar nog steeds dwars zit en boosheid oproept, namelijk haar ruzies met haar zusje, en de behandeling ervan door de ouders.]

Ja, m'n vader was altijd wel m'n grote vriend **(hm),** toch wel, ja. Ja, die eerste jaren toen 'ie, toen 'ie op de fabriek werkte (*ja*), ja dat heb ik dan ook weer van verhalen want ja, weet je natuurlijk niet zo veel meer van **(hm),** maar dan had 'ie, had 'ie ploegendienst, en dan, ja, moest, moest je stil zijn op de dag, maar ja, dan speelde je in de park **(ja).** Maar, ja, van foto's weet je dan weer dat ja, dat je toch wel eh, dat ze veel met ons weggingen **(hm),** dat wel, ja, ze gingen heel veel weg. Vakanties gingen we altijd eh, ook dagjes weg **(ja),** dingetjes doen, ja, want ze, ze hadden het niet zo rijk dus ja, dan moet je toch een beetje schipperen en dan, om dan toch met vakantie te gaan, dan een dagje naar het bos, dagje naar het strand als het mooi weer was **(ja),** pretpark. Ja, ze hebben altijd wel veel met ons eh gedaan. Later gingen we eh veertien dagen naar een huisje toe **(hm)** en dat was altijd bar gezellig **(hm).** Ja. Maar die eerste jaren dat eh, ja dat weet ik nog wel hoor, met z'n drieën, of tenminste, twee fietsen, m'n jongste zusje voorop de fiets en m'n oudste broer en ik achterop, en dan zo eh, helemaal bepakt naar 't strand of zo **(ja),** dat was altijd wel heel gezellig **(ja),** ja. .. Ja, ja en van m'n moeder, ja, wat ik me daarvan herinner is dat, is dat ze eigenlijk altijd in 't huis bezig was, altijd aan 't boenen en 't doen **(hm),** en dat is natuurlijk, ja, 't is eigenlijk pas de laatste jaren dat dat echt minder is **(hm).** Als je uit school kwam stond ze te strijken of eh, w.c. aan 't schoonmaken, noem 't maar op **(ja)**, was altijd bezig, iets eh, 't huis schoonmaken **(hm)**, moest gebeuren *(ja)*. In die eerste jaren zeker. Mijn moeder was altijd bezig **(ja)**.

[De uitweiding over de vakanties – die we nog wat ingekort hebben – is in de context van een gesprek over de relatie met de ouders in de kinderjaren te lang. Hier is dus sprake van overtreding van de norm van kwantiteit, en ook de relevantie van haar antwoorden voor de vraag in kwestie is in het geding. Dit soort antwoorden leidt tot een verlaging van de score voor coherentie.]

Eh, zou ik u nu willen vragen vijf kenmerken of typeringen te kiezen voor de relatie die u als klein kind met uw moeder had en daarbij denk ik dan weer aan die eerste tien jaar.
.... Ja........ Ja, dat ze, dat ze dus altijd aan het werk was, tenminste, altijd, veel. .... Ja, dat ze dus toch wel best wel bezorgd was **(hm)**, ja natuurlijk ben je dat, maar als kind dan moet je daar, ja toch een beetje om lachen. Als we dan een kwartier te laat thuis waren, dan stond ze voor het raam **(hm)**. Ja. Ja................. Moeilijk hoor **(hm)**.

Eh, als volgende gebruikt u het woord bezorgd als typering voor de relatie met uw moeder. Kunt u zich daarbij een bepaalde gebeurtenis, een bepaald voorval herinneren uit die eerste tien jaar?
(lacht) Kan je wel zeggen (lacht). Ja, het is ook best wel extreem en dat is heel logisch, dat ze toch bezorgd was **(ja)**, dat was, ik zat in de derde klas van de lagere school, en op de één of andere manier, ik was de pispaal van de onderwijzer **(hm)**. Wat er gebeurde, ik moest altijd nablijven. Ja, ken je nagaan, ik was zeven toen ik in de derde klas zat, en dan eh, die school was echt niet dichtbij en daar gingen we op de step naartoe **(ja)**, met m'n buurjongen samen, die zat op dezelfde school. En op een dag, ik moest weer nablijven, ik weet niet eens meer waarom, dat heb ik nooit geweten trouwens **(hm)**, waarom ik na moest blijven, ik moest gewoon blijven. Dus na school, ik blijf zitten, bel gaat, andere kinderen de klas uit en ik blijf zitten want ik moest blijven en de onderwijzer zegt, die loopt weg, 'kom zo weer terug', en om half zes eh, moest de onderwijzer nog terugkomen **(lacht)**. Toen kwam hij terug, en toen trok hij een beetje bleek weg in de deuropening. 'Zit jij er nog? Dat was ik helemaal vergeten.' Kijk, toen ging m'n moeder dus ook over de rooie **(ja)**, toen is ze dus ook naar school gegaan, hoe ze 't in d'r hoofd haalde **(ja)**. Nou, ik zeg, 't is een beetje extreem **(ja)** (lacht), kan ik me dan wel voorstellen.

En kunt u zich herinneren wat er gebeurde als u zich had bezeerd?

Mm eh, op een schaafwondje of wat, dan zei m'n vader altijd ga maar naar je moeder. Want hij kon nooit een bloe- eh een druppeltje bloed zien... want dan viel hij al flauw **(mm mm)** dan zakte hij zo in .... kan hij echt niet tegen **(hm)** .. Heel naar was dat **(hm)**.

Kunt u zich een bepaalde gebeurtenis herinneren?
Mm... Is heel moeilijk, ja. Bij m'n opa op de molen vroeger.. m'n opa had een molen... en dan was ik zes, en dan mocht ik altijd mee met m'n vader, overal waar hij maar heen ging, dan zette hij me voor op een kinderstoeltje en ... ging hij met me fietsen ... naar opa toe. Ja, en toen viel ik op grindsteen, je ziet de littekens nog **(hm)** en ik had er een steentje in maar ik wipte hem er zelf uit want mijn vader durfde dat niet en m'n opa ook niet want die was bezig.... Ja, dat moest je dan maar alleen doen. Hij zegt pak maar een lepeltje in eh de molen ... en ... haal hem er maar zelf uit... En dan moest ik hem nog zelf die olie nog erop doen ook en een pleister... nou ja, en mijn vader zei, mijn vader kan nooit goed tegen, tegen bloed. Want als hij al een dokter ziet dan met een witte jas dan krijgt hij al een beroerte **(hm hm)**. Dan loopt hij liever tien blokken om dan naar een dokter toegaan. Want hij heeft er echt een hekel aan...

[Ook hier weer de irrelevante details, die afbreuk doen aan de coherentie van het verhaal. Tevens komt hierin rolwisseling tussen vader en dochter naar voren.]

Wat is uw vroegste herinnering van een keer dat uw ouders er niet waren of dat u niet bij hen was?
Mmm..ja,.. m'n ouders gingen, ja, was ik een jaar of vijf... Toen waren ze een avondje weggegaan voor m'n vaders werk.. Toen hadden ze een reünie of zoiets heet dat **(hm hm)**. En toen eh, waren ze uitgenodigd, maar geen oppas of zo, ze lieten ons... ze dachten ook, nou ze liggen te slapen, een uurtje weg kan wel... Maar ja, ik werd dus wakker en ik roepen naar mijn vader en moeder. Niemand te zien en ik ren naar de buren helemaal overstuur. Ja, dat was het enigste dat je kan doen... je kan net de deur open krijgen, want ik was echt een klein ukkie.... dus wat moet je dan doen? Het enigste waren de buren... Nou die wachtten net zo lang totdat mijn vader thuis kwam, die gingen dan bij ons thuis zitten... en toen gingen ze praten daarover of ze dat wel normaal vonden om de kinderen alleen te laten... zorg dan voor oppas of vraag dan aan de buren of ze willen opletten... Vind ik hoor **(hmhm)**.

Hebt u zich als klein kind ooit afgewezen gevoeld door uw ouders en nu terugkijkend zou u zich kunnen realiseren dat 't geen echte afwijzing

was? De vraag houdt in of u zich als klein kind ooit afgewezen gevoeld hebt.
.... Nou, ja, in die eh, dingen met m'n jongste zusje, dat ze dan eh, dat ik altijd de schuld kreeg **(ja)**, ja, niet altijd natuurlijk, maar zo ervaar je 't dan wel, en dan is er wel een periode geweest van eh, dat kreng krijgt altijd eh, wordt altijd voorgetrokken, en eh, ik ben niet van jullie, want anders trek je haar niet zo voor **(jaja)**, dat eh, ja, zo'n periode heb ik wel gehad **(ja)**. Ja.

Waarom denkt u dat uw ouders zoiets deden?
Omdat ze zo gepest werd **(ja)**. Kijk 't kwam natuurlijk wel van twee kanten **(ja)**. Kijk, ze liep te sarren en dan kreeg ze van mij een mep. Mijn ouders zagen niet dat zij liep te sarren **(jaja)** dus kreeg ik de schuld. Dus ging ik nog harder op m'n zusje tekeer. Dus ja, dan kwam je in een vicieuze cirkel terecht **(ja)**, dat werd van eh, kwaad tot erger op een gegeven moment **(hm)**.

En denkt u dat uw ouders zich realiseerden dat ze u het gevoel gaven?
Nee, maar nog niet, als we het erover hebben, dan willen ze dat nog niet erkennen **(jaja)**. Dat is gewoon niet waar. Sophie wérd niet voorgetrokken **(ja)**. Dat is niet zo. Nou dat is wél waar. En m'n zusje ligt dan in een deuk, maar ik krijg 't niet aan haar verstand, aan, aan hun verstand, dat eh, nee, dat hebben ze nooit zo ervaren **(ja)**. Ja, hun hebben dat waarschijnlijk ook heel anders gezien dan dat wij dat gezien hebben **(hm)**. Ze hebben misschien inderdaad niet gezien dat m'n zusje altijd liep te treiteren, ze zagen alleen maar die meppen die ik haar gaf (*ja*), ja, logisch natuurlijk, want dat zie je **(ja)**. En dan liep zij zo eh, zo lachend weg, weet je wel **(ja)**, ze. Ja, dat hebben ze natuurlijk nooit gezien, of niet altijd, en dan eh, ja, ik gaf haar altijd een dreun **(ja)**. Uit onmacht natuurlijk, en dan eh, ja, kreeg ik toch op m'n donder dat ik **(lacht)** (lacht) dat ik haar niet eh, had moeten slaan **(ja)**. Dan had ik weer beter moeten weten, en, nou ja, je kent het verhaal waarschijnlijk wel. **(lacht)**... Want dus ja, ja, en op een gegeven moment is dat ook ineens over **(hm)**, dan denk je ook 'ach, barst ook' en dan ga je gewoon lekker je eigen gang en dan eh **(ja)**, zal 't je allemaal worst wezen **(ja)**.

[Uit dit fragment wordt de boosheid van mevrouw E duidelijk. Vooral waar ze de discussies met haar ouders herhaalt, laat ze haar emoties gaan: 'Sophie werd niet voorgetrokken. Dat is niet zo. Nou, dat is wél waar'. Uiteraard wordt in het vervolg wel weer wat minder blijk gegeven van boosheid en meer van begrip. Maar ook uit andere onderdelen

van dit interview blijkt dat boosheid een thema is dat als een rode draad door het verhaal loopt.]

En zijn er bepaalde ervaringen van vroeger thuis die naar uw gevoel een belemmering zijn geweest in uw ontwikkeling?
Ja..... ja, toch wel, van later dan eigenlijk, dat ik dan eh, ja zeg maar een beetje door die puberteit heen was **(ja)**, een jaar of zeventien, achttien, en dat ik, ja, toen, toen ging ik echt veel eh, of tenminste veel, vaker ging ik dan met m'n moeder op stap, dan gingen **(hm)** we samen kleren kopen en zo en kon best wel over van alles eh en nog wat praten. En toen, ja, kwam 't altijd eh, vader's maandloon, dan wist m'n zusje altijd van, ik denk dat ze 't uitrekende (lacht), ging die kleren kopen en dan bonnetjes bij m'n moeder, 'Mam, kijk 's, kleren gekocht'. Die had al heel vroeg verkering dus die ging met d'r vriendje op stap **(jaja)**, kleren kopen. Nou, tegen de tijd dat ik aan de beurt was, was er geen geld meer, en dat, dat heb ik altijd moeten horen **(hm)**. En dat heeft wel, wel altijd eh, ja nog wel, dat je, dat je altijd zegt van eh, kan dat wel en eh, kunnen we 't wel betalen **(ja)**, terwijl dat misschien helemaal niet nodig is, maar dat, ja dat heeft altijd wel eh, wel doorgewerkt, en nog. Dat heeft altijd eh, dat merk ik nu dat dat toch wel indruk heeft gemaakt, altijd over dat geld en ja, dat dat er niet was, en eh... ja., ja dus ook dat, dat m'n zus dan die kleren al gekocht had en dan liep ze daarover te schelden als ik kleren aan het uitzoeken was **(ja, ja)** met als gevolg dat ik dus eh de prijskaartjes bekeek in plaats van de kleren **(ja)**. En dat heb ik nog steeds **(ja)**. Dat werkt heel ver door **(hm)**. Merk ik nu dan, hè **(ja)**. Ja.

Beïnvloeden die ervaringen van vroeger thuis ook de aanpak van uw eigen kind?
Ik zal 't, dat heb ik me voorgenomen, met hem nooit over geld hebben **(jaja)** (lacht). In zoverre zal het wel beïnvloeden. Maar niet nu als ik voor hem bijvoorbeeld kleren of, of wat dan ook ga kopen. Dan eh, nee, dan zal ik niet op de, op de, op 't prijskaartje letten **(hm)**. Voor hem. Voor mezelf wel, maar voor, voor eh **(jaja)** Tommie niet **(ja)**. Zeker weten.

[Meest opvallend aan dit fragment is de nadrukkelijke bedoeling van mevrouw E om het anders te doen dan de ouders. Dat is een kenmerk van veel gepreoccupeerde ouders die zich zodanig afzetten tegen hun gezin van herkomst dat ze daardoor er blijk van geven zich nog niet te hebben losgemaakt van hun verleden, en zich teveel door hun negatieve emoties laten bepalen. In het laatste fragment is het thema van de bewuste breuk met het verleden nog frappanter aanwezig.]

Is er iets bepaalds waarvan u het gevoel hebt: dat heb ik nou vooral geleerd uit mijn ervaringen als kind?

.... Nou, ja, ik weet niet of ik dat nou zo zeer uit ervaringen als kind heb geleerd. Ik heb het idee: ik, ik speel, nou, nu iets minder, maar toen Tommie nog klein was, ben ik bewust heel veel met hem gaan doen **(hm)** qua spelletjes spelen, op de grond spelen, dingetjes geven, veel praten tegen hem **(ja)**, doe ik nog steeds, en ik doe 't nu, nu, ja ik ben, op een gegeven moment werd ik me dat wel bewust, in het begin niet zo, eh, waarschijnlijk omdat ik, ik heb het gevoel en het idee dat m'n moeder dat bij mij niet deed. Wat ik dan uit de verhalen hoor, wat m'n moeder dan vertelt, ik kon nooit spelen, krijg ik wel 's naar m'n hoofd gegooid, en laatst zeg ik tegen d'r, ik zeg: 'Ja mam,' ik zeg 'maar dat moet je me wel leren.' **(hm)** Want een kind kan niet spelen, dat moet je d'r leren. Ik zeg 'dus als jij nooit met mij nooit met mij gaat spelen, kan ik niet leren spelen.' **(ja)**. Ja, daar schrok m'n moeder van en ik schrok daar zelf ook van, uiteraard, en 't, toen drong 't eigenlijk tot me door **(hm)**, dat ja, ik had dat zo misschien niet moeten zeggen, maar ik had wel gelijk **(ja)**, en ja, nu doe je dan eh, doe je dat bewust, ga ik heel bewust eh, met Tommie spelen en en heel erg dingen zeggen, ja daar is hij nu natuurlijk ook aan toe **(hm)** dat hij zo'n beetje gaat leren praten, dingetjes zeggen, en eh, ja, dat doe ik nu bewuster dan, dan in het begin **(ja)**. Hij kan het natuurlijk ook beter begrijpen. Maar dat is iets wat ik dus als kind misschien niet geleerd heb wat ik **(jaja)** daarvan weer geleerd heb om 't weer wél te doen

Uit dit fragment aan het eind van het interview komt heel duidelijk de aanhoudende boosheid naar voren; de emoties laaien zo hoog op dat mevrouw E zich weer helemaal in het verleden lijkt te hebben verplaatst, en over dat verleden in de tegenwoordige tijd of in letterlijke dialogen begint te spreken. Ze is vast van plan de opvoeding van haar baby heel anders aan te pakken, en veel meer te spelen. Ondanks deze goede intenties blijkt uit de Vreemde Situatie dat er toch problemen ontstaan... Het interview is niet erg coherent vanwege de vele overtredingen van de regel dat antwoorden niet te lang moeten zijn (kwantiteit) en dat ze relevant voor de vraag moeten zijn (relevantie). Mevrouw E laat zich meer dan eens meeslepen in haar boosheid over het onrecht dat haar in het verleden door de ouders is aangedaan. Op grond van deze indicaties en andere fragmenten die we hier kortheidshalve niet hebben weergegeven, is een classificatie als gepreoccupeerd op haar plaats.

Moeder E met haar kind in de Vreemde Situatie

In de Vreemde Situatie is de baby aanvankelijk redelijk op zijn gemak: hij speelt, vocaliseert, en kijkt naar zijn moeder. Maar weldra gaat hij zich ook wat vervelen, en lijkt hij steeds minder in speelgoed geïnteresseerd. Als de vreemde binnenkomt is er van spel helemaal geen sprake meer, en is het kind erg passief. Het kijkt wat verbaasd naar het gesprekje tussen moeder en vreemde. Zodra de vreemde wat toenadering tot het kind zoekt, weert hij dat af en zoekt de nabijheid van de moeder – zelfs al in episode 3! Dat is doorgaans een teken dat de overige episodes heel moeizaam zullen verlopen, en het kind gefixeerd blijft op de moeder. Als moeder de spelkamer verlaat, kijkt het kind haar na en begint te huilen; toch zet het huilen niet door en toont hij wat interesse in het speelgoed dat de vreemde aanbiedt. Het kind blijft doorlopend erg passief. Aan het eind van episode 4 begint het kind te huilen. Bij binnenkomst van de moeder huilt hij harder, strekt zijn armen uit, en kijkt naar moeder: hij wil nabijheid en contact. Moeder pakt hem op, en probeert hem na 20 seconden weer neer te zetten. Hiertegen protesteert het kind door huilen en vastklampen. Nog weer 20 seconden later accepteert hij het speelgoed, en dat verleidt moeder tot een tweede poging het kind neer te zetten. Ook daartegen protesteert het kind door huilen en vastklampen. Pas na twee minuten kan het kind op de grond gezet worden, maar dan nog zal hij de moeder voortdurend blijven vasthouden, ondanks zijn aandacht voor speelgoed. Na een halve minuut wil het weer terug op schoot; wordt even later neergezet, en protesteert ertegen. Als speelgoed wordt aangeboden wijst hij dat uit boosheid af. Aan het eind van de episode is hij tenslotte los van de moeder en speelt hij wat. *[Het huilen en afweren van speelgoed leidt tot een matige score voor afwerend gedrag. Nabijheid zoeken en vooral contact handhaven worden hoog gescoord.]* In episode 6 is de moeder even weg, maar omdat het kind begint te huilen wordt de vreemde snel naar binnen gestuurd om de baby te troosten. De baby weert de pogingen tot toenadering van de vreemde af, en al snel komt de moeder binnen. Het kind huilt en kijkt naar de moeder, strekt de armen uit en leunt voorover. Het wil graag dichtbij de gehechtheidspersoon zijn. Als moeder het kind opgepakt heeft wordt het op schoot al gauw rustiger. De moeder probeert het kind te interesseren voor speelgoed maar dat wordt herhaaldelijk afgewezen, bijvoorbeeld door harder te huilen. Er volgt zelfs een moment van afweer tegen de moeder zelf gericht, en het kind wordt tijdens de episode niet meer rustig en ontspannen. Een relatief hoge score voor afwerend gedrag vanwege huilen en afweren van speelgoed en van de moeder zelf is op zijn plaats, en een C2-classificatie (zie hoofdstuk I) is onvermijdelijk.

4 Intergenerationele overdracht van klinische problemen met gehechtheid

Een problematisch gehechtheidsverleden van volwassenen kan twee gevolgen hebben: ten eerste is er de kans dat ze als ouders hun onveilige-gehechtheidservaringen op hun kinderen zullen overdragen. Afhankelijk van de aard van de ervaringen kunnen kinderen bijvoorbeeld gedesorganiseerd gehechtheidsgedrag ontwikkelen en/of ontwikkelings- en gedragsproblemen zoals agressief gedrag en groei- en slaapproblemen. Ten tweede kunnen volwassenen door hun gehechtheidsverleden zelf in psychische problemen raken en bijvoorbeeld een vorm van depressie ontwikkelen, die uiteraard ook haar stempel op de opvoeding zal drukken. We zullen in dit hoofdstuk de klinische implicaties van de gehechtheidstheorie bespreken en in het bijzonder dieper ingaan op de rol van onveilige-gehechtheidsrepresentaties in het ontstaan van psychische problemen of opvoedingsproblemen. Bowlby (1985) heeft één van zijn drie boekdelen over gehechtheid geheel aan ervaringen van verlies van gehechtheidsfiguren door overlijden gewijd. Het is dan ook niet toevallig dat de intergenerationele overdracht van verlieservaringen en andere potentieel traumatische ervaringen intensief is bestudeerd. We zullen ook deze onderzoekslijn bespreken.

Recent is het Gehechtheidsbiografisch Interview populair geworden in de kring van klinici die met kinderen en met volwassenen werken. Het interview houdt de belofte in van een nieuwe, theoretische gefundeerde benadering van klinische problemen, waarbij het verleden op systematische wijze in kaart kan worden gebracht. We zullen in dit hoofdstuk daarom ten eerste het onderzoek naar de relatie tussen onveilige gehechtheid bij de ouder en ontwikkelings- en gedragsproblemen bij het kind bespreken. Ten tweede zullen negatieve er-

Materiaal o.a. ontleend aan Van IJzendoorn, De Ruiter, en Kranenburg (1991), Van IJzendoorn (1992a); Van IJzendoorn (1993; Nederlandstalige bewerking: Van IJzendoorn en Bakermans-Kranenburg, 1994); en Van IJzendoorn en Bakermans-Kranenburg (in druk).

varingen met gehechtheid in het verleden hun sporen achterlaten in de volwassenheid. Psychische stoornissen in de volwassenheid zoals depressie hebben wellicht hun wortels in een onveilige-gehechtheidsrepresentatie. Ten derde richten we onze aandacht op de overdracht van onverwerkt verlies. Ervaringen met verlies van gehechtheidsfiguren kunnen soms zo indringend zijn dat ze jarenlang onverwerkt blijven en ook diepe sporen achterlaten in de opvoeding van het jonge kind. We zullen afsluiten met een meta-analytisch overzicht van de samenhang tussen onveilige gehechtheid van volwassenen en problemen bij hun kinderen en/of bij henzelf.

Voordat we deze vier thema's uit het onderzoek naar gehechtheidsrepresentaties in klinische groepen bespreken, willen we een prealabele vraag aan de orde stellen, namelijk wie van beide partijen – ouder of kind – in de gehechtheidsrelatie de boventoon voert. De vraag naar wie het zwaarste stempel drukt op de relatie is van belang voor onderzoek naar intergenerationele overdracht van problemen met gehechtheid, omdat dergelijk onderzoek uitgaat van het zwaartepunt bij de oudere generatie. In veel correlationele klinische studies wordt deze aanname niet getoetst, maar wordt eenvoudigweg verondersteld dat gehechtheidsrepresentaties bij de ouders bepalend zijn voor problemen bij het kind. Overigens zijn ook de prenatale studies naar de samenhang van de gehechtheidsrepresentatie van ouders en de gehechtheidsrelatie met hun kind een indicatie voor een belangrijke rol van ouders in de ontwikkeling van (problemen bij) hun kind (zie hoofdstuk 3).

4.1 Het stempel van ouders op de gehechtheid van het kind

In hoeverre is de kwaliteit van de gehechtheidsrelatie afhankelijk van de ouder en wat is de bijdrage van het kind zelf? Uiteraard geven beide partijen, ouder en kind, vorm aan hun relatie. Maar dit interactionele perspectief heeft nog niet de vraag overbodig gemaakt wie van beide partijen de meeste invloed heeft. Zoals we zagen in hoofdstuk 1, stelt de gehechtheidstheorie dat het kind weliswaar een genetische predispositie voor gehechtheid heeft, maar dat de kwaliteit van de gehechtheid vooral wordt bepaald door de wijze waarop de ouder omgaat met het kind. Deze centrale hypothese is tegelijkertijd een uiterst omstreden hypothese. Ouders wijzen bijvoorbeeld op de grote persoonlijkheidsverschillen tussen de kinderen in hun gezin en zijn geneigd deze verschillen toe te schrijven aan constitutionele oorzaken.

Bij opvoedingsproblemen menen ouders nogal eens dat de opvoeding gefrustreerd werd door de inbreng van het kind. Juist als er problemen in de opvoeding rijzen, is voor de ouders de verleiding groot de oorzaak eerder te zoeken bij het kind dan bij henzelf. Het kind wordt dan prikkelbaar genoemd, als huilbaby geëtiketteerd (Van den Boom, 1988), de mythe van de 'minimal brain damage' wordt van stal gehaald (Schmidt, Esser, Allehoff, Geisel, Laucht & Woerner, 1987), of de oorzaak van de problemen wordt bij voedseladditieven gezocht (Mattes, 1983). Zo ontstaat het beeld van de baby als een verkleinde uitgave van 'Tyrannosaurus rex' (Etzel & Gewirtz, 1967), die zijn arme ouders slapeloze nachten bezorgt.

In het wetenschappelijk debat kan de theorie van het aangeboren temperament in dit opzicht worden beschouwd als de tegenhanger van de gehechtheidstheorie. Komt de baby met een moeilijk temperament ter wereld dan is volgens de temperamentstheorie een ontwikkeling in de richting van een onveilige-gehechtheidsrelatie nauwelijks te vermijden. Een gemakkelijk temperament zou daarentegen het ontstaan van een veilige gehechtheid stimuleren. De temperamentstheorie heeft ook op het gevaar gewezen ouders als de oorzaak van alle problemen te zien. De 'blame-the-mother'-ideologie zou zelfs schadelijk zijn voor de opvoeding, omdat ouders onzeker worden gemaakt (Chess, 1982; Thomas & Chess, 1977). De gehechtheidstheorie schuift de ouders inderdaad wel erg veel verantwoordelijkheid voor de relatie met het kind in de schoenen (Sroufe, 1985). Is dat terecht?

Er is een nieuwe benadering van de vraag wie van beide partijen – ouder of kind – het meest haar stempel op de gehechtheidsrelatie drukt (Van IJzendoorn, Goldberg, Kroonenberg & Frenkel, 1992). Deze benadering neemt de volgende vertaling van de vraag tot uitgangspunt: in hoeverre is een ouder in staat problemen bij het kind in termen van gehechtheid te compenseren en in hoeverre is een kind in staat problemen van de ouder te compenseren? Concreter geformuleerd is de vraag welk kind betere emotionele ontwikkelingskansen heeft: een geestelijk of lichamelijk gehandicapt kind dat door een gezonde ouder wordt opgevoed, een gezond kind dat door een ouder met problemen wordt grootgebracht, of een gezond kind dat door een gezonde ouder wordt opgevoed. De gehechtheidstheorie laat de voorspelling toe dat een sensitieve ouder emotionele belemmeringen als gevolg van aangeboren handicaps bij het kind kan overwinnen. Degenen die een minder zware rol aan de ouders toebedelen, zullen dit moeten betwijfelen, zeker als de problemen van ernstige aard zijn.

Ter beantwoording van deze vraag hebben we alle gehechtheidsstudies bij risico-gezinnen verzameld en aan een meta-analyse onderworpen. Met risico-gezinnen bedoelen we gezinnen die ofwel vanwege kenmerken van de ouders ofwel vanwege kenmerken van de baby het risico in zich dragen dat de gehechtheidsrelatie problematisch verloopt. Omdat verreweg de meeste gehechtheidsstudies naar risico-gezinnen in Noord-Amerika zijn verricht – 34 studies met in totaal ruim 1600 gezinnen – kozen we als controlegroep alle Noord-Amerikaanse studies naar gehechtheid in 'normale' gezinnen. Dat zijn er 21 die bijna 1600 gezinnen omvatten. De meta-analyse betrof dus ongeveer 3200 gezinnen. De risico-gezinnen werden in twee hoofdcategorieën verdeeld:

1 gezinnen waarin de risico's in eerste instantie gelegen zijn in kindproblemen, zoals in geval van Downs syndroom, premature geboorte, doofheid en aangeboren hartafwijkingen;
2 gezinnen waarin de risico's in eerste instantie gelegen zijn in problemen bij de ouders, bijvoorbeeld door depressiviteit of schizofrenie van de moeder, of doordat het kind wordt mishandeld of verwaarloosd.

De laatste subcategorie maakt duidelijk dat het niet altijd even gemakkelijk is uit te maken waar de problemen in eerste instantie liggen: bij de ouder of bij het kind. Kindermishandeling wordt ook wel opgevat als geprovoceerd door bepaalde kindkenmerken. Studies van Crittenden (1985) hebben echter uitgewezen dat kinderen die door hun ouders werden mishandeld, als baby geen bijzondere kenmerken hadden. Uiteraard kunnen problemen bij het kind problemen bij de ouder oproepen en ook het omgekeerde is waar. Zonder deze wederzijdse beïnvloeding en verwevenheid van problemen bij ouder en kind te ontkennen, wordt hier echter de primaire bron van de problemen tot uitgangspunt genomen, zoals deze in de betrokken studies zelf is gelocaliseerd. Overigens werd in de oorspronkelijke analyse nog een derde categorie probleemgezinnen onderscheiden, die waarbij de locus van de problemen niet kon worden bepaald. Ook werd een vergelijkingsgroep onderscheiden die in de klinische studies een rol speelde (Van IJzendoorn e.a., 1992). Dit is de reden dat in tabel 4.1 sprake is van ongeveer 1000 probleemgezinnen.

In de meta-analyse zijn de frequentie-verdelingen van onveilig en veilig gehechte kinderen uit de 'normale' gezinnen gebruikt als norm waartegen de verdelingen gevonden in de studies naar risico-gezinnen zijn afgezet. Het bleek dat in gezinnen met ouderproblemen beduidend meer onveilige-gehechtheidsrelaties voorkomen dan in normale gezinnen. In gezinnen met kindproblemen komen onveilig gehechte kinderen echter *niet* vaker voor dan in normale gezinnen. Het verschil in invloed van ouder- en kinderproblemen op het al dan niet ontstaan van veilige-gehechtheidsrelaties is verrassend groot. Tabel 4.1 geeft een overzicht van uitkomsten van onderzoek met de Vreemde Situatie.

Tabel 4.1 Verdelingen van classificaties van gehechtheid tussen kind en ouder in normale en klinische groepen (ontleend aan Van IJzendoorn, Goldberg, Kroonenberg en Frenkel, 1992)

Groepen	Gehechtheidsclassificaties			Totaal
	Vermijdend	Veilig	Ambivalent	
Normale gezinnen	325 (21%)	1062 (67%)	197 (12%)	1584
Problemen bij het kind	116 (21%)	359 (66%)	68 (13%)	543
Problemen bij de ouder	132 (27%)	237 (49%)	115 (24%)	484

Ongeveer één derde van de probleemkinderen heeft een onveilige-gehechtheidsrelatie met de ouders, terwijl meer dan de helft van de probleemouders een onveilige-gehechtheidsrelatie met de kinderen heeft opgebouwd. De meta-analyse suggereert dat kinderen niet bij machte zijn tegenwicht te bieden aan een tekortschietend ouderschap, maar dat ouders wel in staat zijn de problemen van hun kinderen te compenseren en deze probleemkinderen naar een veilige gehechtheid te begeleiden. Er zijn empirische aanwijzingen dat vooral de ouderlijke sensitiviteit een belangrijke rol speelt bij het ontstaan en de ontwikkeling van gehechtheid (zie hoofdstuk 1). Een sensitieve ouder is in staat signalen van de baby snel te registreren, adequaat te interpreteren en er prompt en gepast op te reageren (Ainsworth e.a., 1978). De baby wordt daarbij vanaf de geboorte gezien als een interactiepartner met eigen communicatiemiddelen en een eigen behoeftepatroon. Baby's met een sensitieve ouder leren dat hun signalen adequate reacties aan de omgeving ontlokken en dat hun behoeften serieus worden genomen. De sensitieve ouders van een gehandicapte baby leren in te spelen op de specifieke en soms sterk ingeperkte mogelijkheden van communicatie bij het kind. Ze hebben bij wijze van spreken aan een 'half woord' of gebaar genoeg. Het kind krijgt het gevoel invloed op de omgeving te kunnen uitoefenen en op die omgeving te kunnen rekenen: zo ontwikkelt de baby een basisvertrouwen in de omgeving en in zichzelf als een competente en invloedrijke interactiepartner. Het gezonde kind daarentegen is niet opgewassen tegen het wisselvallige optreden van een depressieve of anderszins in problemen verkerende ouder, die bij tijd en wijle meer gericht is op zichzelf dan op de omgeving, in casu het kind. Het opgroeiende kind kan daardoor het gevoel ontwikkelen niet goed begrepen te worden door de omgeving en de opvoeder niet echt te kunnen vertrouwen. In deze zin is de baby overgeleverd aan zijn ouders.

Nu we hebben gezien hoe problemen bij het kind door de ouder kunnen worden opgeroepen wordt het tijd het onderzoek naar intergenerationele overdracht van onveilige-gehechtheidsrepresentaties in meer directe zin te bespreken: in hoeverre roept een onveilige-gehechtheidsrepresentatie van de ouder problemen bij het kind op? In hoeverre veroorzaakt een onveilige-gehechtheidsrepresentatie problemen bij de ouder? Deze twee vragen zullen centraal staan in de volgende paragrafen van dit hoofdstuk.

4.2 Problemen bij het kind

In de vorige hoofdstukken hebben we laten zien hoe de gehechtheidsrepresentatie van ouders de sensitieve responsiviteit tegenover hun kind beïnvloedt. Het verleden van de ouders speelt door in de interactie met hun kind. Een onverwerkt verleden van negatieve gehechtheidservaringen kan een invoelende en inlevende omgang met het kind in de weg staan. Bij het kind kunnen zich hierdoor problemen ontwikkelen, zoals agressief gedrag, slaap- of eetproblemen. Deze drie soorten problemen zijn in enkele studies onderzocht in relatie tot de gehechtheidsbiografie van de ouders. In deze paragraaf zullen we het schaarse maar boeiende onderzoek bespreken.

Crowell en Feldman (1988) onderzochten gehechtheidsrepresentaties bij moeders van kinderen zonder perinatale problemen, die na verloop van tijd ontwikkelings- of gedragsproblemen vertoonden. Ze bestudeerden drie groepen: twee klinische groepen en een normale controlegroep ($n = 24$). Een van de klinische groepen ($n = 20$) bestond uit kinderen met gangbare gedragsproblemen zoals agressiviteit of scheidingsangst. De andere klinische groep ($n = 20$) liet dezelfde soort problemen zien, maar kampte ook met ontwikkelingsachterstanden in taal of cognitie. De 2- tot 4-jarige kinderen uit de klinische groepen waren aangemeld bij een kinderpsychiatrische kliniek vanwege gedrags- en ontwikkelingsproblemen. Ze waren afkomstig uit middenklasse en hogere milieus. De moeders werden geobserveerd tijdens interacties met hun kind bij het verrichten van enkele taakjes in een spelkamer en een week later geïnterviewd met het Gehechtheidsbiografische Interview. Er bleek een relatie tussen gehechtheidsrepresentatie en de aanwezigheid van problemen te bestaan. In de controlegroep bleek 77% van de moeders autonoom te zijn en in de groep met gedragsproblemen maar 23%; in de groep met zowel gedragsproblemen als ontwikkelingsachterstanden was geen enkele moeder autonoom. De moeders in de twee klinische groepen verschilden niet in percentages gepreoccupeerd- of gereserveerd-gehecht. Daarnaast lieten gedragsobservaties zien dat de autonome moeders aanmerkelijk meer ondersteuning en hulp gaven aan hun kind dan de gepreoccupeerde en de gereserveerde moeders. De onderzoekers merken op dat de causale richting mogelijkerwijs van gehechtheidsrepresentatie bij de moeder, via haar interactie met het kind, naar het ontstaan van gedragsproblemen en ontwikkelingsachterstanden bij het kind gaat; maar omdat het onderzoek correlationeel van opzet is, is ook de omgekeerde invloed denkbaar.

De samenhang tussen onveilige gehechtheid bij de moeder en gedragsproblemen bij het kind werd bevestigd in een tweede studie van Crowell en haar collega's (1991) naar 49 moeders en hun 5- tot 11-jarige kinderen met gedragsproblemen. De kinderen waren aangemeld bij een kinderpsychiatrische kliniek: ze kampten met overmatige agressie, of met concentratieproblemen en hyperactiviteit. De kinderen waren afkomstig uit lagere en middenklasse milieus en vertoonden geen ontwikkelingsachterstanden. De moeders werden in interactie met hun kind geobserveerd en met het Gehechtheidsbiografisch Interview geïnterviewd. Opvallend weinig moeders (12%) bleken autonoom te zijn; 39% werd als gereserveerd geclassificeerd en 49% als gepreoccupeerd. De autonome moeders bleken meer ondersteuning en structuur aan hun kinderen te bieden en warmer te zijn dan de onveilige moeders. De kinderen van de gereserveerde moeders hadden de ernstigste gedragsproblemen op school en waren het meest agressief. Deze kinderen voelden zichzelf ook het meest angstig en depressief. De kinderen van de gepreoccupeerde moeders kampten met even ernstige problemen als die van de gereserveerde moeders, maar ze hadden wat minder vaak externaliserende en wat vaker internaliserende problemen. Alle kinderen van de autonome moeders bleken concentratieproblemen te hebben en hyperactief te zijn (ADHD). De auteurs merken op dat juist deze problemen doorgaans niet aan de relatie met de ouder maar aan neurologische gebreken worden toegeschreven.

Ook problemen met fysieke groei van baby's zijn wel herleid tot 'organische' oorzaken. Uit het onderzoek van Benoit en haar collega's (1989) blijkt dat we dergelijke conclusies niet overhaast moeten trekken. Benoit onderzocht de gehechtheidsrepresentatie van moeders van 25 baby's die vanwege groeistoornissen in het ziekenhuis waren opgenomen, en van een even grote controlegroep met moeders van normale baby's die vanwege diverse acute en chronische ziektes in het ziekenhuis waren opgenomen. De meeste gezinnen waren afkomstig uit een zeer laag en gedepriveerd milieu. Slechts 1 van de moeders van kinderen met groeistoornissen was autonoom, terwijl 10 moeders uit de controlegroep autonoom geclassificeerd werden. De meeste moeders van kinderen met groeistoornissen waren gepreoccupeerd gehecht, dat wil zeggen passief, verward, overbetrokken of intens boos over hun gehechtheidservaringen uit het verleden. De enige autonome moeder in deze groep had een kind dat ongeveer 40 uur in kinderopvang doorbracht. De auteurs menen dat de groeiproblemen ontstaan doordat een verstoorde moeder-kindrelatie leidt tot ernstige eetproblemen – wellicht in combinatie met fysieke risicofactoren. De twee groepen moeders verschilden overigens niet in mate van psychische gezondheid of psychiatrische problemen, zodat inderdaad een bijzondere rol lijkt te zijn weggelegd voor het opvallende verschil in gehechtheidsrepresentatie.

Benoit en haar collega's (1992) onderzochten eveneens de psychische achtergronden van slaapproblemen en ook hier bleek de gehechtheidsrepresentatie van de moeder een opvallende rol te spelen. Moeders van 20 peuters met ernstige slaapstoornissen werden vergeleken met een vergelijkbare groep van 21 moeders van kinderen zonder slaapstoornissen. De gezinnen waren afkomstig uit middenklassen en hogere klassen. Alle moeders van kinderen met slaapstoornissen waren onveilig gehecht ten opzichte van 57% van de moeders van kinderen zonder slaapproblemen. Tweederde van de moeders van kinderen met slaapstoornissen werd als gereserveerd gehecht geclassificeerd. De twee groepen bleken niet te verschillen in gevoel van eigenwaarde, de relatie met de partner, sociale ondersteuning of scheidingsangst. Klaarblijkelijk is de essentiële factor de gehechtheidsrepresentatie van de ouders. De auteurs suggereren dat onveilige moeders grotere moeite hebben met de sensitieve regulatie van het dag/nacht-ritme bij de kinderen. Indien de kinderen om enigerlei (fysieke) reden al meer geneigd zijn tot het ontwikkelen van slaapproblemen, zou de insensitiviteit van de ouder een doorslaggevende rol kunnen vervullen. De auteurs presenteren echter geen observaties van moeder-kindinteracties rond bedtijd en gedurende de nacht, zodat hun ideeën in dit opzicht speculatief blijven.

We moeten tot de conclusie komen dat de gehechtheidsrepresentatie van de ouder wel degelijk een belangrijke rol kan spelen bij het ontstaan van gedrags-, groei- en slaapproblemen van het kind. Het is niet zo duidelijk of het type onveilige-gehechtheidsrepresentatie (gereserveerd of gepreoccupeerd) ook samenhangt met een specifiek type probleem bij het kind. Er zijn enkele aanwijzingen voor een samenhang tussen gereserveerde gehechtheid en externaliserende problemen en tussen een gepreoccupeerde representatie en internaliserende problemen, maar het is niet goed verklaarbaar waarom vooral gereserveerde gehechtheid overweegt bij ouders van kinderen met slaapproblemen en gepreoccupeerde gehechtheid relatief sterk vertegenwoordigd is in de groep ouders van kinderen met groeistoornissen.

4.3 Problemen bij de ouder

Het is lastig problemen bij kinderen goed te onderscheiden van problemen bij de ouder: doorgaans zullen ouderproblemen problemen bij het kind veroorzaken en ook het omgekeerde is heel wel denkbaar. Niettemin maken we hier het onderscheid tussen problemen bij kinderen en bij ouders om de presentatie van de relevante studies te vergemakkelijken. We gaan ervan uit dat slechts sprake is van accentverschillen. Dat geldt zeker voor de eerste categorie ouderproblemen die we willen bespreken: mishandeling of verwaarlozing.

Crittenden en haar collega's (1991) doen al jaren onderzoek naar gehechtheid in gezinnen waarin mishandeling en/of verwaarlozing van kinderen is gesignaleerd. In een van haar studies vergeleek Crittenden 20 gezinnen uit een zeer laag milieu, waarin de kinderen adequaat werden opgevoed, met 28 gezinnen waarin in meerdere of mindere mate sprake was van mishandeling of verwaarlozing. De kinderen waren in de leeftijd van 1-4 jaar en beide ouders in het gezin werden bij het onderzoek betrokken. De belangrijkste vraag was of mishandelende ouders vaker een onveilige-gehechtheidsrepresentatie aan de dag legden dan ouders die in dezelfde sociale omstandigheden verkeerden maar niet tot mishandeling of verwaarlozing waren overgegaan. Ook vroeg Crittenden zich af of er in dit opzicht verschillen waren tussen vaders en moeders.

Een opvallend resultaat was dat in op één na alle gezinnen waarin beide partners autonoom waren, mishandeling of verwaarlozing afwezig was. Waren beide ouders onveilig gehecht dan was de kans heel groot, dat in hun gezin sprake was van mishandeling of verwaarlozing. Mishandeling leek samen te hangen met een gereserveerde representatie van gehechtheidservaringen, terwijl verwaarlozing of een combinatie van verwaarlozing en mishandeling sterker gerelateerd was aan een gepreoccupeerde kijk op het gehechtheidsverleden bij beide partners. Mishandelende ouders neigen ertoe problemen te bagatelliseren en zich als 'normaal' te presenteren, zo is uit eerder onderzoek gebleken (Crittenden, 1988). Dit strookt goed met hun meer gereserveerde kijk op het gehechtheidsverleden. Dat verwaarlozende ouders vaker gepreoccupeerd waren, heeft in deze studie vooral te maken met de overmaat aan preoccupatie met vroegere traumatische ervaringen (de zogenaamde E3 subclassificatie), en niet zozeer met de meer gangbare passiviteit of boosheid als kenmerken van preoccupatie. Hoewel Crittenden e.a. (1991) een sterke samenhang tussen onveilige gehechtheid bij de ouder en mishandeling/verwaarlozing vonden, moeten we opmerken dat zij een wat ongebruikelijke interviewmethode hanteerden, door de ouders samen over hun beider gehechtheidsverleden te interviewen. Het is de vraag of de validiteit van deze procedure even groot is als die van de gebruikelijke aanpak.

In hoeverre hangt depressiviteit bij volwassenen of adolescenten samen met representatie van hun gehechtheidsverleden? Het is bekend dat depressiviteit van opvoeders een zeer negatieve invloed op de ontwikkeling van jonge kinderen kan hebben (Cummings & Davies, 1994; Field, 1992). Daarom is de vraag relevant of gehechtheid van depressieve personen met hun depressiviteit te maken heeft. Deze vraag is in twee onderzoeken bestudeerd (Rosenstein & Horowitz, 1993; Patrick, Hobson, Castle, Howard & Maughan, in druk). Rosenstein en Horowitz (1993) interviewden 54 patiënten van een psychiatrische kliniek voor adolescenten. De psychiatrische diagnose werd gesteld via het zogenaamde Structured Clinical Interview for Diagnosis-Patient Version (SCID-P) dat een DSM-III-R diagnose mogelijk maakt op as I. Op deze as zijn belangrijke psychiatrische diagnoses te vinden zoals affectieve stoornissen en angststoornissen. Van de adolescenten had 55% te kampen met een affectieve stoornis, 13% met een gedragsstoornis en 20% met een combinatie van beiden. Bij 30% van de totale groep was ook sprake van verslaving. Een heel klein percentage (2%) van de adolescenten was autonoom gehecht, 33% was gereserveerd, 35% gepreoccupeerd en 18% gaf blijk van onverwerkt verlies of een andere onverwerkte traumatische ervaring.

De auteurs veronderstellen dat psychiatrische stoornissen waarin het verdriet en de ongelukkige gevoelens worden erkend en waarin de symptomen ook tegen zichzelf gericht zijn (internalisatie) zoals bij depressie of angst, vooral met een gepreoccupeerde vorm van gehechtheid samengaan. Stoornissen waarin verdriet wordt ontkend en de symptomen zich tegen de buitenwereld richten (externalisatie) zoals bij gedragsstoornissen of antisociaal gedrag, zouden sterker met een gereserveerde gehechtheidsrepresentatie moeten samenhangen.

De onderzoeksresultaten ondersteunen deze hypothese. Affectieve stoornissen, waaronder depressiviteit, waren vooral gerelateerd aan een gepreoccupeerde representatie van gehechtheidservaringen, zeker wanneer de verslaafde patiënten buiten beschouwing werden gelaten. De verslaafden bleken overigens veelal gereserveerd gehecht te zijn.

Patrick e.a. (in druk) bestudeerden een kleine groep van 12 vrouwelijke patiënten met dysthymia. Dysthymia is een DSM-III-R diagnose die wordt omschreven als een chronische affectieve stoornis met een depressieve stemming gedurende ten minste twee jaar maar zonder tekenen van een ernstige depressieve episode, hypomanie, of een chronische psychologische stoornis. De depressieve patiënten bleken vooral gereserveerd gehecht te zijn (50%), 33% was gepreoccupeerd, en de overigen gaven blijk van autonome gehechtheid. Deze resultaten convergeren niet goed met de bevindingen van Rosenstein en Horowitz (1993). We moeten hierbij twee kanttekeningen plaatsen: ten eerste is de steekproef van Patrick e.a. wel erg klein, zodat toevalsfluctuaties een grote invloed op de percentages kunnen hebben; ten tweede gebruikten zij een zeer beperkte definitieve van depressiviteit als dysthymie, terwijl Rosenstein en Horowitz (1993) de bredere categorie van affectieve stoornissen – waaronder depressiviteit en angststoornissen – hanteerden.

Patrick e.a. betrokken in hun onderzoek niet alleen dysthymie- patiënten maar ook patiënten met een zogenaamde 'borderline' persoonlijkheidsstoornis. De DSM-III-R diagnose is gebaseerd op diverse criteria maar de auteurs betogen dat vooral de onstabiele en/of zeer intensieve relatievorming kenmerkend is. Borderline patiënten zijn geneigd plotseling intense relaties te ontwikkelen die in het begin gekenmerkt worden door overmatige afhankelijkheid en idealisatie, maar dan abrupt gevolgd worden door onderwaardering en zelfs minachting voor de betrokken personen. De klachten betreffen ook chronische gevoelens van verveling. De resultaten van deze kleinschalige studie ($n = 12$) waren frappant: alle personen in de borderline groep werden als gepreoccupeerd geclassificeerd. Tien van de 12 borderline patiënten werden als verward en angstig met betrekking tot vermoedelijk traumatische jeugdervaringen getypeerd (de subcategorie E3) en bovendien bleken 9 van de 12 patiënten te kampen met onverwerkt verlies of ander onverwerkt trauma. Borderline persoonlijkheidsstoornissen worden recent soms toegeschreven aan vroegere traumatische ervaringen en het gehechtheidsbiografisch onderzoek lijkt aan dit vermoeden enige steun te geven. Ook is kenmerkend voor gepreoccupeerde personen dat ze sterk kunnen wisselen in hun beoordeling van gehechtheidservaringen, en dat lijkt in versterkte mate typerend voor het borderline syndroom.

De samenhang van een gepreoccupeerde representatie van gehechtheid met een borderline persoonlijkheidsstoornis is ook in het onderzoek van Rosenstein en Horowitz (1993) gevonden. Omdat hun kleine groep borderline patiënten (*n* = 14) voornamelijk uit vrouwen bestond, en vrouwen in hun onderzoek relatief vaak gepreoccupeerd gehecht bleken te zijn, is het lastig een onderscheid te maken tussen geslacht en stoornis als 'determinant' van type gehechtheidsrepresentatie. Ook Fonagy (1993) vond in zijn studie naar gehechtheid bij borderline patiënten van een psychiatrische kliniek, maar ten dele een bevestiging van de resultaten van Patrick e.a. (in druk). Zijn borderline patiënten (*n* = 28) die via Gundersens criteria waren gediagnostiseerd, bleken inderdaad vooral gepreoccupeerd te zijn (67%) maar hierin verschilden ze niet significant van andere patiënten met as-II-diagnoses die als controlegroep in deze studie waren betrokken. Dit onderzoek roept daarom de vraag op, hoe specifiek de samenhang tussen een gepreoccupeerde gehechtheidsrepresentatie en een borderline persoonlijkheidsstoornis is, en of preoccupatie niet eveneens samengaat met een reeks andere psychiatrische syndromen. Wel vond ook Fonagy (1993) een overmaat aan indicaties voor een traumatisch verleden (de zogenaamde E3 subcategorie) en voor onverwerkt seksueel misbruik in de groep van borderline patiënten. Dit strookt uiteraard heel goed met de bevindingen van Patrick e.a. (in druk) en is een ondersteuning voor het vermoeden dat hieromtrent in de recente psychiatrische literatuur is gerezen.

Naast mishandeling, depressiviteit en borderline persoonlijkheidsstoornis zijn nog diverse andere psychiatrische stoornissen in relatie met gehechtheid gebracht. Zo veronderstelden Rosenstein en Horowitz (1993) dat patiënten met ernstige gedragsproblemen vooral gereserveerd gehecht zouden zijn. Juist dit type patiënt externaliseert de problemen en richt de agressie op de buitenwereld. Ook een gereserveerde persoon heeft niet de neiging de oorzaak van de problemen bij zichzelf te zoeken. Rosenstein en Horowitz konden inderdaad aantonen dat gedragsproblemen (met of zonder bijkomende affectieve stoornis) samenhangen met een gereserveerde representatie van het gehechtheidsverleden. Daarnaast bleken narcistische en antisociale persoonlijkheidsstoornissen gerelateerd aan gereserveerde gehechtheid. Dergelijke stoornissen berusten sterk op een defensieve uitsluiting van negatieve gevoelens uit het bewustzijn en op minachting voor anderen, gepaard met een overtrokken nadruk op eigen onafhankelijkheid. Deze beschrijving sluit goed aan bij de idealiserende wijze waarop gereserveerde personen met hun gehechtheidsverleden omgaan, en met de soms denigrerende opmerkingen over het belang van gehechtheidservaringen voor de huidige persoonlijkheid, vooral bij één van de subcategorieën van deze groep (de zogenaamde DS2 groep).

Allen en Hauser (1991; Allen, 1993) onderzochten de relatie tussen gehechtheid en hetzelfde type externaliserende problemen als hiervoor is besproken, in een groep jonge volwassenen die als adolescent in een psychiatrisch ziekenhuis opgenomen waren geweest. Bij de opnames speelden gedragsproblemen en drugsverslaving een belangrijke rol. Deze groep adolescenten werd vergeleken met een overeenkomstige groep adolescenten zonder problemen. Ook uit deze studie bleek weer dat gehechtheid een belangrijke onderscheidende factor is waar het gaat om het verschil tussen een 'normale' en 'gestoorde' persoonlijkheid. Onveilige representaties van gehechtheidservaringen waren oververtegenwoordigd in de klinische groep (95%). Tegen de verwachting in bleek er geen sprake te zijn van een oververtegenwoordiging van gereserveerde gehechtheid in deze groep van merendeels externaliserende patiënten. Ook de gepreoccupeerde representaties waren ruim aanwezig en vooral ook het onverwerkt verlies of ander onverwerkt trauma (33%). In Allen en Hausers klinische groep zijn de diagnoses niet erg nauwkeurig omschreven en we hebben de indruk dat de diversiteit van psychiatrische stoornissen relatief groot is. Daardoor is het moeilijk om een specifieke diagnose met een bepaalde gehechtheidscategorie te verbinden.

We kunnen concluderen dat de klinische studies ondubbelzinnig hebben aangetoond dat onveilige-gehechtheidsrepresentaties sterk oververtegenwoordigd zijn in klinische groepen. Het is echter onduidelijk welke psychiatrische diagnose nu precies past bij welke gehechtheidsrepresentatie. De studies zijn over het algemeen te weinig toegespitst op een bepaalde persoonlijkheidsstoornis om sluitende conclusies over de samenhang met één bepaalde gehechtheidscategorie toe te laten. De globale veronderstelling dat externaliserende problemen bij kinderen of volwassenen zouden samengaan met een gereserveerde kijk op het gehechtheidsverleden en internaliserende problemen met een gepreoccupeerde representatie, is niet zonder meer bevestigd. Wel bleek uit verschillende studies hoe belangrijk de categorie 'onverwerkt verlies of ander onverwerkt trauma' was en de daarmee verbonden gepreoccupeerde subcategorie (E3) waarbij sprake is van (een vermoeden van) trauma. In de volgende paragraaf zullen we aan de pedagogische gevolgen van onverwerkt verlies apart aandacht schenken.

4.4 Onverwerkte verlieservaringen

Het is vanzelfsprekend dat in een theorie die gehechtheidsrelaties tot onderwerp heeft, een grote plaats is ingeruimd voor verlies van een gehechtheidsfiguur door overlijden. Bowlby (1985) wijdde zijn derde boek in de trilogie over Attachment and Loss dan ook aan het fenomeen 'verlies'. Immers: 'Loss of a loved person is one of the most intensely painful experiences any human being can suffer.' (p.7). Overlijden van een ouder of andere gehechtheidsfiguur betekent voor een volwassene een pijnlijke verbreking van een gehechtheidsrelatie met alle gevolgen van dien voor gevoelens van veiligheid en geborgenheid. Als degene die een gehechtheidsfiguur verliest, zelf ouder is of wordt en een belangrijke gehechtheidsfiguur voor zijn kinderen vormt, zal de schok van het verlies niet alleen tot deze persoon zelf beperkt blijven, maar ook voelbaar zijn voor de kinderen. De ouder zal ten minste enige tijd uit het lood geslagen zijn en daardoor een minder veilige basis voor de kinderen vormen. In de gehechtheidstheorie wordt verondersteld dat kinderen onverwerkt verlies kunnen aflezen aan het gedrag van hun opvoeder: hun bron van veiligheid en geborgenheid zal soms veranderen in een bron van angst en zorg. De uiteenzetting over onverwerkt verlies die hier volgt, is ontleend aan Van IJzendoorn, De Ruiter en Bakermans-Kranenburg (1991).

Intergenerationele overdracht van onverwerkte verlieservaringen heeft betrekking op de invloed van verlies van een gehechtheidsfiguur op ouders en hun kinderen. Een ouder die zijn ouders of andere gehechtheidsfiguren heeft verloren en dit verlies (nog) niet heeft verwerkt, zal soms onverwachte emoties ten toon spreiden en zijn kinderen zullen hierdoor beangstigd worden. In sommige gevallen zal de ouder snel van het verlies herstellen. In andere gevallen kan de ouder nog jaren worstelen met de vraag naar het waarom en hoe van het overlijden, en als gevolg daarvan bij tijd en wijle een onzekere of zelfs beangstigende houding naar de kinderen laten zien. Juist omdat jonge kinderen nog vaak de cognitieve vermogens missen om negatieve emoties van hun opvoeder toe te schrijven aan het verlies van een gehechtheidsfiguur, weten ze in stresserende omstandigheden soms niet goed of ze nog kunnen terugvallen op hun gehechtheidsfiguur: deze lijkt immers zelf een belangrijke bron van stress te zijn. Hun gangbare strategie voor affectregulatie in dit soort situaties blijkt daarom niet meer te functioneren en een nieuwe wijze van omgaan met deze dubbele stress is nog niet voorhanden. Main en Hesse (1990) beschouwen deze reactie als een verklaring voor de desorganisatie van het systeem van gehechtheidsgedragingen in de Vreemde Situatie. Daarnaast zijn er wellicht ook kinderen die geen kans hebben gekregen om een coherente strategie voor omgang met angst en verdriet te ontwikkelen, omdat ze vanaf hun geboorte met de gevolgen van onverwerkt verlies bij de ouder hebben moeten leven. In dat geval zal de alternatieve 'strategie' moeilijk te classificeren zijn ('Cannot Classify'; Main & Solomon, 1990).

4.4.1 Normale reacties op verlies

Om te begrijpen waardoor stagnaties in de verwerking van verlies kunnen optreden is het van belang de 'normale' reactie op het overlijden van een gehechtheidsfiguur te memoreren. Bowlby (1985) beschrijft vier fasen in reactie op verlies:

1 een fase van 'verdoving' ('numbing') die doorgaans enkele uren tot een week duurt, en soms onderbroken wordt door uitbarstingen van extreem intens verdriet en/of woede;
2 een fase van verlangen en zoeken naar de overledene, die enkele maanden en soms zelfs jaren duurt;
3 een fase van desorganisatie en wanhoop;
4 een fase van groeiend herstel van de psychische organisatie (Bowlby, 1985, p.85).

De aanvaarding van het verlies lijkt alleen mogelijk indien de emoties die gepaard gaan met de eerste fasen worden getolereerd en verwerkt. Alleen dan is men in staat de situatie en zichzelf opnieuw te definiëren en de hoop op terugkeer van de overledene op te geven. Reorganisatie is niet uitsluitend een herschikking van emoties, maar een cognitieve verwerking van de gebeurtenissen, dat wil zeggen een reorganisatie van interne werkmodellen van zichzelf en de omgeving, die moeten worden aangepast aan de nieuwe leefsituatie. Er moet een oplossing gezocht worden voor het dilemma dat aanvaarding van het verlies pijnlijk is, maar dat ontkenning van het verlies en de daaraan verbonden pogingen om de overledene weer tot leven te wekken, eveneens angst en verdriet oproepen.

Er zijn minstens twee vormen van stagnaties in het rouwproces (Bowlby, 1985, p.138): chronische rouw en voortdurende afwezigheid van bewuste rouw. De eerste variant duidt op een pathologische verlenging van de tweede en derde fase van het rouwproces, terwijl afwezigheid van rouw een pathologische verlenging van de 'verdovings'-fase betekent. Bij chronische rouw spelen heftige emoties zoals woede, zelfverwijt en depressie een rol, terwijl afwezigheid van rouw wordt gekenmerkt door een schijnbare continuïteit in het leefpatroon – regelmatig onderbroken door plotselinge lichamelijke (vooral psychosomatische) of psychische ziektes (o.a. depressies), die vaak niet tot hun oorzaak herleid worden. In beide gevallen is er sprake van geloof in de omkeerbaarheid van het overlijden; in beide gevallen blijft de speurtocht naar de overledene doorgaan; in beide gevallen leidt frustratie van deze speurtocht (chronisch of episodisch) tot woede en zelfverwijt: 'Because the representational models he has of himself and of the world about him remain unchanged his life is either planned on a false basis or else falls into unplanned disarray' (Bowlby, 1985, p.138).

Overigens worden in recente literatuur soms de fasen in de verwerking van verlies gerelativeerd, alsmede de mogelijkheid een scherp onderscheid tussen verwerkt en onverwerkt verlies te maken (voor een overzicht: Cleiren, 1991).

4.4.2 Verlieservaringen in het Gehechtheidsbiografisch Interview

In het Gehechtheidsbiografisch Interview zijn vragen naar verlies van gehechtheidsfiguren opgenomen (zie hoofdstuk 2). De antwoorden op deze vragen kunnen leiden tot de vaststelling dat sprake is van een verwerkt of onverwerkt rouwproces. Ook in dit geval wordt weer vooral gekeken naar de wijze waarop de opvoeder spreekt over zijn verlieservaringen, en wordt gezocht naar indicatoren voor desorganisatie van het intern werkmodel in het taalgebruik van de respondenten. Globaal staan drie typen indicatoren centraal in dit diagnostisch proces:

1 tekortkomingen in metacognitieve sturing van het redeneren over het overlijden;
2 tekortkomingen in metacognitieve sturing van het spreken over het overlijden;
3 verslag van extreem gedesorganiseerde gedragsreacties op overlijden (Main & Hesse, 1990).

De eerste soort fouten, tegen 'logisch' redeneren over de dood, kan bijvoorbeeld afgelezen worden aan antwoorden die ongeloof in het werkelijk overleden zijn van de gehechtheidsfiguur aanduiden, of antwoorden die weergeven dat de persoon in kwestie zich schuldig voelt aan de dood van de geliefde persoon, zonder dat daartoe een reële aanleiding bestaat. De tweede soort fouten, tegen correct spreken over het overlijden, kan waargenomen worden in een interview waarvan de stijl van spreken verandert bij de vragen over sterfgevallen in de naaste omgeving: geïnterviewden die zeer gedetailleerd verslag doen van de omstandigheden waaronder het overlijden plaatsvond of die plotseling poëtisch taalgebruik gaan hanteren, of tijdens het spreken over een overlijden van enkele jaren geleden plotseling overstappen van het gebruik van de verleden tijd naar dat van de tegenwoordige tijd voor hun relaas. De derde categorie, extreme desorganisatie in gedrag na het overlijden, omvat bijvoorbeeld zelfmoordpogingen of een overmatige reactie op het overlijden van een huisdier. Voor een overzicht van alle indicatoren voor onverwerkt verlies moet hier verwezen worden naar het uitgebreide codeersysteem van het Gehechtheidsbiografisch Interview (Main, De Moss & Hesse, 1989). In het volgende intermezzo zal een en ander geïllustreerd worden aan een fragment uit een interview. Overigens moet hier nog vermeld worden dat het Gehechtheidsbiografisch Interview ontbreken van bewuste rouw slechts kan opsporen als er sprake is van desorganisatie in gedrag dat door de ondervraagde zelf niet verbonden wordt met het verlies. In de meeste gevallen zal dit type stagnatie van verwerking van verlies niet via het Gehechtheidsbiografisch Interview aan het licht komen.

De relatie tussen onverwerkt verlies bij de opvoeder en gedesorganiseerd gehechtheidsgedrag bij het kind (zie hoofdstuk 3) zou geïnterpreteerd kunnen worden als een reactie op de negatieve emoties die de opvoeder als gevolg van het onverwerkte verlies soms uitstraalt – vaak tegen zijn wil of onbewust. De indruk bestaat dat ouders met onverwerkt verlies zich bijvoorbeeld in de Vreemde Situatie soms op ongebruikelijke wijze vocaal uiten (bijvoorbeeld plotselinge verlaging van de intonatie) en ongebruikelijke bewegingspatronen vertonen (bijvoorbeeld plotselinge toenadering tot het kind), wat door het kind gemakkelijk als beangstigend kan worden ervaren (Main & Hesse, 1990). De woede of wanhoop om het verlies zou dus zelfs een uitweg vinden in een situatie waarin het kind op de opvoeder voor steun en geborgenheid is aangewezen. Daarnaast is het wellicht mogelijk dat een ouder door een of ander onbetekenend aspect van de omgeving wordt herinnerd aan het pijnlijke verlies, en daarop met een kortstondige angstige gelaatsuitdrukking reageert. Het kind begrijpt in zo'n geval niet waardoor deze reactie veroorzaakt wordt en treedt daardoor even uit zijn gebruikelijke reactiepatroon: het reageert met gedesorganiseerd gedrag (Main & Hesse, 1990).

Dit gedrag wordt immers gekenmerkt door een soms kortstondig wegvallen van de gangbare strategie voor affectregulatie tijdens stresserende omstandigheden (zie hoofdstuk 1). Een gedesorganiseerd kind kijkt bij binnenkomst van de ouder na een kortdurende scheiding bijvoorbeeld even verheugd op, om vervolgens een subtiel afwerend gebaar met de arm voor zijn gezicht te maken en een uitdrukkingsloos gelaat te tonen alsof het bang is voor zijn gehechtheidsfiguur (zie het volgende intermezzo). Of het laat zijn verwarring zien door na binnenkomst van de opvoeder een begin van toenadering te maken, om dan dit gedrag abrupt te onderbreken door ongericht over de grond te rollen: hiermee laat het kind zien niet meer te weten hoe en bij wie steun te zoeken. Deze interpretaties van de relatie tussen gedrag van ouders en van kinderen tijdens de Vreemde Situatie zijn gebaseerd op indrukken en niet op systematische analyses en vormen dus niet meer dan hypothesen voor verdere studie. Ook moet opgemerkt worden dat over de wijze waarop in alledaagse situaties onverwerkt verlies bij de ouder desorganisatie van het gehechtheidsgedrag bij het kind teweeg brengt, nog niets bekend is. Wel zijn er empirische gegevens over het bestaan van een samenhang tussen onverwerkt verlies en desorganisatie van gehechtheid.

De belangrijkste empirische evidentie voor een samenhang tussen onverwerkt verlies bij de opvoeder en gedesorganiseerd gehechtheidsgedrag bij het kind is in de studie van Ainsworth en Eichberg (1991) te vinden. Dit onderzoek hebben we in het vorige hoofdstuk besproken. Ainsworth en Eichberg vonden dat 30 moeders een gehechtheidsfiguur hadden verloren en dat 20 van hen dit verlies hadden verwerkt, dat wil zeggen geen sporen van tekortkomingen in metacognitieve sturing van redeneren en discours te zien gaven, noch buitenissige gedragsreacties op het verlies. Alle 10 moeders die op basis van hun interview moesten worden beschouwd als zich bevindend in een onafgesloten rouwproces, hadden baby's die zich op enigerlei moment gedesorganiseerd gedroegen in de Vreemde Situatie. Niet het verlies zelf, maar de huidige mentale representatie van dat verlies leek dus doorslaggevend voor het optreden van gedesorganiseerd gedrag bij het kind. Van de vijf kinderen die gedesorganiseerd gedrag vertoonden zonder dat sprake was van onverwerkt verlies bij de moeder, bleek in twee gevallen een andere traumatische gebeurtenis zich te hebben voorgedaan: in één geval bleek de moeder te zijn mishandeld door haar ouders (zie voor een exposé over de relatie tussen mishandeling en gehechtheid: Lambermon & Van IJzendoorn, 1991); in een tweede geval was de moeder recentelijk bijna overleden aan een levensbedreigende ziekte die uiteraard de gehechtheidsrepresentatie van betrokkene uit balans kan hebben gebracht.

In het vorige hoofdstuk zijn diverse andere studies naar de samenhang tussen onverwerkt verlies en gedesorganiseerde gehechtheid in niet-klinische gezinnen besproken. Overigens betreft het correlationele studies zodat causale conclusies niet goed mogelijk zijn. Zo zou in de studie van Ainsworth en Eichberg (1991) een derde factor – bijvoorbeeld depressiviteit van de ouder – de oorzaak kunnen zijn van het onverwerkt blijven van verlieservaringen alsmede van gedesorganiseerd gedrag van het kind in de Vreemde Situatie. In toekomstig onderzoek zouden dergelijke factoren beter in rekening gebracht moeten worden.

4.5 Een kwantitatief overzicht van studies naar gezinnen met problemen

Hoe zijn gehechtheidsrepresentaties verdeeld in klinische groepen? We hebben hiervoor gezien dat de meeste klinische studies een ruime oververtegenwoordiging melden van onveilige representaties in groepen met problemen. In deze paragraaf willen we deze oververtegenwoordiging exacter beschrijven, en wel tegen de achtergrond van de verdeling van gehechtheidsrepresentaties in normale groepen. Ook willen we nagaan of er aanwijzingen van kwantitatieve aard zijn voor een samenhang tussen type onveilige-gehechtheidsrepresentatie en type probleem. We hebben zoveel mogelijk studies met het Gehechtheidsbiografisch Interview bijeen gebracht: 13 steekproeven met 'normale' moeders, 6 steekproeven met 'normale' vaders, 14 klinische steekproeven, 4 steekproeven met 'normale' adolescenten en jong-volwassenen, 8 steekproeven uit lagere sociaal-economische milieus en multi-etnische achtergronden en 1 kibboetssteekproef. De studies omvatten gezamenlijk meer dan 2000 Gehechtheidsbiografische Interviews (zie ook hoofdstuk 3). De meeste studies rapporteren de traditionele verdeling in gereserveerde, autonome, en gepreoccupeerde gehechtheid, maar sommige studies presenteren ook de categorie voor onverwerkt verlies of ander onverwerkt trauma. We zullen een kwantitatief overzicht geven van beide typen studies (Van IJzendoorn & Bakermans-Kranenburg, in druk).

Het criterium waaraan afwijkingen in klinische groepen worden afgemeten, is de verdeling van gehechtheidsrepresentaties in steekproeven met 'normale' moeders. Deze verdeling is: 24% gereserveerd, 58% autonoom en 18% gepreoccupeerd, in een totale groep van 584 moeders (zie tabel 3.1). Als we de categorie voor onverwerkt verlies erbij betrekken, ontstaat de volgende normatieve verdeling: 16% gereserveerd, 55% autonoom, 9% gepreoccupeerd en 19% onverwerkt verlies. De verdeling voor de 'normale' vaders wijkt hiervan niet af.

Dat geldt wel voor de verdeling van gehechtheidsrepresentaties in klinische groepen: daar is 41% gereserveerd, 13% autonoom en 46% gepreoccupeerd (totale groep: *N* = 439). De verdeling met onverwerkt verlies geeft een nog schever beeld te zien: 26% gereserveerd, 8% autonoom, 25% gepreoccupeerd en 40% onverwerkt verlies of ander onverwerkt trauma (*N* = 165). De steekproeven met kinderen met problemen geven ongeveer hetzelfde beeld te zien als de steekproeven met volwassenen met problemen.

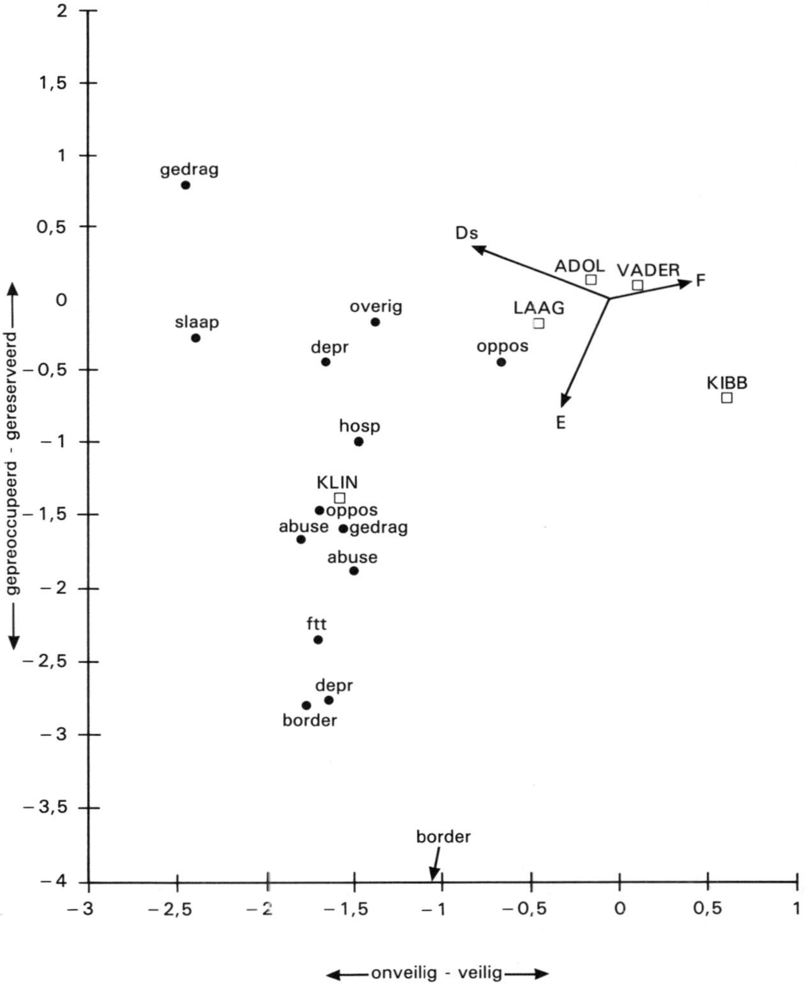

Figuur 4.1 Correspondentie-analyse van de drie gehechtheidsrepresentaties in klinische groepen

We hebben de informatie samengevat in een grafische weergave die het resultaat is van een zogenaamde correspondentie-analyse (zie Greenacre, 1985, voor een beschrijving van deze techniek). Het centrum van de grafische weergave wordt gevormd door de normatieve verdeling van gehechtheidsrepresentaties in de groep 'normale' moeders. De eerste figuur (figuur 4.1) laat de verdeling van gehechtheidsrepresentaties in de drie hoofdcategorieën zien. De horizontale as geeft het contrast weer tussen de autonome en onveilige representaties, en de verticale as laat de tegenstelling tussen de twee onveilige categorieën zien. De figuur laat zien dat de verdelingen van de gehechtheidsrepresentaties van 'normale' ouders en adolescenten relatief dicht in de buurt van het centrum liggen. Dat geldt ook voor de verdeling in de groep moeders uit de lagere sociaal-economische milieus. Het zwaartepunt van de klinische groepen ligt relatief ver uit het midden. We moeten daarbij wel vaststellen dat de spreiding rond dit zwaartepunt vrij groot is. Dit betekent dat individuele klinische groepen geheel verschillende kenmerken hebben. Zo zijn er groepen adolescenten met gedragsproblemen waarbij de gereserveerde categorie sterk domineert; maar er zijn ook groepen kinderen met gedragsproblemen waarvan de moeders vaak gepreoccupeerd zijn, of beide onveilige vormen van gehechtheid laten zien. De borderline persoonlijkheidsstoornissen lijken wel samen te hangen met een bepaald type onveilige gehechtheid, te weten preoccupatie.

De tweede grafiek (figuur 4.2) laat de verdeling zien met onverwerkt verlies. Ook hier zien we een sterk afwijkende verdeling van de klinische groepen, maar de afwijking is beslist niet alleen aan een overmaat van classificaties voor onverwerkt verlies of ander trauma te wijten. Ook de gepreoccupeerde categorie is relatief goed vertegenwoordigd, beduidend beter dan de gereserveerde categorie. Eigenlijk zouden we op grond van deze tweede grafiek moeten concluderen dat (kinder)psychiatrische stoornissen voornamelijk samenhangen met onverwerkt verlies en preoccupatie met het gehechtheidsverleden. Het geringe aantal studies waarin ook onverwerkt verlies werd geclassificeerd, laat niet toe dat we meer dan een zeer voorlopige conclusie trekken. Ook de tweede figuur geeft geen duidelijke systematiek in de samenhang tussen soort probleem en type onveilige-gehechtheidsrepresentatie (gereserveerd of gepreoccupeerd) te zien, maar ook dat kan te maken hebben met het relatief geringe aantal studies.

Samenvattend kunnen we vaststellen dat onveilige-gehechtheidsrepresentaties inderdaad ruim oververtegenwoordigd zijn in klinische

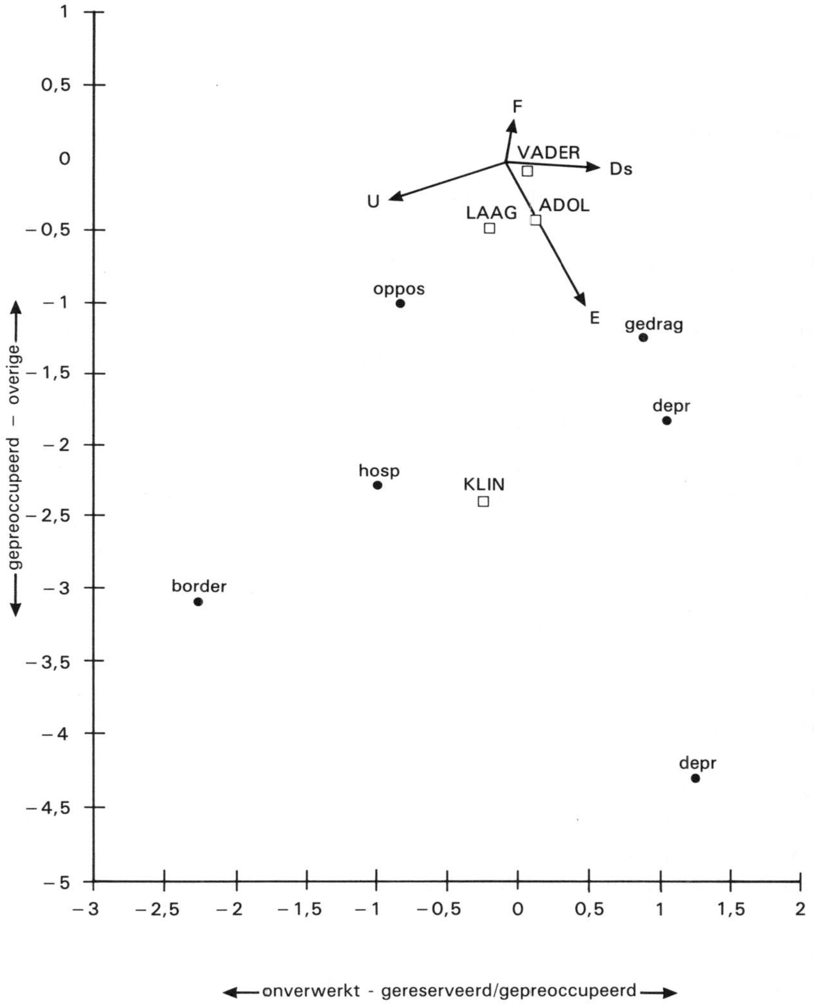

Figuur 4.2 Correspondentie analyse van de vier gehechtheidsrepresentaties in klinische groepen

groepen. Een systematisch verband tussen type probleem en type gehechtheid werd niet gevonden. Overigens laat geen van de studies een causale interpretatie van de samenhang tussen gehechtheidsrepresentatie en klinische problemen toe: de studies zijn correlationeel van opzet en soms is sprake van een slecht gematchte vergelijkingsgroep. Ook is de diagnose van het probleem niet altijd even helder, betrouwbaar en eenduidig. Men spreekt vaak van comorbiditeit, waarmee het gelijktijdig optreden van meerdere 'ziektebeelden' wordt bedoeld. De vergelijkingen zijn daardoor minder scherp dan onder ideale omstandigheden mogelijk zou zijn.

4.6 Besluit

Het onderzoek naar gehechtheidsrepresentaties in klinische groepen laat zien dat er een samenhang is tussen onveilige representaties en klinische problemen bij kinderen of bij opvoeders. Uiteraard is met dit onderzoek nog niet een oorzakelijk verband gedemonstreerd. Zo zou men kunnen betogen dat gezinnen met klinische problemen op alle fronten wat minder goed zullen functioneren en dus ook een onveilige gehechtheid zouden bevorderen. De oorzaak-gevolg-keten wordt in deze interpretatie radicaal omgekeerd. Men zou bovendien kunnen vaststellen dat onveilige gehechtheid maar één van de vele symptomen van een problematische gezinssituatie is en dat in verband met klinische gezinnen de uitspraak geldt dat 'alle slechtst samengaat'. Er is nog veel onderzoek nodig voordat het causale karakter van een onveilige-gehechtheidsbiografie voor klinische problemen ondubbelzinnig is gedemonstreerd. Ook zijn veel meer studies nodig naar de specificiteit van het Gehechtheidsbiografisch Interview, dat wil zeggen naar de specifieke voorspellende waarde voor bepaalde type klinische problemen. De bruikbaarheid van het Gehechtheidsbiografisch Interview – en van de gehechtheidstheorie in het algemeen – zou aanzienlijk geringer zijn, indien een onveilige-gehechtheidsrepresentatie met ieder psychisch probleem samenhangt, en wel zonder systematiek in de samenhang tussen de aard van de problemen en de aard van de onveilige representatie.

Ervan uitgaande dat de aanzwellende stroom klinische studies binnen enkele jaren over deze vragen uitsluitsel kan geven, zijn er diverse klinische toepassingen van de gehechtheidstheorie denkbaar. De belangrijkste en nu al actuele toepassing betreft het gehechtheidstheoretische vocabularium. De begrippen uit de gehechtheidstheorie blijken steeds meer ingang te vinden in het spreken over diagnose en behandeling van klinische problemen in de praktijk. Men is zich bijvoorbeeld langzamerhand bewust van de onmogelijkheid van een langdurige behandeling zonder ruimte voor het ontstaan van een gehechtheidsrelatie tussen therapeut of professionele opvoeder en het kind of de ouder. Ook wordt bij de behandeling van problemen bij heel jonge kinderen steeds meer aandacht gegeven aan de affectieve relatie met gehechtheidspersonen en wordt de behandeling steeds nadrukkelijker geënt op de relatie zelf in plaats van op één van de partijen. Er is ook een steeds grotere terughoudendheid ontstaan over het losweken van jonge kinderen uit hun netwerk van gehechtheidsrelaties en over het oplossen van opvoedings- en ontwikkelingsproblemen buiten het gezin – bijvoorbeeld in internaatsverband.

Het onderzoek met het Gehechtheidsbiografisch Interview zou de praktisch werkzame klinici nog bewuster kunnen maken van het onderscheid tussen vorm en inhoud van een autobiografisch verhaal en de aandacht meer kunnen richten op de vorm waarin het verhaal gegoten wordt. Uit onderzoek naar autobiografisch geheugen weten we inmiddels dat de inhoud van dergelijke verhalen met een korrel zout genomen moet worden – althans indien de idee vooropstaat dat het verleden als objectieve realiteit in kaart moet worden gebracht. Het Gehechtheidsbiografisch Interview richt de aandacht nadrukkelijk op de coherentie en op andere vormkenmerken van het autobiografisch verhaal en deze aandacht zou ook voor een minder gestructureerde aanpak van de intake-gesprekken dan middels het interview een nuttige rol kunnen vervullen.

Het Gehechtheidsbiografisch Interview is echter nog ongeschikt als instrumenteel onderdeel van de diagnostiek. Dit is niet alleen vanwege ons tekort aan inzicht in de diagnostische waarde van het Interview het geval, maar ook vanwege het arbeidsintensieve karakter van het werken met het Interview. Het Interview kan alleen verantwoord worden toegepast indien er *verbatim* transcripten van de opnames worden gemaakt, en ervaring leert dat voor ieder transcript ongeveer een dag moet worden geïnvesteerd. Daarbij komt dat de transcripten moeten worden gecodeerd en ervaren codeurs hebben gemiddeld ongeveer een halve dag per interview nodig. Er is tenslotte een uitgebreide training nodig om het codeerschema goed te leren toepassen. Een workshop van enkele weken en het coderen van tientallen oefentranscripten zijn onontbeerlijke voorwaarden. Maar ook als een ervaren codeur het interview classificeert, blijft er voor individuele diagnostiek een ontoelaatbare onbetrouwbaarheid van de meting bestaan. De gemiddelde betrouwbaarheid ligt rond de 80% (Bakermans-Kranenburg, 1993); dit betekent dat één op de vijf geïnterviewden verkeerd wordt ingeschat. Deze ruime betrouwbaarheidsmarge is voor onderzoek naar grote groepen niet zo'n probleem, maar de voorspelling omtrent een individuele casus komt erdoor op een wankele basis te staan.

Dit alles neemt niet weg dat voor diagnostische gesprekken inspiratie kan worden opgedaan bij het Gehechtheidsbiografisch Interview. In het interview wordt consequent de gehechtheidsbiografie van de geïnterviewden centraal gesteld: alle vragen betreffen gehechtheidsrelevante gebeurtenissen en ervaringen. Uitgaande van de centrale rol van (vroege) gehechtheidservaringen voor het huidige psychisch welbevinden lijkt dit een goede focus te zijn. Daarbij komt dat het Interview gevoelig maakt voor het onderscheid tussen vorm en inhoud zoals we hiervoor hebben beargumenteerd, en ook dit facet kan vruchtbaar toegepast worden in de praktische diagnostiek.

Een van de functies die het Gehechtheidsbiografisch Interview in de toekomst zou kunnen vervullen, is de ondersteuning bij het beslissen over toewijzing van cliënten aan een bepaalde vorm van therapie. Indien effectieve therapie bestaat bij gratie van een veilige-gehechtheidsrelatie tussen therapeut en cliënt (Bowlby, 1988), dan zou het Gehechtheidsbiografisch Interview kunnen worden gebruikt om therapeut of therapie en cliënt zodanig te matchen dat de kansen op een succesvolle relatievorming en daarmee effectieve therapie worden geoptimaliseerd. In samenwerking met enkele psychiatrische inrichtingen voor delinquenten die onder de tbs-maatregel vallen (de Pompekliniek en de Van der Hoevenkliniek) en andere universitaire instellingen onderzoeken we momenteel de samenhang tussen de gehechtheidsrepresentatie van delinquenten en hun reactie op het therapeutisch regime in de inrichting. Eerder onderzoek heeft de suggestie opgeleverd dat sommige patiënten in een therapeutische context vermijden over hun emoties te communiceren, terwijl andere patiënten juist overbetrokken en extreem afhankelijk raken (Feldbrugge, 1986). De vraag is nu of op grond van het Gehechtheidsbiografisch Interview kan worden voorspeld welke reactie te verwachten is, en zo ja, hoe de therapie zo kan worden ingericht dat beide groepen patiënten er baat bij hebben (Derks, Verhagen, Philipse & Van IJzendoorn, 1994). In de nabije toekomst zullen ongetwijfeld diverse studies naar de effectiviteit van therapieën vanuit het perspectief van gehechtheidsrepresentaties worden gerapporteerd. Dergelijke studies kunnen laten zien of onze verwachtingen over de bruikbaarheid van het Gehechtheidsbiografisch Interview als diagnostisch instrument ingelost worden. De interventiestudies waarover in het volgende hoofdstuk wordt gerapporteerd zijn een bescheiden eerste stap op weg naar dit hooggegrepen doel.

Kortom, het klinisch onderzoek naar gehechtheidsrepresentaties is nog maar enkele jaren geleden begonnen en heeft al interessante resultaten en vragen opgeleverd. Juist dit soort onderzoek laat de vruchtbaarheid van het gehechtheidstheoretische paradigma zien: na een lange omweg via bestudering van gehechtheid in normale gezinnen keert men nu terug naar Bowlby's klinische uitgangspunten en wordt op systematischer en grondiger wijze bijvoorbeeld een probleem bestudeerd dat Bowlby (1944) al aan het begin van zijn wetenschappelijke loopbaan intrigeerde: de gehechtheidsbiografische wortels van de antisociale persoonlijkheid.

Intermezzo

Overdracht van gedesorganiseerde gehechtheid: casus U

In dit intermezzo volgt een illustratie van de samenhang tussen onverwerkt verlies en gedesorganiseerd-gehechtheidsgedrag. Het betreft hier de moeder van een éénjarig dochtertje. Eerst volgt een excerpt van het Gehechtheidsbiografisch Interview, daarna beschrijven we enkele fragmenten van gedesorganiseerd gedrag van de betreffende baby in de Vreemde Situatie. Omdat gedesorganiseerd gedrag relatief lastig te beschrijven is, hebben we enkele foto's van de video-opnamen toegevoegd. In de fragmenten van het Gehechtheidsbiografisch Interview hebben we kort commentaar toegevoegd; doorgaans blijkt desoriëntatie omtrent verlies uit een reeks kleine versprekingen en andere subtiele indicatoren. Vandaar dat in dit geval het commentaar wat meer met de tekst zelf is verweven. De casusbeschrijving is ontleend aan Van IJzendoorn, De Ruiter en Bakermans-Kranenburg (1991).

Het Gehechtheidsbiografisch Interview met mevrouw U

Mevrouw U was thuis de jongste van drie kinderen. Haar moeder werkte niet buitenshuis, haar vader was bij de politie. Mevrouw U is bij haar deelname aan ons onderzoek 27 jaar en heeft een dochter van bijna 12 maanden oud. Drie jaar geleden, een week nadat mevrouw U ging samenwonen met haar vriend, is haar vader plotseling overleden aan de gevolgen van een hersenbloeding. Na vragen over de jeugd van mevrouw U en de relatie die zij met haar ouders had, komt het gesprek op het overlijden van haar vader.

Zijn er na uw kinderjaren geliefde personen overleden?
Ja mijn vader dan **(ja)**.. ja, toen was ik vierentwintig.

Kunt u me iets over de omstandigheden vertellen; of dat plotseling was, of eigenlijk wel verwacht?
Eh nou ja, dat was heel plotseling, hersenbloeding dus. En van mijn vader wisten we ook eigenlijk helemaal niet dat-ie eh dat-ie wat had, dus eh… hij werkte nog steeds bij de politie en daar had je dan ook een medische keuring en daar kwam hij altijd doorheen dus, ja of hij moet iets verzwegen hebben en dat hoor je dan achteraf, dat sommigen dat dan vertellen maar, ik denk toch niet eh… dat dat zolang is geweest dat-ie echt iets had. Want anders hadden ze hem toch ook niet meer zulk werk laten doen, want hij had kort tevoren nog de leiding gehad bij een M.E.-optreden **(mm)** maar ik zeg het doordat-ie zo eh. teruggetrokken was, die spanningen dat kon-ie gewoon wel veel minder aan hoor, maar ik denk wel of ik het toen… ja dat was heel gek; ik, ik was toen bij mijn ouders op visite en, dat was eh, hij was net toen ook thuis en het was net in die week voordat ik ging samenwonen en, ik lag lekker te zonnen want het was lekker weer, trouwens al in mei ***[Zeer gedetailleerde weergave van een situatie van 3 jaar geleden]*** en toen ging m'n vader allemaal foto's van me maken dus ik zeg tegen m'n moeder, gatverdarrie ik zeg het lijkt wel of ik doodga zeg ik zo, of dat-ie doodgaat, dat-ie zoveel foto's van me aan het maken is. ***[Het gevoel de dood te hebben kunnen voorzien of voorspellen]*** Nou en echt eh ik was gaan samenwonen en een week daarna, ik zeg nou dat moet ik ook nooit meer zeggen. ***[Zich schuldig voelen aan de dood zonder reële aanleiding]*** Ja, dat dat herinner ik me nog wel eh, maar ja, je kan er niks aan doen, een hersenbloeding, hij ging op visite en hij voelde zich niet lekker en hij had geen gevoel in z'n ene hand dus hij ging halverwege terug naar m'n zus, want die was dichterbij dan zijn eigen huis, nou en die heeft 'm naar huis gebracht. Nou en… een dokter erbij en die zei dat het niets ernstigs was en dat het zo weer over zou zijn, eh ja, het was ook weer in het weekend, dus ja, een weekenddokter, ja ik heb het er niet zo op ***[Gedetailleerd]*** hoor, maar ja, die dokter ging weer weg en de tweede keer werd-ie weer niet goed .. en weer een dokter gebeld en en ja, eer die dokter boven was, lag-ie al bij mijn zus in haar armen **(ja)**. Ik heb daar zelf eh, ik was daar zelf niet bij hoor **(mm)**, ik was zelf om eh zes uur 's avonds met m'n man weggegaan, we hadden gegeten, en wij waren eigenlijk in het zwembad, dus ze hebben ons nog moeten zoeken … maar ik ben blij dat, dat ik, ja ik zou het niet gekund hebben zoals mijn zus dat in eh… iemand dood in haar armen had en die heeft 'm ook eh, gewassen en en het uniform aangedaan **(ja)** hij heeft dan ook een politiebegrafenis gehad hè **(ja, ja)**, dat dat, nou dat is echt heel eng hoor, daardoor is dat ook nog enger dan een gewone begrafenis met eh een vlag over de kist heen en z'n pet op en politie te paard erbij en zo. Ik heb hem nog wel één keer gezien, maar de kist moest al vrij snel dicht. Maar ik kan nu nog, ik ben een paar,

eh twee keer naar eh, het kerkhof geweest maar eh, ik kan er nu nog niet meer heen **(mm).** Ik kom helemaal overstuur terug, dat eh, ja en ik ben ook niet zo gelovig dat ik denk van daar ligt nog iets van z'n ziel **(ja ja)** dus ik, ik ja wat moet je daar eigenlijk zoeken en zeker als je je dan gekke dingen in je hoofd gaat halen dan eh, dus ik ik ik kom er niet meer **(mm),** voor mij hou ik hem zoals ik hem ***[Raakt nog overstuur als 'zoeken' tot een confrontatie met het definitieve karakter van het overlijden leidt]*** eh, in m'n herinnering heb en eh.. wat eh wat daar ligt dat is nou denk ik ook wel helemaal eh weg, denk ik **(mm).** Ik ben niet zo in ziel- (kucht) in zielgeloverij dus **(ja ja)** ik ik geloof dat niet dus, een ander gelooft dan nog dat z'n ziel d'r dan ligt maar ja daar geloof ik gewoon niet in **(ja ja)** ja dus... het is gelukkig de enige, ja en dan van mijn man z'n kant zijn opa, maar ja... doordat het zijn opa is en doordat je nog maar zes jaar met elkaar omgaat, dan ken je hem eigenlijk ook niet zo, dus... Maar dat dat was geloof ik een jaar daarna, dus toen kwam het wel weer een beetje naar boven van mijn eigen vader **(ja).** Ja en toen ik dan voor de geboorte van mijn dochtertje een miskraam heb gehad toen kwam het van mijn vader wel weer naar boven want ik ben altijd vrij hard voor mezelf, en eh... ik heb eigenlijk heel heel kort gerouwd omdat ik voor m'n moeder me sterk wilde houden en toen met die miskraam kwam dat wel weer allemaal weer terug hoor, **(ja)** toen ben ik wel een beetje daarna eh, een beetje in elkaar geklapt maar ja, ***[Een nieuw verlies roept (ook) een reactie op het vorige overlijden op; extra gevoeligheid/kwetsbaarheid voor depressie]*** ik zeg het ik kom er wel weer vrij snel boven op (mm mm) dus.

U bent naar de begrafenis geweest (ja) **van uw vader, hè** (ja) **en wat betekende dat voor dat u daar was?**

Eh, ja ik denk toch wel het afscheid nemen... ja... Nou ja ik vond het echt heel erg hoor, eh, ja het gaat het gaat in in, in een flits gaat het ook voorbij **(mm)** eh, nou ik geloof dat ik alleen maar een beetje naar de grond heb gekeken en en, nou ik zeg het al, eh je zag eh, allemaal collega's, allemaal mensen met allemaal uniformen **(ja ja)** daar kon ik dan ook niet tegen hè. Dat vond ik wel, ja mijn vader zag je altijd in uniform dus ja, dat heb ik nou nog wel eens als ik iemand met zo'n zelfde uniform zie, dat ik even eh, ja even schrik of zo ***[Overmatige reactie: lijkt op die momenten even te denken dat ze haar vader weer voor zich heeft]*** **(ja)** dat dat dat eh dat wel, maar ik zeg het, het het ja dat is echt heel erg is dat, die begrafenis echt eh met al die uniformen en en, nee, nee ik zou het echt eh, als ik wist dat het zo was, was ik niet gegaan denk ik. **(mm)..** Ging er nog één van die paarden steigeren, ja ***[Gedetailleerde weergave van irrelevant feit]*** nee, ik vond het echt heel erg **(ja, ja)** Ja

En zijn uw gevoelens over dat overlijden veranderd in de jaren erna?
Eh, nou op op dat vlak ben ik denk ik wel vrij gevoelig ***[Contradictie, eerder zegt ze: 'Ik ben altijd vrij hard voor mijzelf, (...) ik kom er wel weer vrij snel bovenop']*** **(mm)** maar ja, dan alleen mensen waar, waar ik om geef, waar ik van hou, daar ben ik heel gevoelig over. **(ja)** Ja als ik zo hoor van die is overleden vind ik dat misschien wel erg als het bijvoorbeeld op een jonge leeftijd ook is, maar, eh, nou ik geloof, weet niet wat ik zou doen als mijn moeder zou overlijden hoor. Dan eh daar zou ik nog even niet aan moeten denken... en m'n schoonouders denk ik ook niet, daar daar hang ik ook echt heel erg aan **(ja)** dat zijn ook echt ouders van mij. Ze doen net zoveel voor mij als voor mijn man, zeg maar dus **(ja)**... Ja ik zeg, ja, ja voor de rest ja, ik ben toch wel op dat punt iets gevoeliger maar ik denk toch, omdat je zelf ook moeder ben geworden, dat je toch denk ik gevoeliger bent **(mm)** denk ik. Ik weet het niet, ik was in m'n puberteit wel wat harder maar ik denk dat dat de puberteit is **(ja ja)**. En nu heb je dan zelf, ja je ben wat kwetsbaarder denk ik nu je zelf een dochtertje hebt, ik weet het niet **(ja)** hoe ik dat anders uit moet leggen. ***[Geen antwoord op de vraag]***

En had het verlies van uw vader volgens u gevolgen voor uw persoonlijkheid als volwassene?
Eh, nou ik kan me echt op heel gekke momenten, dan kan ik hem echt opeens missen of dan denken van eh, was hij er nog maar of eh dan kon hij me helpen of zo, want hij heeft ook in ons huis lopen klussen en zo **(mm)**, en ja, die bepaalde herinnering heb ik nog wel, echt dingen die hij in m'n huis gemaakt heeft dat dat **(ja)** dat dat, ja dat dat hou ik zo. Maar dat daar denk je nog wel eens aan **(ja)** ***[Wens om de situatie van vóór het overlijden te behouden]*** maar ik eh kan wel eh, ik heb bijvoorbeeld niet zijn foto helemaal groot neergezet dat had ik toen ook niet **(mm)**. Dus dat dat doe ik niet. De trouwfoto van m'n eh van m'n vader en moeder die hing er al (mm) dus die hangt er nou ook nog gewoon dat eh dat wel. Maar ik zeg het we hebben er natuurlijk ook héél veel over gepraat hoor, en ja, dat helpt toch wel denk ik, als je er goed met iemand over kan praten **(ja)** want ik ging me op een gegeven moment afvragen en m'n moeder trouwens ook hoor, en m'n zus ook, eh, of-t-ie misschien nog geleefd had als die dokter het gelijk had geconstateerd en nou ja op een gegeven moment moet je je er gewoon bij neerleggen van ja, hàdden hàdden hàdden, maar dat dat dat heeft nu helemaal geen effect meer **(nee)**. In eerste instantie was ik ook best wel vrij boos op die man eigenlijk op die dokter. Maar ja, je bereikt daar niks mee en, wie weet was-ie invalide geweest, nou daar was mijn vader ook geen type voor want die was altijd bezig, aan het vissen of hij was in huis aan het klussen, hij was dan een hele goeie doe-het-zelver **(mm)** dus daar was het ook geen type man voor geweest, ja dan ga je je dat op

een gegeven moment dan maar inbeelden want, nou ja dat dat gaat wel even door je heen hoor ***[Gebruik van tegenwoordige tijd: nog steeds woede jegens de arts]*** **(ja)** dat wel. Ja en dan net een, ik ik ben nou nog bang als er wat is, dan hoop ik niet dat het in het weekend gebeurt (ja) dat heb ik nog wel. ***[Angst in situatie die herinnering aan het overlijden oproept]***. Ja ik weet het niet, maar dat zou je denk ik dat hou je denk ik, nog wel even bij je denk ik... **(mm)** ja...

De Vreemde Situatie

Van de betreffende baby zijn ook videobeelden voorhanden. Het dochtertje van mevrouw U is 12 maanden oud als het tweetal op ons instituut komt voor de Vreemde Situatie-procedure. Figuur 1 toont opnames van de situatie aan het eind van de episode waarin het kind voor de tweede maal enkele minuten van de moeder gescheiden is geweest. (Het verloop van de tijd staat in de rechterbovenhoek in honderdsten van seconden weergegeven.)

Afbeelding 1 laat de reactie van het kind zien als mevrouw U nog buiten de gesloten deur staat en de naam van het kind roept. Opmerkelijk is de wat verschrikte uitdrukking op het gezicht van het kind. Op afbeelding 2 lijkt het kind aanstalten te maken in de richting van de deur te gaan kruipen. Deze beweging zet zich echter niet door in afbeelding 3. Dat is het tijdstip waarop de deur opengaat; het kind zit nu niet meer naar voren geleund maar kijkt afwachtend in de richting van de deur. Op de afbeeldingen 4, 5 en 6 is een directe indicator voor desorganisatie en desoriëntatie zichtbaar (zie hoofdstuk 2): het kind brengt – als in een schrikreactie – de hand naar de mond; opvallend is dat het kind ook wegkijkt van de deur. Op afbeelding 7 kijkt het kind weer naar de moeder, de hand nog voor de mond; op afbeelding 8 neemt het de hand van de mond weg. Uit de richting van de oogopslag van het kind op de afbeeldingen 9 en 10 kan worden afgeleid dat de moeder nadert; het kind blijft afwachtend zitten en reikt niet, zoals een veilig gehecht kind, naar de moeder. Als de moeder dichtbij haar kind is en zich naar haar toebuigt kijkt het kind haar vol en lachend aan, en heft ook de linkerarm naar de moeder op (afbeelding 11). Deze positieve reactie op de toenadering van de moeder blijkt echter op afbeelding 12 direct gevolgd te worden door het afwenden van het gezicht en het naar zich toe trekken van het rechterbeentje. Daarbij kan opgemerkt worden, dat er aan de zijde waarnaar het kind de blik afwendt geen speelgoed ligt. Dit onderscheidt de reactie van die van kinderen met een angstig-vermijdende

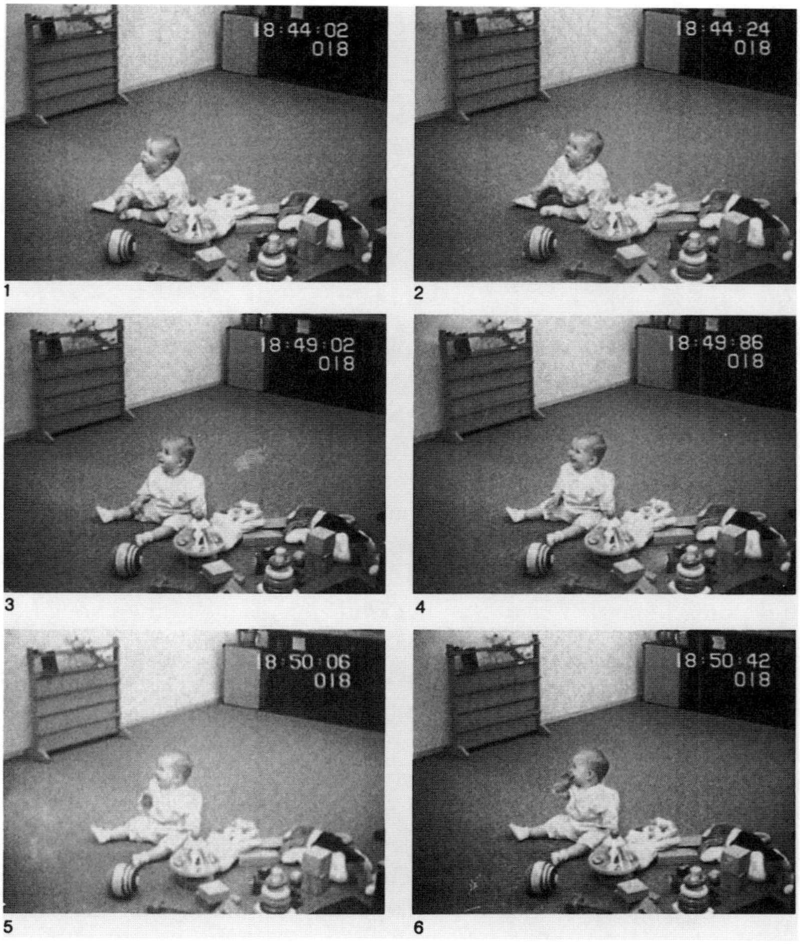

Figuur 1 Gedesorganiseerde gehechtheid in de Vreemde Situatie (ontleend aan Van IJzendoorn, De Ruiter en Bakermans-Kranenburg, 1991)

18:51:37
018

7

18:52:51
018

8

18:53:00
018

9

18:53:13
018

10

18:54:31
018

11

18:55:97
018

12

gehechtheidsrelatie, die de aandacht naar het aanwezige speelgoed plegen te verleggen.

Uit de gedragsopeenvolgingen van het kind in Figuur 1 wordt duidelijk dat het kind verward is bij de hereniging met de moeder na een periode van scheiding. Het kind toont geen eenduidige strategie en laat een directe indicator van desorganisatie zien, waarin ook wat angst aanwezig lijkt. Overigens kan opgemerkt worden, hoe subtiel en kortstondig deze blijken van desorganisatie kunnen zijn: de reactie van het kind waarbij het de hand naar de mond brengt en vandaar weer wegneemt, beslaat nog geen drie seconden.

5 Doorbreken van intergenerationele overdracht van onveilige gehechtheid

M.H. van IJzendoorn, F. Juffer en M.G.C. Duyvesteyn

In de afgelopen decennia heeft het gehechtheidsonderzoek met toenemende nauwkeurigheid de oorzaken en gevolgen van onveilige gehechtheid tussen kind en ouder beschreven. Diverse studies hebben laten zien dat onveilige gehechtheid in de eerste levensjaren gepaard gaat met een hoger risico op een problematische sociaal-emotionele ontwikkeling in de voorschoolse en kleuterperiode (Bretherton, 1985; Sroufe, 1988). Hoewel onveilige gehechtheid op zichzelf gezien niet als pathologisch mag worden beschouwd, is het wel een risicofactor (zie hoofdstuk 1). Onderzoekers en clinici zijn er daarom toe overgegaan zich te bezinnen op mogelijke preventieve en correctieve maatregelen (Belsky & Nezworski, 1988). In de afgelopen jaren zijn diverse interventiestudies uitgevoerd, die erop gericht waren een onveilige-gehechtheidsontwikkeling bij te sturen, maar de effectiviteit ervan is niet eenduidig. In dit hoofdstuk zullen we proberen de algemene lijn door de studies te ontdekken en te bezien, in hoeverre er grosso modo sprake is van een positief effect.

5.1 Interventie gericht op gedrag of representatie

De interventiestudies zijn gebaseerd op veronderstellingen over causale factoren die de ontwikkeling van veilige gehechtheid beïnvloeden. Diverse studies lieten zien dat sensitieve responsiviteit als een belangrijke factor moet worden beschouwd (bijvoorbeeld Isabella, 1993). Zoals gezegd definieerden Ainsworth en haar collega's (1978) sensitieve responsiviteit als de vaardigheid de gehechtheidssignalen van het kind nauwkeurig waar te nemen en te interpreteren en er prompt en adequaat op te reageren. Een aanhoudend gebrek aan sensitieve respon-

Dit hoofdstuk is gebaseerd op Juffer, Van IJzendoorn en Duyvesteyn (1994a; 1994b) en Van IJzendoorn, Juffer en Duyvesteyn (in druk).

siviteit en een inconsistent vertoon van sensitief gedrag zouden de ontwikkeling van een onveilige band tussen ouder en kind stimuleren. De studies naar intergenerationele overdracht van gehechtheid (hoofdstuk 3) lieten zien dat de kijk van ouders op hun gehechtheidsbiografie sterk samenhing met de gehechtheid van het kind aan de ouder en met de ouderlijke responsiviteit (Main & Goldwyn, in druk; Van IJzendoorn, in druk). Onveilige-gehechtheidsrepresentaties bleken gerelateerd aan insensitieve reacties op de gehechtheidssignalen van het kind en met een onveilige-gehechtheidsrelatie tussen kind en ouder. Uitgaande van genoemde veronderstellingen lijken interventiestudies twee – mogelijkerwijze elkaar aanvullende – benaderingen van het probleem van voorkomen of corrigeren van een onveilige-gehechtheidsontwikkeling te kunnen kiezen:

1 interventies kunnen zich richten op de sensitieve responsiviteit van ouders, dat wil zeggen op het niveau van ouderlijk gedrag;
2 interventies kunnen ook gericht zijn op de mentale representaties van gehechtheid bij ouders, dat wil zeggen op het niveau van representaties; veranderde representaties zouden de weg vrijmaken voor een overeenkomstige gedragsverandering.

In vereenvoudigde vorm is het model dat ten grondslag ligt aan de meeste interventiestudies in figuur 5.1 weergegeven.

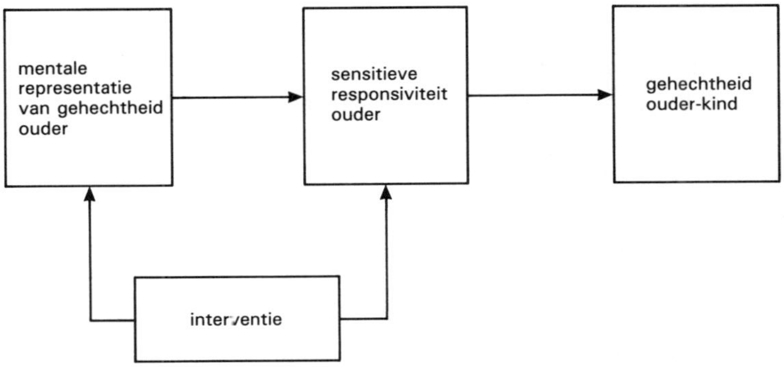

Figuur 5.1 Een model van interventies in gehechtheid (ontleend aan Van IJzendoorn, Juffer en Duyvesteyn, in druk)

De twee typen interventies – de gedragsmatige en de representationele – verschillen in opzet en bedoeling. Een goed voorbeeld van de eerste benadering is de studie van Anisfeld, Carper, Nozyce en Cunningham (1990), waarin moeders werden voorzien van draagzakken om hun baby's gedurende de eerste levensmaanden te dragen met de bedoeling het fysiek contact tussen ouder en kind te vergemakkelijken en te intensiveren. De onderzoekers veronderstellen dat het dragen van de baby tot prompte reacties op gehechtheidssignalen, zoals huilen, leidt en dat daardoor de gevoelens van veiligheid bij het kind worden vergroot. De tweede benadering is doorgaans geïnspireerd door Fraibergs model van moeder-kindpsychotherapie (Fraiberg, Adelson & Shapiro, 1975). In deze vorm van psychotherapie wordt de ouder in staat gesteld haar 'spoken' uit het verleden te bespreken, dat wil zeggen haar jeugdervaringen met onveilige-gehechtheidsrelaties en hun invloed op de interacties met het kind. De interventiestudie van Lieberman, Weston en Pawl (1991) is een voorbeeld van deze benadering. In wekelijkse, ongestructureerde sessies bij de gezinnen thuis geven de ondersteuners steun en therapie aan de moeders. De interventies duren een jaar en hebben als doel het vergroten van het inlevingsvermogen van de moeder in de affectieve behoeften en ontwikkelingsbehoeften van hun kinderen.

Interventiestudies gericht op gehechtheid zijn van bijzonder groot belang, zowel vanuit een toegepast als vanuit een theoretisch perspectief. Zorgvuldig uitgevoerde interventiestudies kunnen empirische gegevens over oorzaak-gevolgrelaties opleveren. De meeste studies naar gehechtheid zijn correlationeel van aard – cross-sectioneel of longitudinaal. Het is bijzonder lastig en misschien wel onmogelijk om oorzaak-gevolgrelaties af te leiden uit correlationele gegevens (Lamb e.a., 1985). In diverse studies is een samenhang gevonden tussen gehechtheidsrepresentaties van de ouders aan de ene kant, en de sensitieve responsiviteit van ouders en gehechtheid van de kinderen aan de andere kant; maar zelfs op basis van longitudinale onderzoeksopzetten kan men slechts speculeren over causale relaties en over de afwezigheid van een derde factor (Van IJzendoorn, 1992b). De manipulatie van een vermeende oorzaak – bijvoorbeeld sensitieve responsiviteit – en de observatie van voorspelde veranderingen in het vermeende effect – bijvoorbeeld gehechtheid – vormt een veel directere manier om een causale hypothese te toetsen. Tegen deze achtergrond worden interventiestudies uiterst belangrijk en is de evaluatie ervan noodzakelijk voor de toetsing van enkele centrale veronderstellingen uit de gehechtheidstheorie. Daarbij komt uiteraard nog het praktisch belang van interventiestudies. Als de effectiviteit van een bepaalde interventie via een reeks gedegen studies is aangetoond, dan ligt de implementatie ervan in de praktijk ten behoeve van preventie of curatie van opvoedingsproblemen voor de hand. Zo is het denkbaar dat de draagzak door artsen en wijkverpleegkundigen van consultatiebureaus standaard wordt aanbevolen aan jonge ouders om problemen met gehechtheid in het algemeen en met huilen in het bijzonder te voorkomen – uiteraard op voorwaarde dat de effectiviteit van de draagzak in degelijke studies is aangetoond.

5.2 Mogelijke uitkomsten van interventiestudies

We kunnen diverse vraagstukken destilleren uit de interventiestudies. Allereerst zijn alle interventiestudies gericht op het verbeteren van de kwaliteit van de gehechtheidsrelatie tussen ouder en kind. Het doel is een onveilige gehechtheid te veranderen in een veilige gehechtheid of de ontwikkeling van een onveilige gehechtheid te voorkomen. De studies proberen dit doel te bereiken door de sensitieve responsiviteit van de ouders te beïnvloeden of de gehechtheidsrepresentaties bij de ouders te veranderen. Een belangrijke vraag in dit verband is dan, of een verandering van sensitieve responsiviteit of van gehechtheidsrepresentatie inderdaad resulteert in een verandering van onveiligheidsgevoelens bij het kind en of deze laatstgenoemde verandering in omvang vergelijkbaar is met de eerstgenoemde. Omdat de samenhangen tussen gehechtheidsrepresentaties en sensitieve responsiviteit enerzijds en tussen sensitieve responsiviteit en de gehechtheid van het kind anderzijds niet volmaakt zijn, kunnen we veronderstellen dat de interventiestudies wat gemakkelijker hun proximale doel bereiken, namelijk het veranderen van de sensitieve responsiviteit, dan het ultieme doel, namelijk het veranderen van de gehechtheid bij het kind. Maar als interventiestudies de sensitieve responsiviteit beïnvloeden en er tegelijkertijd niet in slagen positieve veranderingen in gehechtheid bij het kind te bewerkstelligen, kunnen er rechtmatige twijfels over de causale relatie tussen sensitieve responsiviteit en gehechtheid rijzen.

Tabel 5.1 Hypothetische uitkomsten van interventiestudies (ontleend aan Van IJzendoorn, Juffer, en Duyvesteyn, in druk)

	Gehechtheidsrepresentatie van de ouder			
	veranderd		onveranderd	
	Responsiviteit		Responsiviteit	
	veranderd	onveranderd	veranderd	onveranderd
Gehechtheid van het kind				
veranderd	(a)	(b)	(e)	(f)
onveranderd	(c)	(d)	(g)	(h)

In tabel 5.1 hebben we acht mogelijke uitkomsten van interventiestudies weergegeven. De mogelijkheden (c) en (g) vormen weerleggingen van de causale samenhang tussen sensitieve responsiviteit en gehechtheid omdat veranderingen in sensitiviteit niet samengaan met overeenkomstige, voorspelde veranderingen in gehechtheid bij het kind. Mogelijkheden (d) en (h) betekenen dat de interventies hun doel – de verandering van de gehechtheidsrelatie tussen ouder en kind – niet bereikten hoewel in alternatief (d) tenminste de gehechtheidsrepresentatie bij de ouder is veranderd. Mogelijkheid (a) is natuurlijk de perfecte uitkomst van iedere interventiestudie: de verandering van gehechtheidsrepresentatie bij de ouder gaat gepaard met een verandering van sensitieve responsiviteit, en deze verandering resulteert in een verandering van de gehechtheidsrelatie tussen ouder en kind. Alternatief (b) zou betekenen dat veranderde gehechtheidsrepresentaties van invloed zijn op een ander gedragsrepertoire dan sensitieve responsiviteit, en via dat andere repertoire de gehechtheidsrelatie met het kind beïnvloeden. Dit sluit aan bij hoofdstuk 3 waarin we hebben laten zien dat het concept sensitieve responsiviteit geen volledige verklaring kan bieden voor het verschijnsel van intergenerationele overdracht van gehechtheid en dat andere aspecten van de ouder-kindinteracties verantwoordelijk moeten zijn voor een gedeelte van de overdracht (het probleem van de 'onverklaarde' overdracht). In alternatief (e) is de interventie effectief op het gedragsniveau (sensitieve responsiviteit en gehechtheid) maar niet op het niveau van representaties, en in alternatief (f) kan de verandering in gehechtheid bij het kind niet verklaard worden op basis van veranderingen in gehechtheidsrepresentaties bij de ouders of in hun sensitieve responsiviteit.

De meeste studies die we hier zullen bespreken, rapporteren niet over veranderingen in gehechtheidsrepresentaties. Eén van de meest intrigerende vraagstukken op dit terrein heeft echter betrekking op de generaliseerbaarheid van de effecten: als de sensitieve responsiviteit van ouders voor gehechtheidssignalen van het kind is veranderd, hoe sterk is deze verandering dan verankerd in de gehechtheidsrepresentatie van de ouder en hoe lang zal de invloed ervan duren? Het is voorstelbaar dat als we ouders leren om responsief te zijn ten aanzien van gehechtheidssignalen van het kind, dit op korte termijn succesvol is, maar dat dit succes niet gegeneraliseerd wordt naar het type van responsiviteit dat in een volgende fase van de kinderlijke ontwikkeling vereist is. Zo is een draagzak niet echt bruikbaar meer voor peuters maar kinderen in deze leeftijd hebben nog steeds behoefte aan (verschillende vormen van) fysiek contact waarvoor de interventie geen specifieke training verschaft. Het is zelfs voorstelbaar dat uitkomst (e) contraproductief is, omdat er een tegenstelling gecreëerd wordt tussen de gehechtheidsrepresentatie van de ouders en hun gedrag, waardoor de verwachtingen van de kinderen over sensitieve interacties met de ouders in een later stadium niet worden vervuld, bijvoorbeeld als ze peuter zijn. We zullen in de laatste paragraaf van dit hoofdstuk een beschrijving geven van een gezin waarin we probeerden de onveilige-gehechtheidsrepresentatie van de moeder te veranderen en haar insensitieve gedrag om daarmee een onveilige-gehechtheidsrelatie met het kind te voorkomen. Deze casusbeschrijving geeft een goede illustratie van de ingewikkelde relaties tussen gehechtheidsrepresentaties bij ouders, hun sensitieve responsiviteit en de gehechtheidsrelatie met hun kind.

In dit hoofdstuk zullen we de volgende onderwerpen bespreken. Ten eerste, hoe effectief zijn interventiestudies naar gehechtheid gemiddeld? Is die effectiviteit afhankelijk van interventiekenmerken zoals duur en focus? Ten tweede, laten interventiestudies dezelfde soort effecten zien waar het gaat om sensitieve responsiviteit als om de gehechtheidsrelatie tussen ouders en kind? Ten derde, hoe sterk zijn de veranderingen van sensitieve responsiviteit in de persoonlijkheid geworteld, dat wil zeggen gaan de veranderingen op gedragsniveau altijd vergezeld van veranderingen op het niveau van representaties of zou er een discrepantie kunnen zijn die de generaliseerbaarheid van de veranderingen mogelijk inperkt?

We zullen deze vragen proberen te beantwoorden door een narratieve bespreking van de diverse studies, door een meta-analyse van deze studies te presenteren en door de bespreking van een casus uit een Leidse interventiestudie. De combinatie van een narratieve bespreking en een kwantitatieve meta-analyse geeft wellicht het meest volledige overzicht van de stand van zaken in de literatuur rond interventiestudies. In een narratieve bespreking kunnen we de bijzondere kenmerken van iedere studie tot hun recht laten komen en de sterke en zwakke kanten evalueren. Met behulp van de meta-analyse kunnen we algemene tendensen beschrijven en enkele hypothesen toetsen over verschillen tussen de studies. De casus-studie is bedoeld om te laten zien hoe complex de relaties zijn tussen gehechtheidsrepresentaties, sensitieve responsiviteit en gehechtheid bij de kinderen en om te illustreren dat niet iedere interventie die op gedragsniveau effectief is, ook leidt tot veranderingen in de gehechtheidsrepresentaties van de ouders.

5.3 Een narratief overzicht van interventiestudies

Voor zover we konden nagaan, zijn er tot nu toe 15 interventiestudies uitgevoerd waarin over effecten op de gehechtheidsrelatie tussen ouder en kind wordt gerapporteerd. We bespreken hier geen interventies die uitsluitend op verandering van de sensitieve responsiviteit van ouders zijn gericht en geen gegevens over de gehechtheid met het kind presenteren. De studies kunnen onderverdeeld worden in preventieve en meer therapeutische interventies en we zullen deze twee typen studies in aparte paragrafen bespreken.

5.3.1 Preventieve interventies

Dit type interventie is gebaseerd op het model van opvoedingsvoorlichting en -ondersteuning. Sommige preventiestudies hebben een vrij korte duur van enkele maanden met een relatief klein aantal persoonlijke contacten tussen gezinnen en onderzoekers. De interventies zijn vaak vooral gericht op het gedragsniveau, dat wil zeggen ze zijn erop gericht de sensitieve responsiviteit van ouders te verhogen.

Zo ontwierpen Anisfeld e.a. (1990) hun experiment om de hypothese te toetsen dat veelvuldig fysiek contact de sensitieve responsiviteit van moeders uit een zeer laag milieu zou verhogen en daardoor de gehechtheidsrelatie met de baby gunstig zou beïnvloeden. Pasgeboren baby's werden aselect toegewezen aan een experimentele groep ($n = 23$) die een draagzak kreeg ter verhoging van het lichamelijk contact. De controlegroep ($n = 26$) kreeg een plastic baby-zitje. De meeste moeders gebruikten de draagzak tamelijk intensief (de helft van de moeders zelfs dagelijks) gedurende de eerste 8½ maand. Op 3½ maand werd een globale sensitiviteitsmeting verricht; de auteurs gebruikten een schaal voor sensitiviteit voor de signalen, toestand en het ritme van de baby. Op 13 maanden werd de Vreemde Situatie (zie hoofdstuk 1) ingezet om de kwaliteit van de gehechtheidsrelatie tussen ouder en kind te bepalen. Experimentmoeders kregen hogere scores op de sensitiviteitsschaal, maar het verschil met de controlegroep was statistisch niet significant. In de experimentele groep bleek echter wel 83% van de baby's veilig gehecht terwijl dat percentage in de controle groep maar 38% was. Dat verschil was uiteraard significant. De auteurs concluderen dan ook dat het proces van gedragen worden door de moeder een sterker effect had op de gehechtheidsrelatie tussen moeder en kind, dan op grond van de verbetering van de sensitiviteit in de eerste fase van de interventie verwacht mocht worden. In feite was het effect van de draagzak onverwacht groot.

Barnard, Magyary, Sumner, Booth, Mitchell en Spieker (1988) recruteerden zwangere vrouwen met geringe sociale ondersteuning voor deelname aan hun interventie. De aanstaande moeders werden aselect toegewezen aan het zogenaamde Geestelijke Gezondheidsprogramma ($n = 68$) of aan het zogenaamde Informatie/Hulpbronnen programma ($n = 79$). Dit laatste programma was in feite het gebruikelijke ondersteuningsprogramma voor gedepriveerde jonge moeders en het diende daarom als de 'dummy-behandeling' in dit experiment. Een dummy-behandeling is bedoeld om de controlegroep dezelfde soort ervaringen met het onderzoek te laten opdoen als de experimentele groep – zonder het cruciale ingrediënt van de interventie. Zo was het plastic baby-zitje in het onderzoek van Anisfeld e.a. (1990) een dummy-behandeling. Doorgaans is de opzet van een experimentele onderzoek zuiverder wanneer er een dummy-behandeling plaatsvindt, dan wanneer er sprake is van een onbehandelde controlegroep. Het Geestelijke Gezondheidsprogramma was gericht op het ontwikkelen van een ondersteunende relatie met de zwangere vrouwen via een reeks van huisbezoeken. Verpleegsters met een voortgezette opleiding ondersteunden de vrouwen in alledaagse situaties, gaven het goede voorbeeld in de interactie met de baby en probeerden de sociale competentie van de moeders te vergroten. De behandeling werd een jaar na de geboorte van de baby stopgezet. De sensitieve responsiviteit van de moeders werd gemeten met de 'Nursery Child Assessment Teaching Scale' (NCATS) bij aanvang van de studie en op één- en tweejarige leeftijd. De kwaliteit van de gehechtheidsrelatie werd vastgelegd middels de Vreemde Situatie procedure op 13 en 20 maanden. De moeders uit de experimentele groep werden als sensitiever en competenter op de NCATS ingeschat, maar er waren geen verschillen met betrekking tot de veiligheid van gehechtheid op 13 maanden; slechts 45% van alle kinderen bleek veilig aan hun moeder gehecht te zijn.

Jacobson en Frye (1991) bestudeerden het effect van sociale ondersteuning op jonge moeders uit een zeer laag milieu, die van een vorm van bijstand leefden (Women, Infants, and Children Food Supplementation Program). Zwangere vrouwen werden aselect toegewezen aan de experimentele groep ($n = 23$) of controlegroep ($n = 23$). De moeders in de experimentele groep werden regelmatig thuis bezocht door een vrijwilliger, die als 'coach' of ondersteuner optrad. De huisbezoeken begonnen al tijdens de zwangerschap en werden voortgezet gedurende het gehele eerste levensjaar van het kind. De ondersteuner voerde gesprekken met de moeders over hun zwangerschap en over de voorbereidingen voor de komst van een baby; ze sprak ook met de moeders over hun verwachtingen van de baby, over mijlpalen in de ontwikkeling, over gezondheidsproblemen en over het soort activiteiten waarvan moeders en kinderen beiden kunnen genieten. De Home, een observatie-instrument voor de meting van de pedagogische kwaliteit van de huiselijke omgeving (Caldwell & Bradley, 1984), werd op 13 maanden afgenomen en vooral gebruikt om de mate van betrokkenheid van de moeder bij haar kind te bepalen. De kwaliteit van de gehechtheidsrelatie tussen moeder en kind werd vastgesteld middels de Attachment Q-sort procedure van Waters en Deane (1985), die door observatoren thuis werd afgenomen toen de baby's 14 maanden oud waren. De moeders in de twee condities verschilden niet op de Home-scores. Niettemin verschilden de twee groepen wel significant op de Attachment Q-sort: de kinderen uit de experimentele groep bleken vaker veilig gehecht te zijn dan de kinderen uit de controlegroep.

Beckwith (1988) beschrijft een preventief interventieproject dat erop gericht was ouders via huisbezoeken te ondersteunen. Het betrof hier ouders van baby's die dubbel 'gehandicapt' waren, zowel biologisch als sociaal. De baby's waren premature, zieke kinderen uit een zeer laag milieu. De interventie begon in het ziekenhuis en werd voortgezet gedurende het gehele eerste jaar; 35 gezinnen werden regelmatig thuis bezocht door een professionele ondersteuner, die probeerde een vertrouwensrelatie op te bouwen en ook concrete hulp te geven. Ook hielpen de ondersteuners de ouders om hun baby's beter waar te nemen. Een gematchte vergelijkingsgroep van 35 gezinnen nam deel aan de metingen van de kwaliteit van de interacties tussen moeder en kind en van de gehechtheid. Beckwith vond dat de interventie gepaard ging met een verhoogde betrokkenheid van de moeder bij de opvoeding en een verbetering van het niveau van reciproke interacties – een vorm van sensitieve responsiviteit – op de leeftijd van 9 maanden. De interventie was echter niet gerelateerd aan een verhoging van de kwaliteit van de gehechtheidsrelatie op 13 maanden. Een kleine meerderheid van de baby's in beide groepen was veilig gehecht (51%). De auteur suggereert dat vanwege de verschillende uitval van proefpersonen (meer moeders in de controlegroep stopten hun deelname aan de studie), de interventiegroep een hoger risico voor opvoedingsproblemen had (Sameroff & Chandler, 1975) en dat daardoor het interventie-effect was verminderd – althans minder zichtbaar was geworden.

Lyons-Ruth, Connell, Grunebaum en Botein (1990) betrokken in hun interventiestudie kinderen die vanwege een combinatie van depriverende omstandigheden zoals armoede, depressie van de moeder en opvoedingsonbekwaamheid van de moeders een verhoogd risico op ontwikkelingsproblemen hadden. Eenendertig gezinnen werden opgenomen in de experimentele groep die wekelijks thuis werd bezocht. De doelstelling van deze huisbezoeken was: het opbouwen van een vertrouwensrelatie; het verhogen van de competentie van de ouders om toegang te krijgen tot hulpbronnen ter bevrediging van de gezinsbehoeften; het modelleren en versterken van adequatere interacties tussen moeder en kind; het verminderen van de sociale isolatie. Een controlegroep werd gevormd door middel van hetzelfde wervingsproces als waarmee de experimentele groep was samengesteld. Deze groep bestond uit 10 gezinnen. De auteurs noemen nog een tweede controlegroep die nogal afwijkt van de experimentele groep in termen van risico-status en daardoor niet echt als een vergelijkingsgroep kan worden beschouwd. De Ainsworth-schaal voor sensitieve responsiviteit werd gebruikt om de sensitiviteit van de moeders voor gehechtheidssignalen van hun kinderen op 18 maanden vast te stellen. Daarnaast werden nog enkele andere schalen gebruikt die meer op deze wat andere leeftijdscategorie waren toegesneden. Deze schalen vormden tezamen een aanduiding voor de mate van betrokkenheid van de moeder op haar kind. De gehechtheidsrelatie tussen moeder en kind werd geobserveerd in de bekende Vreemde-Situatieprocedure. De auteurs vonden geen significant interventie-effect voor sensitieve responsiviteit of voor betrokkenheid. De interventie bleek wel tot een positieve verandering in de kwaliteit van de gehechtheidsrelatie te leiden: in de controlegroep was een zeer hoog percentage van de kinderen onveilig gehecht (80%) vergeleken met de kinderen uit de interventiegroep (43%). De auteurs suggereren dat hun meetinstrumenten voor sensitieve responsiviteit en betrokkenheid niet goed de specifieke interactiepatronen in deze risicogroepen weergaven. We moeten in dit verband ook opmerken dat het ontbreken van een aselecte toewijzing een verklaring zou kunnen vormen voor de verschillende effecten op de sensitieve responsiviteit en de gehechtheid.

Barnett, Blignault, Holmes, Payne en Parker (1987) verzamelden Vreemde-Situatiegegevens in een groep van 134 Australische gezinnen zonder klinische achtergrond. Een paar dagen na de bevalling werden de moeders onderzocht met enkele meetinstrumenten om hun angstbeleving vast te stellen ('state' en 'trait' angst) en de hoge scoorders werden aselect toegewezen aan een professionele interventie (n = 29), een niet-professionele interventie (n = 28) of een controlegroep (n = 23). De professionele interventie werd gedurende 12 maanden verzorgd door maatschappelijk werksters die algemene ondersteuning boden en maatregelen doorvoerden die gericht waren op het verminderen van angst. Ze probeerden ook het gevoel van eigenwaarde bij de moeders te vergroten en moedigden sensitief-responsieve reacties op de gehechtheidssignalen van het kind aan. Voor de niet-professionele interventie gold dat een ervaren moeder werd gevraagd om ondersteuning te bieden. Alleen de professionele interventie resulteerde in een significante vermindering van angst en we zullen hier alleen deze groep vergelijken met de onbehandelde, angstige controlegroep. De interventie bleek niet in staat om de kwaliteit van gehechtheid te veranderen: in de controlegroep was 74% van de kinderen veilig gehecht terwijl in de interventiegroep slechts 59% van de kinderen veilig gehecht was. Dit negatieve effect kan uiteraard mede verklaard worden door het onverwacht hoge percentage veilig gehechte kinderen in de controlegroep. Een plafond-effect is dus niet uit te sluiten als alternatieve interpretatie voor het falen van de interventie.

In Nederland zijn diverse interventiestudies uitgevoerd met als gemeenschappelijk kenmerk de korte duur, namelijk drie of vier contacten tussen een ondersteuner en de moeders. Van den Boom (1988) richtte zich op 100 prikkelbare baby's ('huilbaby's') uit een laag milieu en haar interventie was bedoeld om de sensitieve responsiviteit van de moeders te verhogen. De ondersteuner bezocht de gezinnen driemaal thuis in de periode tussen de zesde en negende levensmaand. Haar taak was de moeders te helpen hun gedrag aan de unieke signalen van de baby aan te passen, in het bijzonder aan negatieve signalen zoals huilen. De ondersteuner besteedde ook ruime aandacht aan het stimuleren van positieve, speelse interactie. De interventie werd voortdurend bijgestuurd middels hetzelfde observatiesysteem dat tijdens de voor- en natest werd gebruikt. De kwaliteit van de moeder-kindinteracties werd op de leeftijd van zes (voortest) en negen maanden (natest) geobserveerd. Diverse schalen en frequentie-tellingen voor sensitief gedrag werden gecombineerd in een globale maat voor sensitieve responsiviteit. De kwaliteit van de gehechtheidsrelatie tussen moeder en kind werd gemeten met de Vreemde-Situatieprocedure toen de kinderen 12 maanden oud waren. Een zogenaamde Solomon-opzet, met aselecte toewijzing aan vier groepen waarvan twee zonder voormeting, werd gebruikt om mogelijke invloeden van de voortest te controleren. De interventie bleek zeer succesvol te zijn. De moeders uit de interventiegroepen waren significant responsiever dan de moeders uit de controlegroepen. Voorts was de interventie ook effectief in het veranderen van de kwaliteit van de gehechtheidsrelatie. In de experimentele groep bleek 68% van de kinderen veilig gehecht, terwijl slechts 28% van de kinderen in de controlegroep veilig gehecht was. De meerderheid van de huilbaby's uit de controlegroep was vermijdend gehecht (56%) hoewel doorgaans dit type baby een afwerende gehechtheidsrelatie met de moeder opbouwt (Cassidy, in druk). We hebben hiervoor geen verklaring.

Twee replicaties zijn uitgevoerd om de stabiliteit en generaliseerbaarheid van de resultaten van dit bijzonder effectieve interventieprogramma te toetsen. Meij (1992) bestudeerde de effecten van een vergelijkbaar interventieprogramma in een groep van 78 gezinnen uit de lagere milieus. In dit geval bleek de interventie die gericht was op verhoging van de sensitieve responsiviteit, heel wat minder effectief. In een eerste subgroep ($n = 26$) namen de ouders deel aan een soortgelijk interventieprogramma als dat van Van den Boom (1988). In een tweede subgroep ($n = 26$) werd alleen schriftelijk voorlichtingsmateriaal over sensitieve responsiviteit gegeven. De derde subgroep was de controlegroep. Met de Ainsworth-sensitiviteitsschaal konden geen korte of lange-termijneffecten worden gevonden. Ook leidde de interventie niet tot verandering van de gehechtheidsrelatie. De auteur liet weten dat de oorzaak van dit falen bij het relatief grote aantal kinderen lag dat ook zonder interventie al veilig gehecht was (77%). Dat zou een plafond-effect hebben teweeggebracht.

De tweede replicatie voerde Juffer (1993) uit in een groep van 90 gezinnen met een adoptiebaby. De kinderen kwamen uit Sri Lanka en Zuid-Korea en waren op heel jonge leeftijd geadopteerd (binnen enkele maanden na de geboorte). Twee typen interventies werden uitgevoerd, die beide gericht waren op verhoging van de sensitieve responsiviteit van de moeder en de kwaliteit van de gehechtheidsrelatie met het kind. Het eerste type interventie bestond uit schriftelijke voorlichting en het tweede type interventie was een combinatie van schriftelijke voorlichting met drie huisbezoeken waarin de ondersteuner via video-opnamen van de betreffende moeder met haar baby feedback gaf over mogelijkheden ter verbetering van de interactie. Hoewel meer dan tweederde van de controlegroep een veilige-gehechtheidsrelatie had (70%), resulteerde het meest intensieve interventieprogramma met een combinatie van videofeedback en schriftelijke voorlichting in een significante toename van veilige relaties (90%). De interventie was ook effectief in het verhogen van de sensitieve responsiviteit van de moeders, zoals gemeten met de Ainsworth-schalen voor sensitiviteit en coöperatie.

Lambermon (1991; Lambermon & Van IJzendoorn, 1989) bestudeerde het effect van twee typen opvoedingsvoorlichting: schriftelijke versus video-informatie over sensitief opvoeden. De groep bestond uit

35 gezinnen met een extreem klein of groot sociaal netwerk. De onderzoeksopzet was een voortest-natestopzet met twee factoren: experimentele conditie (schriftelijke of video-geregistreerde informatie) en omvang van het sociaal netwerk (klein of groot). De voortests werden uitgevoerd tussen de zesde en achtste week na de geboorte, de interventie nam vier weken in beslag en de natests werden tussen de 13e en 16e week na de geboorte uitgevoerd. De mate van sensitieve responsiviteit werd gescoord via diverse schalen van Ainsworth en van Belsky. In de 15e levensmaand werd de Vreemde Situatie afgenomen. De resultaten van de studie lieten zien dat schriftelijke informatie superieur was aan de op video geregistreerde informatie in het beïnvloeden van de sensitieve responsiviteit. De op video geregistreerde voorbeelden van onbekende moeders en hun kinderen veroorzaakten identificatie-problemen bij een aantal deelnemende moeders. De video-informatie werd ook minder vaak in de praktijk uitgeprobeerd dan de folder-informatie. De interventiegroep verschilde niet significant in het percentage veilig gehechte moeder-kindparen en in beide groepen was een kleine meerderheid onveilig gehecht. Omdat de folders effectiever waren dan de video-voorlichting en er geen redenen waren om te veronderstellen dat video-voorlichting een negatief effect zou hebben gesorteerd (Lambermon, 1991), werden achteraf de responsiviteit en gehechtheid in de videogroep als 'baseline' beschouwd waartegen het effect van de folders werd afgezet.

Brinich, Drotar en Brinich (1989) onderzochten de effecten van drie typen interventies op de kwaliteit van de gehechtheidsrelatie bij 59 kinderen die al snel na de geboorte met een niet-organische groeistoornis ('nonorganic failure-to-thrive') te kampen hadden. Alle kinderen waren afkomstig uit economisch zeer gedepriveerde gezinnen en de meerderheid van de gezinnen ontving een vorm van bijstand (Aid to Dependent Children). De kinderen werden aselect toegewezen aan één van de drie voorhanden interventieprogramma's met een gemiddelde tijdsduur van één jaar. De interventies werden thuis uitgevoerd. Het type interventie zou volgens de auteurs nog geen invloed kunnen uitoefenen op de gehechtheidsrelatie op 12 maanden omdat de interventie op dat moment nog gaande was. De interventies werden beëindigd toen de kinderen rond 14 maanden oud waren. De drie interventies – een gezinsgeoriënteerde variant, een oudergerichte versie en algemene ondersteuning – verschilden inderdaad niet in hun invloed op gehechtheid. Een kleine meerderheid van de totale groep (51%) bleek veilig gehecht te zijn. Een controlegroep was om ethische redenen afwezig en geen van de behandelde groepen ontving een dummy-interventie. De resultaten van deze studie zijn daarom niet goed interpreteerbaar.

5.3.2 Therapeutische interventies

Terwijl preventieve interventies erop gericht zijn de sensitieve responsiviteit te verhogen door ondersteuning, informatie, feedback en modelleren, start de therapeutische interventie met de idee dat ouders zich de angsten ('spoken') uit hun kinderjaren moeten herinneren en opnieuw ervaren om op sensitieve wijze open te kunnen staan voor de gehechtheidssignalen van het kind (Fraiberg, Adelson & Shapiro, 1975). In feite leggen de therapeutische interventies de nadruk op representaties bij het doorbreken van de intergenerationele cyclus van onveilige gehechtheid (Carter, Osofsky & Hann, 1991; Cramer e.a., 1990; Wright, 1986). Therapeutische interventies zijn overigens doorgaans niet uitsluitend gericht op het niveau van representaties maar omvatten ook velerlei gedragsmatige ingrediënten. Een scherpe scheiding tussen preventieve en therapeutische interventies is dan ook niet mogelijk; er is slechts sprake van accentverschillen.

Lieberman, Weston en Pawl (1991) bestudeerden de effecten van een therapeutische interventie in een groep van 93 moeders die recent uit Mexico of Centraal Amerika naar de Verenigde Staten waren geëmigreerd en in armoedige en benarde omstandigheden leefden. Op 12 maanden werd de Vreemde-Situatieprocedure afgenomen en 59 onveilig-gehechte moeder-kindparen werden aselect toegewezen aan de interventiegroep ($n = 34$) of aan een controlegroep ($n = 25$). De veilig-gehechte paren vormden een tweede 'controle'-groep die we hier niet zullen bespreken. De interventie begon direct na de Vreemde-Situatieprocedure en werd gedurende het tweede levensjaar voortgezet met ongestructureerde, wekelijkse huisbezoeken. De interventie was bedoeld om de moeder een correctieve gehechtheidservaring te bieden: de ondersteuner zou een vertrouwensrelatie moeten opbouwen. Dit zou de moeders in staat moeten stellen hun gehechtheidsbiografie te verkennen en hun huidige gevoelens van boosheid en ambivalentie tegenover anderen – inclusief het kind en de ondersteuner – te bespreken. De ondersteuner gaf ook informatie over de ontwikkeling van jonge kinderen op het moment dat het betreffende kind in een bepaalde fase van ontwikkeling was aanbeland, maar zij onthield zich van enigerlei vorm van 'onderwijzen'. Op 24 maanden werd de kwaliteit van de gehechtheidsrelatie bepaald met de Attachment Q-sort (Waters & Deane, 1985), die door de ondersteuner werd gesorteerd. Gedurende een vrij-spelsituatie werd ook de sensitieve responsiviteit van de moeders bepaald met behulp van een schaal waarin lichaamshouding, gelaatsuitdrukking en de 'timing' en context van de reacties op signalen van het kind van belang waren. De experimentmoeders hadden een hogere score op deze schaal voor sensitieve responsiviteit dan de controlemoeders, maar teleurstellend genoeg bleven effecten op de Attachment Q-sort afwezig. De auteurs rapporteren ook over een ander, nieuw meetinstrument voor gehechtheid, maar de uitkomsten daarvan zullen we niet bespreken, omdat de Attachment Q-sort is gevalideerd en in brede kring wordt toegepast (Vaughn & Waters, 1990).

Egeland en Erickson (1991; Erickson, Korfmacher & Egeland, 1992) hebben een omvangrijk interventieproject opgezet: het STEEP-project ('Steps Toward Effective Enjoyable Parenting') gericht op moeders en hun baby's in risicogroepen. STEEP is gericht op het verhogen van de kwaliteit van de gehechtheidsrelatie tussen moeder en kind via de verandering van de gehechtheidsrepresentatie bij de moeder. Het interventieprogramma wil de moeders ondersteunen bij het verwerken van hun gehechtheidsverleden, bij het nadenken over de effecten ervan op het opvoeden en bij het tot uitdrukking brengen van (angstige) gevoelens die door gehechtheidsrelaties uit het verleden en heden worden opgeroepen. De studie omvatte 154 moeders die zwanger waren van hun eerste kind op het moment dat ze voor STEEP geworven werden. Zij vormden een risico-groep vanwege armoede, gebrek aan opleiding, éénouderschap, sociale isolatie en instabiele levensomstandigheden in het algemeen. Vierenzeventig moeders werden aselect aan STEEP toegewezen en men begon met huisbezoeken en groepsbijeenkomsten vóór de geboorte van de baby. Het programma werd gedurende het gehele eerste levensjaar voortgezet. Experimentmoeders bleken inderdaad na afloop van de interventie meer sensitief te zijn voor gehechtheidssignalen van het kind, ze waren ook meer stimulerend (volgens hun score op de Home) en ze bleken in het algemeen competenter in het oplossen van alledaagse problemen. Verbazingwekkend was echter dat op 13 maanden slechts 46% van de baby's uit de interventiegroep veilig gehecht was aan hun moeder, terwijl maar liefst 67% van de kinderen uit de controlegroep veilig gehecht was – hoewel ook deze kinderen in benarde omstandigheden werden grootgebracht. De auteurs suggereren dat hun reflexieve benadering wellicht minder effectief is in een groep moeders met ernstige gedragsproblemen, verstandelijke problemen en aanpassingsproblemen. Een gedragsmatige benadering zou bij deze weinig verbaal ingestelde populatie misschien tot grotere veranderingen in positieve zin hebben geleid. Het onderzoek van Van den Boom (1988) zou hiervoor een illustratie kunnen zijn. Een andere mogelijkheid is dat deze therapeutische interventie meer tijd nodig heeft om effect te sorteren (het zogenaamde 'sleeper'-effect) hoewel we tegelijkertijd wat sceptisch moeten zijn over de invloed van STEEP, indien de moeders na afloop van het programma terugvallen in hun vroegere benarde en instabiele omstandigheden met weinig sociale ondersteuning.

Murray en Cooper (in druk) beschrijven een casus waarin een kortdurende therapie, gericht op de gehechtheidsrelatie tussen moeder en kind, werd toegepast. De baby was op 18 maanden onveiliggehecht aan de moeder. De interventie van acht wekelijkse sessies was bedoeld om deze gehechtheidsrelatie te verbeteren. Het Gehechtheidsbiografisch Interview (Main & Goldwyn, 1985-1993) werd afgenomen voor het begin van de sessies en de therapie werd mede vormgegeven op basis van de uitkomsten van het interview. Na deze interventie werd de Vreemde-Situatieprocedure afgenomen om de kwaliteit van de gehechtheidsrelatie te kunnen vaststellen. Het kind bleek na afloop van de interventie veilig gehecht te zijn en de auteurs geven ook aan dat de gehechtheidsrepresentatie van de moeder ten goede is veranderd: zij vonden een verandering van een gereserveerde naar een autonome kijk op het gehechtheidsverleden. Dit resultaat is echter gebaseerd op een gesprek met de moeder en niet op een tweede Gehechtheidsbiografisch Interview. Het is dus de vraag in hoeverre de voor- en natest op dit punt vergelijkbaar zijn.

Een andere interessante casusbeschrijving is te vinden in het artikel van Leifer, Wax, Leventhal-Belfer, Fouchia en Morrison (1989). Zij beschrijven de ontwikkeling van een baby met zijn depressieve moeder over een periode van een kleine twee jaar. De auteurs pasten achtereenvolgens twee verschillende therapeutische interventies toe en trachtten de effectiviteit ervan te vergelijken. De eerste interventie startte toen het kind 7 maanden oud was en duurde acht maanden (in totaal 15 sessies). De tweede interventie begon toen het kind 15 maanden oud was en duurde bijna een jaar. De eerste interventie was een psychodynamisch georiënteerde individuele therapie en de tweede interventie was gericht op de dyade terwijl ook een tweede therapeut bij deze ingreep was betrokken. De auteurs vonden dat op 12 maanden de sensitieve responsiviteit van de moeder nog laag was en dat de kwaliteit van de gehechtheidsrelatie onveilig-vermijdend was. Op 18 maanden leek de moeder wat sensitiever geworden en minder opdringerig naar het kind. Op 20 maanden werd de gehechtheidsrelatie als veilig ingeschat met nog enkele sporen van vermijding. Op anecdotische wijze beschrijven de auteurs de veranderingen in mentale representatie van gehechtheid bij de moeder: na verloop van tijd was zij in staat haar huidige angsten in de omgang met haar kind te verbinden aan haar eigen ervaringen met gehechtheidsrelaties in de kinderjaren. Ze was ook in staat na te denken over enige positieve aspecten van haar jeugd en opvoeding. Haar levenslange angst voor afhankelijkheid, die haar relatie met het kind verstoorde, kon uiteindelijk besproken worden binnen het veilige kader van de therapeutische relatie, hetgeen leek te leiden tot een meer evenwichtige gehechtheidsrepresentatie.

5.4 Een meta-analyse van de interventiestudies

We hebben uit de hiervoor besproken studies de relevante statistieken voor de bepaling van de effecten van de interventie op de ouderlijke sensitiviteit en op de gehechtheid van het kind gedestilleerd. Bij sensitieve responsiviteit zijn (samengestelde) variabelen gekozen die zo goed mogelijk aansluiten bij de oorspronkelijke Ainsworth-schalen. In de meeste studies is hetzelfde meetinstrument voor de gehechtheidskwaliteit – de Vreemde Situatie – gebruikt. De meta-analytische vragen luiden:

a leidt een interventie door de bank genomen tot een verhoging van de sensitieve responsiviteit van de ouder en zo ja, hoeveel effect wordt gesorteerd?

b heeft een interventie globaal gezien – over de tot nu toe verrichte studies – een verbetering van de kwaliteit van de gehechtheidsrelatie tot gevolg, en zo ja, hoe groot is die verbetering?

We definiëren verbetering hier als een verandering van een onveilige-gehechtheidsrelatie in een veilige relatie. Een eventuele verbetering van de sensitieve responsiviteit of de gehechtheidsrelatie wordt vastgesteld door de groep met interventie te vergelijken met een onbehandelde controlegroep of met een contrastgroep (bijvoorbeeld met een dummy-interventie). Het onderzoek van Brinich e.a. (1989) is niet opgenomen in de meta-analyse omdat er geen controlegroep aanwezig was.

De zeer diverse statistieken van de interventiestudies zijn onder één noemer gebracht door berekening van de meta-analytische effectgrootte Cohens *d*, dat wil zeggen het gestandaardiseerde verschil tussen de gemiddelden van de experimentele en de controlegroep (Mullen, 1989; Rosenthal, 1991). Daarna is de gemiddelde effectgrootte berekend voor sensitiviteit en voor gehechtheid, waarbij de individuele effectgroottes zijn gewogen met de omvang van de steekproef waaruit ze afkomstig zijn (zie voor exacte cijfers: Van IJzendoorn, Juffer & Duyvesteyn, in druk).

Hoewel interventies intensief en kostbaar zijn, hebben inmiddels bijna 900 ouders deelgenomen aan dit type studie. Ze hebben ook baat bij de interventie gehad: de gemiddelde effectgrootte bedraagt voor sensitiviteit *d* = 0,58. Tegen de achtergrond van Cohens (1988) criteria voor een zwak (*d* = 0,30), matig (*d* = 0,50) en sterk (*d* = 0,80) effect, is hier sprake van een tamelijk grote invloed van de interventie op de sensitieve responsiviteit van de betrokken ouders. Wel varieert het succes van de studies aanzienlijk. De uitschieter naar boven is de studie van Van den Boom, terwijl de replicatiestudie van Meij (1992) geen effect liet zien. Juist door de vergelijkbare opzet van de twee studies is een verklaring moeilijk te vinden. Meij (1992) zelf noemt het verschil in doelgroep (prikkelbare baby's uit een zeer laag milieu versus baby's uit een laag milieu) en de overmaat aan veilige kinderen in zijn controlegroep, als enkele van de oorzaken voor dit opmerkelijke verschil.

De gemiddelde effectgrootte voor de invloed van interventies op de kwaliteit van de gehechtheidsrelatie tussen ouder en kind is aanmerkelijk kleiner: *d* = 0,17. Volgens Cohens criteria moet dit een zwak effect genoemd worden. Overigens kan een dergelijk effect op verschillende manieren worden geïnterpreteerd. Cohen (1988) gaat uit van de equivalentie van dit effect met een correlatie van 0,09 en een percentage verklaarde variantie van iets minder dan 1%. Rosenthal (1991) introduceerde de 'binomial effect size display' (BESD) als een betere indicatie voor de omvang en relevantie van het effect, en laat zien dat zelfs een *d* = 0,17 groot praktisch belang kan hebben.

Het gemiddelde effect lijkt in de set van interventiestudies een goede afspiegeling te zijn van de trend omdat grote uitschieters naar boven of beneden ontbreken. Wel zijn de negatieve effecten van Lieberman e.a. (1991), Erickson en Erickson (1991) en Barnett e.a. (1987) opmerkelijk (Van IJzendoorn e.a., in druk). Hoewel deze effecten op zichzelf beschouwd niet erg groot zijn, wijzen ze op de mogelijkheid dat een interventie ook het tegendeel kan bereiken van wat werd beoogd en dat zelfs 'pedagogene' schade (Van IJzendoorn, 1983) kan worden aangericht. Het is opvallend dat juist de interventies met negatieve effecten therapeutisch en langdurig van aard zijn. In feite is het gecombineerde effect van langdurige interventies (zeven studies) *d* = 0, dus geen effect. Het gecombineerde effect voor kortdurende interventies is daarentegen *d* = 0,48. Misschien is een beperkte en gedragsgerichte benadering essentieel voor de verandering van de kwaliteit van de gehechtheidsrelatie tussen ouder en kind.

Het verschil tussen het gemiddelde effect voor sensitiviteit en voor gehechtheid is opvallend groot. Het lag in de verwachting dat de interventies die in eerste instantie gericht zijn op verhoging van de sensitieve responsiviteit van de ouder, op dit punt ook het meeste succes zouden boeken. Bij de interventie is sensitieve responsiviteit een meer proximale variabele, terwijl gehechtheid toch een meer distaal karakter heeft. De invloed van een interventie op de gehechtheid is in zekere zin afhankelijk van de invloed op de sensitieve responsiviteit waarvan wordt verondersteld dat ze de kwaliteit van de gehechtheidsrelatie mede bepaalt (Ainsworth e.a., 1978). Het verschil in effect kan ook worden verklaard door de matige associatie tussen sensitiviteit en gehechtheid. De meeste interventiestudies gaan ervan uit dat sensitiviteit de belangrijkste determinant van gehechtheid is, maar de meta-analytische cijfers wijzen op een bescheiden samenhang (Goldsmith & Alansky, 1987; De Wolff, Van der Veer & Van IJzendoorn, in voorbereiding; Van IJzendoorn & Bakermans-Kranenburg, 1994). Er zouden weleens andere wegen kunnen zijn waarlangs gehechtheid bij het kind wordt beïnvloed dan alleen de sensitieve responsiviteit (zie hoofdstuk 3). Dat beperkt de invloed van interventies die via de sensitieve responsiviteit op de gehechtheid gericht zijn. Het verschil in effectgrootte tussen sensitiviteit en gehechtheid is overigens in werkelijkheid mogelijk minder groot dan onze meta-analyse aangeeft. Het sterkere effect voor sensitiviteit kan voor een deel geflatteerd zijn, omdat er bij het meten van sensitiviteit een grotere keuzevrijheid aan instrumenten bestaat dan bij gehechtheid. Misschien zijn juist de succesvolle instrumenten die de sterkste effecten laten zien, gerapporteerd. Het verschil in effectgrootte kan ook te maken hebben met het gegeven dat de range en het mogelijke effect bij gehechtheid beperkter is (er is immers sprake van een dichotomie: wel/niet veilig) dan bij sensitiviteit.

Wanneer we de uitkomsten van onze meta-analyse bezien, kunnen we concluderen dat het antwoord op onze vragen bevestigend luidt: interventies hebben inderdaad effect op sensitiviteit en gehechtheid en we hebben een exacte beschrijving van het gemiddelde effect kunnen geven. De invloed op sensitieve responsiviteit is groter dan de invloed op gehechtheid. We kunnen aan de meta-analyse de hypothese ontlenen dat kortdurende interventies niet altijd minder effect sorteren dan langdurige, therapeutische interventies. Ook bij Cramer e.a. (1990) wordt deze veronderstelling geopperd. In onze meta-analyse bleek bij toetsing de aard van de interventie zelfs significant samen te hangen met de interventie-effecten voor gehechtheid: korte interventies sorteerden meer effect dan langere. We moeten deze uitkomst echter relativeren vanwege het kleine aantal studies en de afwezigheid van dit verband bij sensitiviteit.

De uitkomst dat het effect op gehechtheid kleiner is dan op sensitiviteit, wijst erop dat het anders dan bij sensitiviteit lang niet altijd lukt om de gehechtheidsrelatie te beïnvloeden. Ondanks het gegeven dat er al redelijk wat interventiestudies naar gehechtheid zijn uitgevoerd, is er nog weinig duidelijkheid over wat nu precies de bepalende elementen voor gehechtheid zijn. Gaat het alleen om de sensitieve responsiviteit of om bepaalde elementen van sensitieve responsiviteit? Is lichamelijk contact belangrijk, de empathie van de ouder of de affectieve afstemming op het kind? Moeten we ons richten op de mentale representatie van gehechtheid van de ouder? Ook uit de succesvolle interventies kunnen we niet helemaal opmaken wat de werkzame ingrediënten zijn geweest, daarvoor zijn de procesbeschrijvingen meestal niet uitvoerig genoeg.

5.5 Enkele kanttekeningen bij de interventiestudies

De besproken interventiestudies hebben een gemeenschappelijk doel: het verhogen van de kwaliteit van de gehechtheidsrelatie tussen ouder en kind. De interventie-strategieën, onderzoeksopzet en effectiviteit zijn echter zeer verschillend.

Veel studies hebben als doel het fysieke contact tussen moeder en kind te vergroten of sensitieve interacties in het algemeen te bevorderen, omdat deze factoren cruciaal worden gevonden bij de vormgeving van de gehechtheidsrelatie van het kind met de ouder. Sommige studies zijn ook gericht op de gehechtheidsrepresentaties van de ouders door een ondersteunende, therapeutische vertrouwensrelatie te bieden, die als veilige haven kan worden gebruikt om de 'spoken' uit het verleden onder de loep te nemen. Beide typen interventie gebruiken echter dezelfde criteria voor effectiviteit: verandering van sensitiviteit bij de ouder en van onveiligheid bij het kind. Voor interventiestudies die op het niveau van representaties gericht zijn, zou het nabijliggende doel wellicht de verandering van gehechtheidsrepresentaties moeten zijn, eventueel zonder de bijkomende veranderingen op gedragsniveau. Gedragsveranderingen mogen misschien pas later verwacht worden als er voldoende tijd is verstreken voor de veranderde representaties om door te sijpelen in het gedrag. Hoewel studies als die van Lieberman e.a. (1991) en Egeland en Erickson (1991) geen significant effect voor de veiligheid van het kind lieten zien, kunnen ze wel effectief zijn in het veranderen van gehechtheidsrepresentaties. De auteurs rapporteren echter (nog) geen gegevens over dergelijke veranderingen.

Hierbij komt nog dat de interventies sterk verschillen in focus. Sommige studies zijn heel beperkt en hebben slechts ten doel een concreet aspect van de interactie tussen ouder en kind te veranderen (Anisfeld e.a., 1990; Van den Boom, 1988). Als deze interventies succesvol zijn, dan is het duidelijk welk deel van het interventieprogramma verantwoordelijk is voor de verandering. Andere studies hebben een brede focus en bieden algemene ondersteuning aan gedepriveerde moeders die moeten overleven in armoedige en benarde omstandigheden. De interventie van Egeland en Erickson (1991) bestond in feite uit een veelheid aan ondersteunende dienstverlening die niet alleen betrekking heeft op opvoedingsproblemen maar ook op financiële zaken, verzekeringen, huisvesting en allerlei andere alledaagse problemen. In groepen met een veelheid van problemen is het wellicht onmogelijk om uitsluitend op het verbeteren van de ouder-kindinteracties te mikken zonder de sociale context in de beschouwing te betrekken. Maar als urgente overlevingsbehoeften de interventie domineren, dan zou dat weleens ten koste kunnen gaan van de effectiviteit op het niveau van de sensitieve responsiviteit. En als een brede-bandstrategie daadwerkelijk de gehechtheidsrelatie tussen ouder en kind zou veranderen, blijft het de vraag hoe we dat effect kunnen herleiden tot een bepaald facet van het programma.

De interventies verschillen ook sterk in intensiteit, dat wil zeggen in het aantal en het soort contacten tussen ondersteuners en ouders. Sommige studies leidden niet tot persoonlijke contacten, er werd een draagzak beschikbaar gesteld (Anisfeld e.a., 1990) of schriftelijke informatie gegeven over sensitief opvoeden (Lambermon, 1991). Andere studies omvatten drie huisbezoeken (Juffer, 1993; Van den Boom, 1988) en nog weer andere studies verschaften meer dan 50 persoonlijke contacten tussen ondersteuners en gezinnen (Lieberman e.a., 1991; Lyons-Ruth e.a., 1990). Gezien de brede range in het aantal interventie-contacten is het merkwaardig dat langdurige interventies niet effectiever zijn dan kortdurende interventies in het bereiken van hetzelfde doel: het verbeteren van de gehechtheidsrelatie van het kind. Eén van de verklaringen zou kunnen zijn dat de meer intensieve interventies werden uitgevoerd in groepen met meervoudige en ernstiger problemen. In termen van gehechtheid waren sommige kortdurende interventies echter effectief in groepen met slechts ongeveer 30% veilig-gehechte kinderen (controlegroep in de studie van Van den Boom, 1988), terwijl sommige langdurige interventies ineffectief waren in groepen met meer dan 60% veilig-gehechte kinderen (controlegroep in de studie van Egeland en Erickson, 1991). Als het persoonlijk contact tussen ondersteuner en ouder wordt gebruikt om adequate pedagogische werkwijzen aan te leren of om concrete videogeregistreerde feedback te geven op (in-)sensitief gedrag, lijken de interventies meer succes te boeken dan de therapeutische ondersteuning en ook dat is merkwaardig. We moeten echter ook de mogelijkheid niet uitsluiten dat op langere termijn de therapeutische interventies effectiever zullen zijn, omdat ze onveilige gehechtheid bij de wortels aanpakken.

De onderzoeksopzet van de interventiestudies loopt uiteen van een keurige gerandomiseerde opzet met voor- en nametingen en een controlegroep tot enkelvoudige case-studies. De meerderheid van de studies gebruikt een of andere vorm van experimentele opzet met aselecte toewijzing en dat type onderzoeksopzet laat in principe geldige conclusies over de effectiviteit van interventies toe. Niettemin is in sommige studies de verschillende uitval van gezinnen uit de controlegroep versus experimentele groep een obstakel voor het trekken van eenduidige conclusies. De gelijkheid van de experimentele groep en controlegroep is in dat geval immers questieus (zie bijvoorbeeld Egeland en Erickson, 1991). In langdurige, intensieve interventiestudies zouden ouders in een controlegroep weleens behoorlijk gedemotiveerd kunnen worden, omdat ze geen hulp krijgen bij de vele problemen waarmee ze als 'risico-groep' worden geconfronteerd. Op de nameting lijkt de controlegroep dan beter te functioneren uitsluitend omdat de gezinnen met de meest ernstige problemen zijn gestopt met deelname. In kortdurende interventiestudies is het gemakkelijker om uitval te voorkomen en te vermijden dat er daardoor verschillen ontstaan tussen de experimentele en controlegroep. Daardoor wekken dergelijke interventies de indruk effectiever te zijn dan de langdurige interventies. Verbonden met dit probleem van differentiële uitval is het probleem van een plafond-effect. Als de controlegroep een oververtegenwoordiging laat zien van veilig-gehechte kinderen op de nameting, is het erg lastig voor welke ingreep dan ook om effectief te lijken. Het is zelfs de vraag of het ethisch aanvaardbaar is in te grijpen in het gezinsleven van veilig-gehechte kinderen (bijvoorbeeld Meij, 1992), want positieve effecten zijn niet te verwachten en contraproductieve effecten mogen niet worden uitgesloten.

Tenslotte is de generaliseerbaarheid van de resultaten een probleem. De meeste interventiestudies omvatten niet uitsluitend onveilig-gehechte moeder-kind paren, maar gezinnen die om allerlei redenen zoals fysieke, sociaal-economische of psychische redenen een risico op opvoedings- en ontwikkelingsproblemen lopen. Iedere groep lijkt te worden gekenmerkt door een heel ingewikkelde constellatie van risicofactoren en het is moeilijk de populatie te omlijnen waaruit de groepen zijn geselecteerd. Voorlopig lijkt het goed aan te nemen dat interventies alleen effectief kunnen zijn in gezinnen met een oververtegenwoordiging van onveilige gehechtheid, maar dat er tevens grenzen kunnen zijn aan de ernst van de problemen waarvoor een op gehechtheid gerichte interventie een oplossing kan bieden. De generaliseerbaarheid van de resultaten zou ook tot het gedragsniveau beperkt kunnen zijn en tot de korte termijn. Op basis van de huidige studies weten we niet of de interventies de gehechtheidsrepresentaties van de ouder beïnvloeden; omdat longitudinale interventiestudies nog niet uitgevoerd of gerapporteerd zijn, weten we niet of de gedragsveranderingen in de eerste fase van de gehechtheidsontwikkeling stabiel zijn gedurende de gehele voorschoolse periode. In onze case-study (zie hieronder) zullen we laten zien dat veranderingen in sensitiviteit en gehechtheid niet altijd gepaard gaan met veranderingen op het niveau van representaties en dit zou de effectiviteit van de interventie op lange termijn weleens kunnen inperken.

5.6 Een casus

Deze casus is onderdeel van een interventiestudie uitgevoerd bij een groep moeders met een eerste kind. De interventie is erop gericht zowel de gehechtheidsrepresentatie bij de ouder als de gehechtheid bij het kind te verbeteren. In een voortest-natest controlegroep-opzet met aselecte toewijzing, worden het Gehechtheidsbiografisch Interview en de sensitiviteitsschaal van Ainsworth gebruikt als voor- en natest en de Vreemde Situatie is in de nameting opgenomen (Juffer, Duyvesteyn & Van IJzendoorn, 1993). De ouders worden geselecteerd voor deelname aan het onderzoek via het Gehechtheidsbiografisch Interview, om er zeker van te zijn dat alleen moeders met een onveilige-gehechtheidsrepresentatie vertegenwoordigd zijn. De interventie vindt plaats tussen de zesde en tiende maand na de geboorte van het kind. In vier interventiesessies ontvangen de moeders schriftelijke informatie over sensitieve interactie met de baby, ze krijgen zogenaamde video-training, dat wil zeggen feedback op hun gedrag middels op video geregistreerde fragmenten van hun interactie met de baby, en ze worden gestimuleerd tot reflectie op hun gehechtheidservaringen uit de kinderjaren in relatie tot de huidige interactie met het kind.

5.6.1 Voorgeschiedenis en voormetingen

Ria (27 jaar) is de op één na jongste uit een gezin van vier kinderen. In Ria's kinderjaren is haar vader voor zijn werk vaak maanden van huis. Wanneer zij negen jaar is, gaan haar ouders scheiden. Na de echtscheiding moet Ria's moeder werken om de kinderen te onderhouden. Evenals haar moeder volgt Ria een lagere beroepsopleiding. Op haar achttiende gaat zij het huis uit. Bij de start van het onderzoek is Ria getrouwd en heeft zij een dochter, Evelien, van bijna 1 jaar oud.

Het eerste Gehechtheidsbiografisch Interview
Ria vertelt bij de voormeting in het Gehechtheidsbiografisch Interview dat zij weinig herinneringen uit haar jeugd heeft. Zij zegt geen sterke band met haar moeder te hebben gehad in haar kindertijd of daarna. Zij herinnert zich haar moeder als iemand die voortdurend weg was om te werken. Als een van de kinderen zich bezeerde, deed moeder daar vrij laconiek over. Ria vertelt: 'Mijn moeder is vrij hard, ook voor d'r eigen... En dat hebben wij allemaal een beetje overgenomen.' Toen haar ouders nog niet gescheiden waren, was Ria bang voor haar vader. Zij herinnert zich de ruzies die voorafgingen aan de scheiding: 'Ik was een meisje van negen jaar toen m'n ouders uit elkaar gingen. Daarvoor was 't natuurlijk ook altijd hommeles en ze vlogen mekaar aan en dat was altijd een rot sfeer in huis. Je wist nooit wat er ging gebeuren. Want m'n vader vloog m'n moeder ook aan... Nou dan vlogen wij m'n vader weer aan..., dus je zat eigenlijk altijd op scherp.' Toch vindt Ria dat zij goed door haar jeugd is heengekomen: '... m'n zusje is psychisch ook helemaal een wrak geworden.. dus, maar ja. Ik ben er toch nog aardig doorheen gekomen. Ik heb er eigenlijk naderhand aardig van geprofiteerd nog, eigenlijk. (.....). Ik kon thuis komen wanneer ik wilde en ik had het rijk voor mij alleen.'

Dit citaat is een voorbeeld van de gereserveerde kijk op het gehechtheidsverleden. Onze hoofdpersoon vertelt weliswaar niet alleen positieve indrukken, zij heeft ook oog voor negatieve gebeurtenissen, maar ze ontkent de invloed ervan op haar persoonlijkheid. Ze is er zelfs sterker van geworden. De idealisatie betreft dus in dit geval niet zozeer het verslag zelf van nare ervaringen uit het verleden, maar de huidige interpretatie van de invloed die deze ervaringen hebben gehad op haar eigen persoon(lijkheid). Dit is een veel voorkomende variant – Ds3 – van de gereserveerde categorie.

Naast deze vorm van gereserveerde gehechtheid wordt het interview gecompliceerd door fragmenten waarin voortdurende verongelijktheid ten aanzien van de moeder tot uitdrukking komt: 'Ze (Ria's moeder) is hartstikke gek op Evelien en dan denk ik mens dat had je met ons moeten wezen. Ik zet m'n eigen er al steeds meer overheen dat ze haar meer knuffelt, maar in het begin dacht ik, belachelijk. Kon ik 't gewoon niet hebben, dacht ik zo ken ik m'n moeder helemaal niet. (......) En toen zei ze (Ria's moeder) je mag Evelien wel hier laten als zij maar niet huilt. Ik denk, ja mens, waar slaat dat nou op. En dus heb ik haar gewoon weer meegenomen, ze heeft nog nooit op haar gepast.'

De boosheid komt tot uitdrukking in de vorm en in de inhoud van het interviewfragment. Wat de inhoud betreft laat Ria geen ruimte voor een nauwe relatie tussen haar kind en haar moeder, enerzijds omdat ze nauwelijks verholen afgunst heeft en anderzijds omdat ze het niet eens is met haar moeders opvoedingsideeën. Wat de vorm betreft, valt de woordkeuze op ('ja mens') en de staccato opsomming van de voorvallen. Overigens blijft deze preoccupatie beperkt tot enkele fragmenten en in het totale interview overweegt nadrukkelijk de gereserveerde representatie van het gehechtheidsverleden.

Eerste huisbezoek

Na het interview op het instituut komen de ondersteuners op huisbezoek. Zij zijn niet op de hoogte van het verhaal dat Ria heeft verteld tijdens het interview, evenmin kennen zij de classificatie die is toegekend. Moeder en kind worden gefilmd tijdens het samen spelen. Hoewel er enkele momenten zijn dat Ria laat merken dat zij zich in Evelien verplaatst, valt op dat zij meestal uitgaat van haar eigen gezichtspunt. Zodra Evelien zich niet coöperatief opstelt, wordt Ria ongeduldig, ze krijgt dan een harde, geïrriteerde stem en ze pakt Evelien enkele keren hardhandig en ruw vast. Ria's gedrag is volstrekt onvoorspelbaar: soms vindt zij iets goed, daarna opeens niet meer. Ook zijn er afwijzende momenten, bijvoorbeeld als Evelien na lang aandringen in haar handen klapt en dit te laat doet naar Ria's smaak. Voor en na het filmen zet Ria Evelien snel in de box als ze haar uit de weg wil hebben. Na afloop van het bezoek schatten de ondersteuners in dat Ria weinig openstaat voor opvoedingsadviezen. Ria heeft verteld dat zij adviezen van het consultatiebureau in de wind slaat.

5.6.2 Verloop en veranderingen gedurende de interventie

Eerste sessie

Bij de video-interventie ziet Ria de videobeelden in het begin vooral als een leuke filmopname. Ze zegt: 'Als wij zelf Evelien filmen, krijgen we haar er niet zo goed op.' De ondersteuner beperkt zich bij deze sessie tot het geven van commentaar op Eveliens gedrag en benoemt de rol van de moeder niet expliciet. Ria beaamt het als de ondersteuner verwoordt dat Evelien het naar haar zin heeft als zij lacht of leuk aan het spelen is. Zonder dat de ondersteuner er iets over zegt, valt het Ria op dat het spelen met Evelien in een bepaald stuk van de film niet zo goed ging. Dit betreft een gedeelte waarin Ria vergeleken met de rest van de film erg insensitief was. Het lijkt er op dat het op deze manier bekijken van de film een zekere confronterende werking heeft op Ria. Bij de gespreksinterventie komt Ria na een inleidend gesprek met behulp van onderzoeksmateriaal (platen) goed los. Zij vertelt dat haar vader sadistische neigingen had, terwijl ze door haar moeder min of meer verwaarloosd werd. Ria heeft nu zelf enkele fobie-achtige klachten: zij is erg bang in het donker en durft 's nachts niet met haar handen boven de dekens te komen. Volgens Ria hebben haar broer en zussen dit ook allemaal, zij wijt dit aan de bangmakerij van haar vader. Zij concludeert: 'Ik wil mijn trauma's niet overdragen.' Toch zegt ze even later: 'Maar ik heb geen rotjeugd gehad.' Uit Ria's expressie blijkt dat zij er door wordt geraakt dingen uit haar verleden te vertellen. Zij zegt dat ze door het onderzoek anders tegen haar jeugd aan gaat kijken en voegt er aan toe: 'Ik kan mijn moeder toch niet meer veranderen'. Daarnaast zegt Ria dat haar moeder het eigenlijk ook zwaar had vroeger en toont zo begrip voor de situatie van haar moeder. Na afloop van dit huisbezoek schatten de ondersteuners Ria's mate van openheid voor adviezen hoger in dan bij het kennismakingsbezoek. Ria toonde zich gemotiveerd en betrokken om aan het onderzoek mee te doen.

Tweede sessie

Ria's moeder is op verzoek van de ondersteuners uitgenodigd om bij dit huisbezoek aanwezig te zijn, waaraan zij gevolg heeft gegeven. De inhoud van de interventie van deze sessie is aangepast aan deze situatie. Overigens zullen om praktische redenen de grootmoeders in het hoofdonderzoek niet worden uitgenodigd. Het valt de ondersteuners op dat Ria tijdens de omgang met Evelien meer oog krijgt voor wat Evelien beweegt: zij gaat goed in op haar positieve signalen (lachen, enz.). Ria heeft op zo'n moment een warme, vriendelijke stem en een positieve gezichtsuitdrukking. Bij negatieve signalen van Evelien (bijv. huilen of jengelen) is Ria echter nog steeds ongeduldig, ze stuurt haar bijvoorbeeld weg met een harde, lage stem.

Bij de video-interventie staat in deze sessie het perspectief van het kind centraal, de ondersteuner verwoordt steeds het gedrag en de stemming van het kind ('speaking for the baby', zie ook Erickson e.a., 1992; Carter e.a., 1991). Terwijl de ondersteuner het gedrag van Evelien benoemt, kijkt Ria blij en trots naar de videobeelden en zegt ze dat zij een voorbeeldig kind is op de video. Tijdens het bekijken van de film zit Evelien bij Ria op schoot, terwijl ze eerder had verteld dat zij nooit op schoot wilde. Het valt ook Ria's moeder op, die zegt: 'Zij zit toch nooit op schoot?' Ria antwoordt dat Evelien het nu naar haar zin heeft op schoot.

Bij de gespreksinterventie praat de ondersteuner met Ria en haar moeder over Ria's jeugd. In het begin van het gesprek zitten Ria en haar moeder op één lijn. Zij benadrukken bijvoorbeeld allebei dat Ria vroeger zo goed voor zichzelf kon zorgen. Ria's moeder vond haar een gemakkelijk kind. Naar aanleiding van het gepresenteerde onderzoeksmateriaal (een vragenlijst) komen er ook moeilijke punten naar voren, waar beiden verschillend over denken. Terwijl Ria's moeder bijvoorbeeld dacht dat Ria vroeger altijd bij haar terecht kon, zegt Ria dat dat niet het geval was. Omdat Ria's moeder vaak weg was voor haar werk, was zij lang niet altijd beschikbaar. Ria ging daarom meestal naar haar zussen als er iets was. Op het eind van het gesprek benadrukt Ria's moeder dat het geen gemakkelijke tijd voor haar was vroeger, zij stond er eigenlijk alleen voor. Ria's moeder lijkt begrip te vragen voor haar situatie.

Derde sessie

Bij navraag vertelt Ria dat haar moeder en zij nog nooit over het verleden hebben gepraat. Het gesprek van vorige keer was in dit opzicht uniek. Zij betwijfelt echter of ze nog eens met haar moeder over het verleden zal praten.

In deze sessie staan bij de video-interventie de principes van sensitief-responsief reageren centraal: het belang van het adequaat en prompt reageren op signalen van het kind. Ria heeft snel door waar het om gaat en benoemt enkele keren uit zichzelf haar eigen gedrag en de tekortkomingen daarin. Voorafgaand aan deze sessie heeft Ria een folder gehad over het thema van vandaag. Zij heeft deze folder gelezen en stelt er ook een vraag over.

Bij de gespreksinterventie praat de ondersteuner over het levensverhaal van Ria met behulp van het gepresenteerde onderzoeksmateriaal, dat uit een aantal fictieve biografische verhalen bestaat. Terwijl Ria tamelijk geëmotioneerd over haar jeugd vertelt, komt Evelien huilend naar haar toe. Evenals voorgaande keren stuurt Ria haar geïrriteerd weg. Nog harder huilend loopt Evelien weg en op dat moment zwijgt Ria, kijkt haar na en gaat haar na enkele seconden achterna. Zij troost Evelien en zorgt ervoor dat zij weer op haar gemak is. Dit voorval lijkt een keerpunt te zijn: vanaf dit moment lijkt Ria haar best te doen de dingen vanuit het perspectief van Evelien te zien.

Vierde sessie
Tijdens het informele gesprek voorafgaand aan de interventie vraagt Ria informatie over crèches en peuterspeelzalen. Zij overweegt om Evelien op te geven voor een peuterspeelzaal.

Bij de video-interventie staat deze keer het thema 'affectieve afstemming' (Stern, 1977; 1985) centraal. Ria toont een actieve betrokkenheid: ze legt verschillende keren uit hoe het gedrag van Evelien begrepen moet worden. Daarnaast luistert zij met aandacht naar wat de ondersteuner vertelt over het belang van het delen van gevoelens met je kind. Uit de videobeelden blijkt dat Ria beter let op signalen van Evelien dan voorheen. Zij volgt regelmatig de blikrichting van Evelien, verwoordt het als zij iets niet meer wil, en beëindigt een spelletje op zo'n moment dan ook.

Bij de gespreksinterventie vertelt Ria dat haar moeder haar vader altijd als een boeman heeft afgeschilderd, terwijl hij toch ook zijn goede kanten heeft. Haar vader toont nu bijvoorbeeld belangstelling en betrokkenheid voor haar. Ria erkent dat haar moeder haar vroeger hard heeft opgevoed, hoewel zij nu wel begrijpt waaruit dat voortkwam. Het was beter geweest, zegt ze, als haar moeder haar vroeger meer had uitgelegd. Gebeurtenissen als de ouderlijke ruzies en de echtscheiding zou ze dan beter hebben begrepen.

5.6.3 Nametingen

Tijdens een evaluatiegesprek met de onderzoekers vertelt Ria dat zij de tips van de video-interventie zinvol vond: 'Het is ook mijn eerste kind. Ik neem gauw iets aan als het voor Evelien belangrijk is. (...) Ik ben me meer van dingen bewust, vooral als het om Evelien gaat.' Wat de gespreksinterventie betreft, is Ria minder positief. Zij vindt dat er dingen worden opgerakeld die je misschien maar beter kunt laten rusten.

Bij een van de laatste ontmoetingen met Ria hebben de ondersteuners een video-opname gemaakt van een interactiesituatie waarbij Ria met Evelien speelt (o.m. een kiekeboespelletje). Door onafhankelijke beoordelaars wordt Ria's gedrag als sensitiever beoordeeld dan bij de voormeting. Ria heeft bij het spelen een warme, vriendelijke uitstraling en zij heeft veel meer aandacht voor de uitingen van Evelien.

Het tweede Gehechtheidsbiografisch Interview

Ook in het tweede – door een onbekende interviewer afgenomen – Gehechtheidsbiografisch Interview vertelt Ria vrij openhartig over de ellende in het gezin, vooral voordat haar ouders van elkaar scheidden. Ze voelde zichzelf meer de beschermer van haar moeder dan dat haar moeder een toevluchtsoord voor haar was: '.. ik weet eh weinig eigenlijk van die tijd... Paar dingen wat je altijd bij blijft. Maar eh, ja we kwamen altijd voor m'n moeder op. Want m'n vader sloeg m'n moeder dus ja, we zaten altijd in de buurt van m'n moeder, dus dat ze niet teveel op d'r lazer kreeg..' Deze forse rolomkering leidt niet tot een gepreoccupeerde visie op het verleden. Integendeel, op de vraag of ze ooit emotioneel overstuur was in haar kinderjaren, antwoordt Ria: 'Oh dat was ik nooit... Nee, ik kan me niet heugen... Nee ik zou eh, ik ben ik heb er ook eh, ik ben er ook heel goed doorheen gekomen eigenlijk.' Na de scheiding ging haar moeder 'volop werken... 's ochtends, 's middags en als ze kon 's avonds ook nog. Want toen mijn vader 't huis uit ging toen had hij 't hele huis leeggehaald. Dus we hadden helemaal niks meer .... ze heeft d'r eigen rot gewerkt kan je wel zeggen. Maar ten koste van eh, ons dan. Maar ik zal 't haar niet kwalijk nemen... dat absoluut niet.'

Van de boosheid uit het eerste interview is in dit gesprek niets terug te vinden, ook niet in de antwoorden op vragen naar de huidige relatie met de ouders. Wel zet zich nog sterker en consequenter de gereserveerde strategie van omgang met het gehechtheidsverleden door, zoals blijkt uit het volgende fragment, dat een reactie is op de vraag naar de invloed van de ervaringen met de ouders op de persoonlijke ontwikkeling: 'Nou ik geloof best wel dat ik eh 't net zoiets zou doen als mijn moeder. Ik vind toch wel dat ze het eh, bij mij goed gedaan heeft.... eh.. ja, ik vind, hoe m'n moeder het gedaan heeft vind ik toch niet verkeerd. Maar ja als ik naar mijn zusje kijk denk ik ja er is toch wat verkeerd gegaan. Bij haar. Maar ja dat kan natuurlijk ook andere oorzaken hebben gehad, dus. Maar voor de rest zijn wij toch allemaal wel ehm redelijk terecht gekomen. Ja.. echt wel, dus.' Ook nu weer ziet ze vooral de zonnige kanten van de scheiding van haar ouders: ze kon van twee walletjes gaan eten en vader en moeder tegen elkaar uitspelen zodat ze altijd haar zin kreeg.

De Vreemde Situatie
Ria en Evelien worden geobserveerd in de Vreemde Situatie als Evelien 14 maanden oud is. De gehechtheidsrelatie die Evelien met haar moeder heeft, wordt als veilig geclassificeerd (B3/B2). Evelien zoekt na de scheidingsepisoden actief contact met haar moeder en wordt snel door haar getroost wanneer zij wat van streek is geraakt. Als Evelien weer op haar gemak is, gaat zij na een poosje zelf weer spelen.

5.7 Conclusies

Uit onze narratieve beschrijving en meta-analyse van de interventiestudies, alsmede uit de case-study kunnen we de volgende conclusies afleiden:

1 interventies zijn effectief in het verbeteren van de sensitieve responsiviteit van ouders voor de gehechtheidssignalen van hun kind;
2 interventies kunnen leiden tot een verbetering van de kwaliteit van de gehechtheidsrelatie tussen ouders en kind, maar het effect is doorgaans bescheiden;
3 kortdurende interventies met een heldere en beperkte doelstelling zijn effectiever dan langdurige, brede interventies;
4 het verbeteren van de sensitieve responsiviteit bij de ouder en het verbeteren van de gehechtheidsrelatie van de ouder met het kind heeft niet automatisch tot gevolg dat ook de gehechtheidsrepresentatie van de ouder verandert.

De interventiestudies vertegenwoordigen bijna alle uitkomsten zoals we die beschreven hebben in tabel 5.1. De case-studies van Murray en Cooper (in druk) en Leifer e.a. (1989) lijken de optimale uitkomst te hebben opgeleverd, omdat alle componenten – gehechtheidsrepresentaties, sensitieve responsiviteit en gehechtheid – in gunstige zin zijn veranderd: (a). Daarentegen bereikten Barnett e.a. (1987) en Meij (1992) geen enkele verandering maar hierbij moet aangetekend worden dat ze de gehechtheidsrepresentaties niet hebben gemeten: (d) of (h). Drie studies waren succesvol in het verbeteren van de sensitieve responsiviteit bij de ouder en van de gehechtheidsrelatie van het kind: (a) of (e), maar ook hier werden gehechtheidsrepresentaties niet gemeten (Anisfeld e.a., 1990; Juffer, 1993; Van den Boom, 1988). In vijf studies slaagde men erin de sensitieve responsiviteit van de ouder te verbeteren, maar niet de gehechtheidsrelatie van het kind: (c) of (g) (Barnard e.a., 1988; Beckwith, 1988; Erickson e.a., 1992; Lambermon, 1991; Lieberman e.a., 1991). Twee studies resulteerden in enige verbetering van de gehechtheidsrelatie: (b) of (f) zonder een daaraan voorafgaande verbetering van de sensitieve responsiviteit (Jacobson & Frye, 1991; Lyons-Ruth e.a., 1990). De case-study uit ons eigen interventie-onderzoek (Juffer, Van IJzendoorn & Duyvesteyn, 1994a) was een voorbeeld van (e): verbeteringen in sensitieve responsiviteit en in gehechtheid gingen niet gepaard met verbeteringen in de gehechtheidsrepresentatie van de ouder.

Met de meta-analyse hebben we aangetoond dat de samenhang tussen sensitieve responsiviteit en de gehechtheidsrelatie van het kind een causale samenhang is. Over een reeks van studies vonden we dat verbeteringen in de sensitieve responsiviteit van de ouder gepaard gingen met een – weliswaar bescheiden – verbetering in de kwaliteit van de gehechtheidsrelatie van het kind met de ouder. Sensitiviteit is echter noch een noodzakelijke, noch een voldoende voorwaarde voor de gehechtheidsrelatie met het kind. Sommige studies lieten zien dat een verbetering van de gehechtheidsrelatie mogelijk was zonder een overeenkomstige verbetering in de sensitieve responsiviteit van de ouder (sensitiviteit is dus geen noodzakelijke voorwaarde), terwijl in andere studies de sensitieve responsiviteit van de ouder verbeterde zonder een overeenkomstige verbetering van de gehechtheidsrelatie met het kind (sensitieve responsiviteit is dus geen voldoende voorwaarde). In dit verband willen we twee conclusies trekken:

1 de empirisch aantoonbare invloed van sensitieve responsiviteit op de gehechtheid lijkt niet erg groot en niet in overeenstemming met de centrale rol van sensitieve responsiviteit in de gehechtheidstheorie;

2 er moeten andere manieren zijn waarop ouders de ontwikkeling van de gehechtheidsrelatie met hun kind beïnvloeden (zie ook hoofdstuk 3 waar we spraken over de 'onverklaarde overdracht' van gehechtheid). In de gehechtheidstheorie zou de speurtocht moeten worden geopend naar alternatieve wegen waarlangs ouders gestalte geven aan hun gehechtheidsrelatie met het kind.

Onze case-study werpt nieuw licht op de samenhang tussen gehechtheidsrepresentaties, sensitieve responsiviteit van de ouder en de gehechtheidsrelatie met het kind. Men zou verwachten, dat gedragsveranderingen altijd voorafgegaan of gevolgd zouden worden door veranderingen in de kijk op het eigen gehechtheidsverleden en dat ook tussen veranderingen in de gehechtheidsrelatie met het kind en de gehechtheidsrepresentatie bij de ouder, een nauwe overeenstemming zou bestaan in het verlengde van de intergenerationele overdracht van gehechtheid. Interventies blijken echter discrepanties te kunnen veroorzaken tussen het niveau van mentale representaties en het gedragsniveau. Het gevaar van gedragsveranderingen zonder veranderingen in representaties kan bestaan in het verwerven van een gedragsrepertoire, dat maar een beperkte tijd adequaat is: de ontwikkeling van het kind tot peuter of kleuter zal nieuwe eisen stellen aan de ouders en het is de vraag, of de ouders daarop een sensitief antwoord weten te vinden. Omdat ze nog steeds gereserveerd zijn, of gepreoccupeerd met hun eigen gehechtheidsbiografie, zouden deze ouders weleens minder creatief en flexibel en meer defensief kunnen zijn dan autonome ouders in de omgang met hun soms wispelturige peuter die de grenzen van zijn fysieke en sociale omgeving verkent, en de ouders daarbij stevig op de proef kan stellen. De generaliseerbaarheid van de interventie zou daardoor beperkt kunnen zijn. Op de lange termijn zou de discrepantie tussen mentale representatie (onveilig) en gedrag (sensitief) zelfs contraproductief kunnen zijn, omdat het kind een breuk ervaart tussen zijn omgang met de sensitieve ouders in de eerste levensjaren en het gebrek aan ouderlijke responsiviteit in een latere leeftijdsperiode.

Er is ook een andere – optimistischer – interpretatie van de discrepantie mogelijk: de verandering op gedragsniveau zou na enige tijd een verandering op het niveau van de mentale representatie tot gevolg kunnen hebben ('sleeper-effect'). Het zou weleens meer tijd kunnen vergen om mentale representaties te veranderen dan nieuwe gedragsstrategieën te leren. Voorts kan een veilig gehecht kind positieve interacties aan de ouder ontlokken, niet alleen in de baby-jaren maar ook daarna. Bowlby (1984) legde nadruk op de stabiliteit van interactiepatronen die zichzelf waarmakende voorspellingen worden. Vanuit een transactioneel perspectief (Sameroff & Chandler, 1975) mag een kind in staat geacht worden het sensitieve gedrag van zijn ouder te versterken, zelfs in een later stadium van de ontwikkeling. Het kind is wellicht in staat de intergenerationele overdracht van onveilige gehechtheid te doorbreken, omdat de huidige positieve gehechtheidservaringen het de ouders mogelijk maken hun negatieve gehechtheidservaringen uit het verleden te verwerken (Fraiberg e.a., 1975). We moeten ons hierbij wel realiseren dat een sterke wissel wordt getrokken op de invloed en weerbaarheid van het kind. Zeker in de eerste levensjaren is het toch vooral de ouder die de 'macht' heeft om de gehechtheidsrelatie vorm te geven (zie hoofdstuk 4).

We kunnen concluderen dat gedragsmatige, kortdurende interventies het meest effectief zijn in het veranderen van de gehechtheid van het kind, maar onze case-study laat de mogelijkheid zien dat deze interventies onvoldoende ingrijpend zijn om ook de intergenerationele cyclus van onveilige gehechtheid te doorbreken, door zowel bij het kind als bij de ouder zelf duurzame verbeteringen in gehechtheid te bewerkstelligen. Verder onderzoek zal moeten laten zien of deze mogelijkheid zich vaker voordoet.

6 Nawoord

De belangrijkste conclusie van dit boek luidt dat intergenerationele overdracht van gehechtheid bestaat, en wel in ongeveer 75% van de gezinnen. De mentale representatie die ouders van hun gehechtheidservaringen uit het verleden hebben, drukt een zwaar stempel op de gehechtheidsrelatie met hun kinderen. Ouders met een onveilig en onverwerkt gehechtheidsverleden zullen eerder een onveilige band met hun jonge kinderen hebben, dan ouders die op positieve gehechtheidservaringen kunnen terugzien of hun negatieve ervaringen hebben verwerkt. Deze conclusie is gebaseerd op enkele tientallen studies onder honderden gezinnen. In deze studies is gebruik gemaakt van grondig gevalideerde meetinstrumenten zoals het Gehechtheidsbiografisch Interview en de Vreemde-Situatieprocedure.

Het is frappant dat teksten van interviews met ouders een voorspelling toelaten over gedrag van kinderen in een stresserende situatie en dat de correspondentie beantwoordt aan een onderliggend mechanisme. De gevalsbeschrijvingen illustreren dit mechanisme (zie de intermezzi). Waar het Gehechtheidsbiografisch Interview sporen vertoont van vermijden van onaangename ervaringen in de kinderjaren, daar zien we in de Vreemde Situatie de baby anticiperen op een onaangename interactie met de ouder door hem of haar te vermijden. Waar de ouder nog steeds is gefixeerd op de gebeurtenissen in de kinderjaren en sterk ambivalente gevoelens van betrokkenheid en boosheid ten aanzien van zijn of haar eigen ouder koestert, daar zien we in de Vreemde Situatie de baby een soortgelijke ambivalentie ten toon spreiden in het contact met de ouder: het kind wil tegelijk fysieke nabijheid en contact en uit zijn of haar boosheid door afweren van het aangeboden speelgoed of het lichaamscontact met de ouder zelf. Waar sprake is van desoriëntatie bij de ouder rond het overlijden van een gehechtheidspersoon en van een cumulatie van versprekingen, schuldgevoelens en een vertekende kijk op oorzaak-gevolgrelaties, daar is bij de baby sprake van een cumulatie van kortstondige indicaties van desorganisatie, in het bijzonder van een zekere angst voor de gehechtheidspersoon zelf. Blijkt ten slotte uit het interview dat de ouder in staat is op een open en evenwichtige wijze na te denken over positieve en negatieve gehechtheidservaringen, dan gaat deze open communicatie gepaard met een onbelemmerde uitdrukking van emoties van angst en spanning bij het kind in de stresserende Vreemde Situatie en van het relatief snel verwerken van die emoties, zodat een evenwichtige verhouding tussen gehechtheidsgedrag en exploratie ontstaat.

De sleutel tot de oplossing van het raadsel van de frappante overeenstemming tussen gehechtheidsrepresentaties van ouders en de gehechtheidrelatie met het kind moet wellicht gezocht worden in de wijze waarop ouders en kinderen omgaan met emoties van angst, spanning en verdriet. We hebben in hoofdstuk 3 al aangeduid dat er in principe drie globale strategieën denkbaar zijn: minimaliseren van reflectie en communicatie over negatieve emoties, maximaliseren van aandacht voor negatieve emoties en evenwichtige en open reflectie en communicatie over negatieve emoties. In tabel 6.1 hebben we de intergenerationele overdracht van gehechtheid samenvattend beschreven vanuit dit perspectief. Uiteraard zijn verschillende onderdelen van dit model nog speculatief. Toch kunnen voor alle aspecten wel empirische gegevens of goede argumenten worden aangedragen. Dat is in de vorige hoofdstukken gebeurd.

Het zou echter van een naïef realisme getuigen, intergenerationele overdracht van gehechtheid als een onomstotelijk feit te presenteren. Twee problemen beperken de reikwijdte van de onderzoeksuitkomsten:

- het probleem van de onverklaarde overdracht;
- het causaliteitsprobleem.

Het probleem van de onverklaarde overdracht duidt op de ontbrekende schakels tussen de gehechtheidsrepresentaties van ouders en de gehechtheidsrelatie met hun kinderen. We weten dat de sensitieve responsiviteit van de ouders verantwoordelijk is voor een gedeelte van de overdracht, maar dat laat een groter gedeelte onverklaard. We weten dus nog niet precies hoe gehechtheid van een oudere op een jongere generatie wordt overgedragen.

Daarbij komt het causaliteitsprobleem. In de zogenaamde 'prenatale' studies is ondubbelzinnig vastgesteld dat de gehechtheidsrepresentatie van de ouder zoals gemeten voor de geboorte van het kind, de gehechtheidsrelatie met het kind bepaalt – en niet omgekeerd.

Tabel 6.1 Intergenerationele overdracht van gehechtheid: een model

Generaties	Strategie van omgang met negatieve emoties		
	minimaliseren gehechtheid	balans in gehechtheid	maximaliseren gehechtheid
Ouders			
1. Mogelijke jeugdervaringen	afwijzing	positief/negatief	overprotectie
2. Huidige mentale representatie	gereserveerd	autonoom	gepreoccupeerd
3. Pedagogisch gedrag	consequent insensitief	consequent sensitief	inconsequent sensitief
Kinderen			
4. Gehechtheids-relatie	vermijdend	veilig	ambivalent
5. Gehechtheid/ exploratie	exploratie	balans	gehechtheid
6. Beheersing emoties	ondercontrole	evenwichtig	overcontrole

Toch zou het oorzakelijk verband tussen gehechtheidsrepresentaties en gehechtheidsrelaties een steviger fundament krijgen, indien experimentele interventiestudies zouden aantonen dat de samenhang niet door een derde factor – bijvoorbeeld genetische verwantschap – tot stand komt (hoofdstuk 5).

Hoewel intergenerationele overdracht van gehechtheid de regel is, zijn er ook uitzonderingen. In feite is in ongeveer 25% van de gezinnen sprake van die uitzondering: autonome ouders hebben in die gevallen een onveilige-gehechtheidsrelatie met hun kind opgebouwd, of ouders met een onveilige-gehechtheidsrepresentatie hebben toch een veilig-gehecht kind. Het is van belang dergelijke uitzonderingen op de regel grondig te bestuderen om te achterhalen welke risicofactoren of beschermende factoren een breuk in de intergenerationele overdracht van gehechtheid kunnen veroorzaken. We kennen inmiddels al één belangrijke risico-factor en dat is het buitenissige gemeenschappelijke slaaparrangement in de communale kibboetsen in Israël. Als ouders niet in staat zijn ook 's nachts voor hun kinderen te zorgen, is er geen sprake meer van intergenerationele overdracht van gehechtheid in de reguliere betekenis. In een dergelijke opvoedingscontext kunnen ouders niet meer zo'n zwaar stempel op de gehechtheidsrelatie met hun kind drukken als in het doorsnee westers gezin (zie hoofdstuk 3).

Inzicht in risicofactoren die ertoe leiden dat autonome ouders toch een onveilig-gehecht kind hebben, en in beschermende factoren die de cirkel van overdracht van onveilige gehechtheid doorbreken, is van groot belang voor preventie van opvoedings- en ontwikkelingsproblemen. Risicofactoren kunnen achterhaald worden door intergenerationele overdracht van gehechtheid in een diversiteit van sociaalculturele contexten te bestuderen. Culturele voorschriften voor de opvoeding van jonge kinderen kunnen ertoe leiden dat ook autonome ouders niet bij machte zijn een veilige-gehechtheidsrelatie met hun kind aan te knopen. Maar ook belemmeringen in het kind voor een vlotte communicatie over emoties met de ouders zouden deze rol kunnen vervullen. We denken in dit geval aan ernstige lichamelijke en psychische handicaps die niet vanzelfsprekend tot onveilige-gehechtheid leiden (zie hoofdstuk 4), maar die wel een zware wissel trekken op het vermogen van de ouders dergelijke handicaps te compenseren. Protectieve factoren staan centraal in interventiestudies. Door interventies probeert men te vermijden dat onveilige ouders op hun beurt onveilige kinderen opvoeden. De middelen die ingezet worden variëren van beïnvloeding van de sensitieve responsiviteit van ouders tot verandering van hun mentale representatie van gehechtheid via gesprekken over het verleden (zie hoofdstuk 5). Maar ook het creëren van sociale ondersteuning en het verschaffen van opvoedingsvoorlichting zouden beschermende factoren kunnen zijn. Toekomstige resultaten van interventiestudies zullen moeten uitwijzen of dit inderdaad het geval is.

De klinische waarde van de gehechtheidstheorie zal door de interventiestudies ongetwijfeld aanzienlijk verhoogd worden. In feite zijn dergelijke onderzoeken verkapte studies naar therapie-effecten. Eén van de meest belovende ontwikkelingen in het onderzoek naar intergenerationele overdracht van gehechtheid is het klinisch onderzoek naar de effectiviteit van diverse therapieën in samenhang met het type gehechtheidsrepresentatie bij therapeut en cliënt en het type gehechtheidsrelatie tussen beide partijen. Effectstudies gaan een stap verder dan de beschrijvende klinische studies waarover tot nu toe is gerapporteerd (zie hoofdstuk 4). De beschrijvende studies leggen interessante verbanden tussen gehechtheid en psychische stoornis maar ook hier blijft het causaliteitsprobleem onopgelost. Wellicht is het effect van therapeutische ingrepen inderdaad gebaseerd op de kwaliteit van de gehechtheidsrelatie tussen therapeut en cliënt en op de mogelijkheid voor de cliënt om vanuit de veilige haven die de therapeut creëert, zijn gehechtheidsbiografie te verkennen (Bowlby, 1988). In dat geval kan het Gehechtheidsbiografisch Interview een cruciale rol vervullen in de intake van cliënten en in de opleiding en selectie van effectieve therapeuten. Overigens zou het klinisch gebruik van de gehechtheidstheorie gebaat zijn bij alternatieve meetinstrumenten voor gehechtheid, die een hoge mate van validiteit paren aan een minder tijdrovende en efficiëntere toepassing. Er zijn echter nog geen valide alternatieven voorhanden. De meest bekende vragenlijst voor gehechtheidsstijlen is die van Hazan en Shaver (1987). Deze vragenlijst is echter ondeugdelijk (De Haas e.a., 1994). Datzelfde geldt voor de minder bekende vragenlijsten die inmiddels de markt overstromen. Het is ook lastig een alternatief te ontwikkelen: in feite slaagt men er met het Gehechtheidsbiografisch Interview in, om uit de vorm waarin de geïnterviewde zijn verhaal vertelt af te leiden welke gehechtheidsrepresentatie aan de orde is – soms tegen de expliciete inhoudelijke mening van de geïnterviewde in. Het is moeilijk via een vragenlijst mensen die hun gehechtheidsverleden idealiseren, te onderscheiden van mensen die werkelijk zeer positieve gehechtheidservaringen hebben opgedaan (zie hoofdstuk 2). Toch is dit onderscheid essentieel.

Kinderen groeien op in een netwerk van gehechtheidsrelaties. Doorgaans zijn niet alleen hun vader en moeder maar ook één of meer (professionele) opvoeders buiten het gezin belangrijk als gehechtheidsfiguren. Eén van de meest intrigerende vragen in de gehechtheidstheorie luidt, hoe het gehechtheidsnetwerk wordt geïnternaliseerd. We hebben gezien dat de gehechtheidsrelaties van het kind met zijn vader, moeder en professionele opvoeder niet erg sterk samenhangen. Het kind kan veilig gehecht zijn aan zijn moeder en onveilig gehecht aan zijn vader of omgekeerd. Daarnaast zijn de gehechtheidsrepresentaties van beide ouders niet altijd dezelfde: bij het vinden van een partner geldt weliswaar 'soort zoekt soort' maar deze regel kent veel uitzonderingen (zie hoofdstuk 3). Uiteraard is er geen reden te veronderstellen dat een professionele opvoeder dezelfde gehechtheidsrepresentatie zou hebben als de ouders. Dit betekent dat nogal wat kinderen opgroeien in een gehechtheidsnetwerk waarin ze ervaringen opdoen met een grote diversiteit aan gehechtheidsrelaties: onveilige en veilige relaties. Hoe integreert een kind deze uiteenlopende gehechtheidservaringen? Of blijven ze naast elkaar bestaan? Of is uiteindelijk slechts één gehechtheidsrelatie doorslaggevend en welke relatie is dat dan? Er is nog opvallend weinig onderzoek verricht naar dergelijke vragen, die steeds belangrijker worden naarmate meer moeders van jonge kinderen buitenshuis (blijven) werken, de opvoedingstaken binnen het gezin meer gelijk verdeeld worden, en de ondersteuning door opvoeders buiten het gezin groter wordt.

Globaal gezien zijn er vier antwoorden mogelijk op de vraag naar de invloed van gehechtheidsnetwerken (Van IJzendoorn e.a., 1992):

- Het eerste antwoord luidt dat sprake is van monotropie (Bowlby, 1951): slechts één opvoeder – meestal de moeder – is belangrijk voor de ontwikkeling van gehechtheid; de overige opvoeders vervullen een rol op andere gebieden.
- Het tweede antwoord luidt dat sprake is van een hiërarchie (Bowlby, 1984). Eén van de opvoeders speelt de belangrijkste rol, maar andere opvoeders zijn subsidiair: zij vervangen de hoofdpersoon bij afwezigheid.
- Het derde antwoord impliceert eenzelfde rol als gehechtheidsfiguur voor alle opvoeders in het netwerk; maar er is sprake van onafhankelijkheid. Het kind wordt door een bepaalde gehechtheidspersoon alleen beïnvloed op een gebied waarop de interactie tussen beide betrekking heeft gehad. Het kind zoekt bijvoorbeeld bij onweer troost bij de moeder en in tijden van ziekte bij de vader.
- Het vierde antwoord luidt dat sprake is van integratie van gehechtheidsrelaties in één overkoepelende gehechtheidsrepresentatie waarbij een kind baat heeft bij zoveel mogelijk veilige relaties. Iedere veilige relatie kan de nadelige effecten van een onveilige relatie (enigszins) compenseren.

Er zijn twee argumenten ten faveure van het integratiemodel:

1 We vonden in een studie naar voorspelbaarheid van sociaal-emotionele en cognitieve ontwikkeling van kleuters op basis van hun gehechtheidsrelaties in het tweede levensjaar, dat een veiliger gehechtheidsnetwerk (met meer veilige relaties) een gunstiger prognose te zien gaf dan een minder veilig netwerk en dat het gehechtheidsnetwerk een betere voorspelling toeliet over de toekomstige ontwikkeling dan enkelvoudige gehechtheidsrelaties (Van IJzendoorn e.a., 1992).

2 Uit de Gehechtheidsbiografische Interviews blijkt dat doorgaans slechts één geïntegreerde voorstelling van het gehechtheidsverleden domineert hoewel de geïnterviewde wordt gevraagd naar zijn ervaringen met alle relevante gehechtheidsfiguren. Ook al hebben vader en moeder een verschillende rol gespeeld en wellicht ook een verschillende gehechtheidsrelatie met het kind gehad, als volwassene kijkt de geïnterviewde vanuit één integrerend perspectief op beide relaties terug. Daarbij kan een veilige relatie met de vader tijdens de kinderjaren de weg tot verwerking van de onveilige relatie met de moeder hebben vrijgemaakt, of is het gemakkelijker gebleken vanuit een veilige relatie met de moeder de negatieve ervaringen met de vader te verkennen en te verwerken.

Toch zijn deze twee argumenten ten gunste van het integratiemodel indirect en onvoldoende. Zo blijft het binnen dit model moeilijk te verklaren waarom vaders in doorsnee minder sterk hun representatie van gehechtheid op het kind overdragen dan moeders (zie hoofdstuk 3).

Tot slot nog het volgende. Intergenerationele overdracht van gehechtheid hebben we in dit boek omschreven als de invloed die de huidige mentale representatie van gehechtheidservaringen van ouders uitoefent op hun gehechtheidsrelatie met het kind. Het recente onderzoek naar gehechtheidsbiografieën wordt gekenmerkt door een radicale verschuiving van aandacht voor 'objectieve' gebeurtenissen uit het verleden naar de huidige mentale voorstelling van deze gehechtheidservaringen. Niet het verleden, maar de representatie van het verleden is doorslaggevend voor overdracht van gehechtheid over generaties. Voor preventieve of therapeutische toepassingen van de theorie over intergenerationele overdracht van gehechtheid is het ook niet nodig een objectieve beschrijving te hebben van het gehechtheidsverleden van de cliënt: de mentale representatie blijkt gerelateerd aan problemen bij de cliënt zelf of bij zijn kinderen, en niet het verleden zelf maar de representatie ervan, is veranderbaar. Toch is het theoretisch gezien uiterst interessant om te weten in hoeverre het feitelijk verleden doorspeelt in de huidige kijk op dat verleden, en welke factoren een breuk veroorzaken tussen gehechtheidsrelaties in de kinderjaren en gehechtheidsrepresentaties in de volwassenheid. Longitudinale studies over de eerste 20 levensjaren zullen hierover binnenkort meer uitsluitsel kunnen geven (hoofdstuk 3). Maar ook indien zou blijken dat er volstrekt geen samenhang bestaat tussen de kwaliteit van de gehechtheidsrelatie in de kinderjaren en de gehechtheidsrepresentatie in de volwassenheid, dan nog drukt het gehechtheidsverleden van ouders via de mentale representatie ervan een stempel op de gehechtheidservaringen van de jongste generatie. Zonder gehechtheidsverleden is er geen gehechtheidsrepresentatie; zonder inhoud geen vorm. In die zin is ook in dat geval sprake van intergenerationele overdracht van gehechtheid.

Verantwoording

Dit boek is ontstaan uit een voordracht op het PAOS/RUL symposium over *'Personality, developmental psychology, and psychopathology'*, georganiseerd door prof. Ph.D. Treffers, op 10-11 Juni 1993, te Leiden. Mijn voordracht was getiteld: 'The Adult Attachment Interview: State of the art'. In *Kind en Adolescent* (1994, 15, 1-24) verscheen met medewerking van Marian Bakermans-Kranenburg een Nederlandstalige bewerking. De voordracht was onder andere gebaseerd op een meta-analyse die in *Psychological Bulletin* verschijnt onder de titel 'Adult attachment representations, parental responsiveness, and infant attachment'. De voordracht resulteerde ook in een overzichtsartikel over gehechtheidsrepresentaties in klinische groepen dat ik samen met Marian Bakermans-Kranenburg voor de *Journal of Consulting and Clinical Psychology* heb geschreven. Verder is gebruik gemaakt van de oratie die ik in 1992 hield ter gelegenheid van de 417e Dies natalis van de Leidse universiteit. Aan mijn voordracht voor de eerste conferentie over *Infantpsychiatrie* georganiseerd door J.E. de Boer in Groningen, ontleende ik fragmenten over intergenerationele overdracht van ervaringen met verlies van gehechtheidsfiguren (Van IJzendoorn, De Ruiter en Bakermans-Kranenburg, 1991). Eerder verschenen artikelen van mijn hand in 'Overzicht van empirische ontwikkelingspsychologie' (onder redactie van W. Koops en J.J. van der Werff), *Developmental Review* en *Human Development* die verwerkt zijn in de eerste hoofdstukken in dit boek. Het vijfde hoofdstuk over interventiestudies is gebaseerd op enkele papers die samen met Femmie Juffer en Marja Duyvesteyn werden geschreven voor *Kind en Adolescent* en het *Journal of Child Psychology and Psychiatry.*

Literatuur

Ainsworth, M.D.S. (1967). *Infancy in Uganda: Infant care and the growth of love.* Baltimore, MD: John Hopkins University Press.

Ainsworth, M.D.S. & Eichberg, C. (1991). Effects on infant-mother attachment of mother's unresolved loss of an attachment figure or other traumatic experience. In P. Marris, J. Stevenson-Hinde & C. Parkes (Eds.), *Attachment across the life cycle* (pp.160-183). New York: Routledge.

Ainsworth, M.D.S. & Wittig, B.A. (1969). Attachment and exploratory behavior of one year olds in a strange situation. In B.M. Foss (Ed.), *Determinants of infant behavior.* Volume 4 (pp.113-136). London: Methuen.

Ainsworth, M.D.S., Bell, S M. & Stayton, D.J. (1974). Infant mother attachment and social development: 'Socialization' as a product of reciprocal responsiveness to signals. In M.P.M. Richards (Ed.). *The integration of a child into a social world* (pp.99-135). Cambridge: Cambridge University Press.

Ainsworth, M.D.S., Blehar, M.C., Waters, E. & Wall, S. (1978). *Patterns of attachment, a psychological study of the Strange Situation.* Hillsdale, NJ: Erlbaum.

Allen, J.P. (March, 1993). *The relation of adolescent psychopathology to autonomy and relatedness in adolescent-family interactions, and attachment.* Paper presented at the 60th Meeting of the Society for Research in Child Development, New Orleans (Louisiana).

Allen, J.P. & Hauser, S.T. (April, 1991). *Prediction of young adult attachment representations, psychological distress, social competence and hard drug use from family interactions in adolescence.* Paper presented at the 59th Meeting of the Society for Research in Child Development, Seattle (Washington).

Anisfeld, E., Carper, V., Nozyce, M. & Cunningham, N. (1990). Does infant carrying promote attachment? An experimental study of the effects of increased physical contact on the development of attachment. *Child Development, 61*, 1617-1627.

Ariès, Ph. (1962). *Centuries of childhood: A social history of family life.* London: Cape.

Arindell, W.A., Emmelkamp, P.M.G., Brilman, E. & Monsma, A. (1983). Psychometric evaluation of an inventory for assessment of parental rearing practices. A Dutch form of the EMBU. *Acta Psychiatrica Scandinavica, 67,* 163-177.

Armsden, G.L. & Greenberg, M.T. (1987). The inventory of parent and peer attachment: Individual differences and their relationship to psychological well-being in adolescence. *Journal of Youth and Adolescence, 16,* 427-454.

Aviezer, O., IJzendoorn, M.H. van, Sagi, A. & Schuengel C. (1994). 'Children of the Dream' revisited: 70 years of collective child-rearing in Israeli kibbutzim. *Psychological Bulletin, 115.*

Bakermans-Kranenburg, M.J. (1993). *Het Gehechtheidsbiografisch Interview. Betrouwbaarheid en discriminante validiteit.* Leiden (dissertatie).

Bakermans-Kranenburg, M.J. & IJzendoorn, M.H. van (1993). A psychometric study of the Adult Attachment Interview: Reliability and discriminant validity. *Developmental Psychology, 29*, 870-880.

Barnard, K.E., Magyary, D., Summer, G., Booth, C.L., Mitchell, S.K. & Spieker, S. (1988). Prevention of parenting alterations for women with low social support. *Psychiatry, 51*, 248-253.

Barnett, B., Blignault, I., Holmes, S., Payne, A. & Parker, G. (1987). Quality of attachment in a sample of 1-year-old Australian children. *Journal of the American Academy of Child and Adolescent Psychiatry, 263*, 303-307.

Beckwith, L. (1988). Intervention with disadvantaged parents of sick preterm infants. *Psychiatry, 51*, 242-247.

Bell, S.M. (1970). The development of the concept of objects as related to infant mother attachment. *Child Development, 41*, 291-311.

Belsky, J. & Nezworski, T. (Eds.) (1988). *Clinical implications of attachment theory.* Hillsdale, NJ: Erlbaum.

Bengtson, V.I. (1975). Generation and family effects in value socialization. *American Sociological Review, 40*, 358-371.

Benoit, D. & Parker, K.C.H. (in druk). Stability and transmission of attachment across three generations. *Child Development.*

Benoit, D., Zeanah, C.H. & Barton, M.L. (1989). Maternal attachment disturbances and failure to thrive. *Infant Mental Health Journal, 10*, 3, 185-202.

Benoit, D., Zeanah, C.H., Boucher, C. & Minde, K.K. (1992). Sleep disorders in early childhood: Association with insecure maternal attachment. *Journal of the American Academy of Child and Adolescent Psychiatry, 31*, 86-93.

Boom, D. van den (1988). *Neonatal irritability and the development of attachment: observation and intervention.* Unpublished doctoral dissertation, Leiden University, Leiden (The Netherlands).

Bowlby, J. (1944). Fourty-four juvenile thieves: Their characters and home life. *International Journal of Psycho-Analysis, 25*, 19-52; 107-127.

Bowlby, J. (1951). *Maternal care and mental health.* Geneva: WHO.

Bowlby, J. (1975). *Attachment and loss. Volume II: Separation, anxiety and anger.* Harmondsworth: Penguin.

Bowlby, J. (1984). *Attachment and loss. Volume I: Attachment.* Revised Edition. London: Pelican.

Bowlby, J. (1985). *Attachment and Loss. Volume III: Loss: Sadness and depression.* London: Penguin Books.

Bowlby, J. (1988). *A secure base. Clinical applications of attachment theory.* London: Routledge.

Bretherton, I. (1985). Attachment theory: Retrospect and prospect. In I. Bretherton & E. Waters (Eds.), Growing points of attachment theory and research. *Monograpsh of the Society for Research in Child Development, 50*, (1-2, Serial No. 209), 3-37.

Bretherton, I. (1990). Open communication and internal working models: Their role in the development of attachment relationships. In R.A. Thompson (Ed.), *Socioemotional development.* Nebraska Symposium on Motivation, 1988, Volume 38, (pp.57-114). Lincoln: University of Nebraska Press.

Brinich, E., Drotar, D. & Brinich, P. (1989). Security of attachment and outcome of preschoolers with histories of nonorganic failure to thrive. *Journal of Clinical Child Psychology, 18*, 142-152.

Bus, A.G. (1993). Attachment and emergent literacy. *International Journal of Educational Research, 19,* 53-62.
Bus, A.G. & IJzendoorn, M.H. van (1988). Mother-child interactions, attachment, and emergent literacy: A cross-sectional study. *Child Development, 59,* 1262-1273.
Bus, A.G. & IJzendoorn, M.H. van (1992). Patterns of attachment in frequently and infrequently reading mother-child dyads. *Journal of Genetic Psychology, 153,* 395-403.
Buss, A.H. & Plomin, R. (1984). *Temperament: Early developing personality traits.* Hillsdale, NJ: Erlbaum.
Caldwell, B.M. & Bradley, R.H. (1984). *Administration manual. Home observation for measurement of the environment.* Little Rock, Arkansas.
Carter, S.L., Osofsky, J.D. & Hann, D.M. (1991). Speaking for the baby: A therapeutic intervention with adolescent mothers and their infants. *Infant Mental Health Journal, 12,* 291-301.
Caspi, A., Bem, D.J. & Elder, G.H. (1989). Continuities and consequences of interactional styles across the life course. *Journal of Personality, 57,* 375-406.
Cassidy, J. & Berlin, L.J. (in druk). The insecure/ambivalent pattern of attachment: Theory and research. *Child Development.*
Cassidy, J. & Marvin, R.S. (1989). *Attachment organization in three- and four-year-olds: Coding guidelines.* Unpublished manuscript, University of Virginia, Charlottesville.
Cherlin, A. & Fürstenberg, F.F. (1986). Grandparents and family crisis. *Generations, 10,* 26-28.
Chess, S. (1982). The 'blame the mother' ideology. *International Journal of Mental Health, 11,* 95-107.
Chodorow, N.J. (1978). *The reproduction of mothering.* Berkeley: University of California Press.
Cleiren, M.P.H.D. (1991). *Adaptation after bereavement. A comparative study of the aftermath of death from suicide, traffic accident and illness for next of kin.* Leiden: DSWO Press.
Cohen, J. (1988). *Statistical power analysis for the behavioral sciences.* Revised Edition. New York: Academic Press.
Cohler, B.J. & Grünebaum, H.U. (1981). *Mothers, grandmothers, and daughters. Personality and childcare in three-generation families.* New York: Wiley.
Cohn, D.A., Cowan, Ph.A., Cowan, C.P. & Pearson, J. (1992). Mothers' and fathers' working models of childhood attachment relationships, parenting styles, and child behavior. *Development and Psychopathology, 4,* 417-431.
Cohn, D.A., Silver, D.H., Cowan, C.P., Cowan, Ph.A. & Pearson, J. (1992). Working models of childhood attachment and couple relationships. *Journal of Family Issues, 13,* 432-449.
Cramer, B., Robert-Tissot, C., Stern, D.N., Serpa-Rusconi, S., De Muralt, M., Besson, G., Palacio-Espasa, F., Bachmann, J.P., Knauer, D., Berney, C. & D'Arcis, U. (1990). Outcome evaluation in brief mother-infant psychotherapy: A preliminary report. *Infant Mental Health Journal, 114,* 278-300.
Crittenden, P.M. (1984). Sibling interaction: Evidence of a generational effect in maltreating infants. *Child Abuse and Neglect, 8,* 433-438.
Crittenden, P.M. (1985). Maltreated infants: Vulnerability and resilience. *Journal of Child Psychology and Psychiatry, 26,* 85-96.
Crittenden, P.M. (1988). Relationships at risk. In J. Belsky & T. Nezworski (Eds.), *Clinical implications of attachment* (pp.136-174). Hillsdale, NJ: Erlbaum.
Crittenden, P.M., Partridge, M.F. & Claussen, A.H. (1991). Family patterns of relationship in normative and dysfunctional families. *Development and Psychopathology, 3,* 491-512.

Crovitz, H.F. & Quine-Holland, K. (1976). Proportion of episodic memories from early childhood by years of age. *Bulletin of the Psychonomics Society, 7,* 61-62.

Crowell, J.A. & Feldman, S.S. (1988). Mothers' internal models of relationships and children's behavioral and developmental status: A study of mother-child interactions. *Child Development, 59,* 1273-1285.

Crowell, J.A. & Feldman, S.S. (1991). Mothers' working models of attachment relationships and mother and child behavior during separation and reunion. *Developmental Psychology, 27,* 597-605.

Crowell, J.A., O'Connor, E., Wollmers, G., Strafkin, J. & Rao, U. (1991). Mothers' conceptualizations of parent-child relationships: Relation to mother-child interaction and child behavior problems. *Development and Psychopathology, 3,* 431-444.

Crowell, J., Waters, E., Treboux, D., Posada, G., O'Connor, E., Colon-Downs, C., Feider, O., Fleischman, M., Gao, Y., Golby, B., Lay, K.-L. & Pan, H. (March, 1993). *Validity of the Adult Attachment Interview: Does it measure what it should?* Poster symposium presented at the Society for Research in Child Development, New Orleans (MI).

Crowne, D.P. & Marlowe, D. (1960). A new scale of social desirability independent of psychopathology. *Journal of Consulting Psychology, 24,* 349-354.

Cummings, E.M. & Davies, P.T. (1994). Maternal depression and child development. *Journal of Child Psychology and Psychiatry, 35,* 73-112.

Das-Eiden, R., Teti, D.M. & Corns, K.M. (March, 1993). *Maternal working models of attachment, marital adjustment, and the parent-child relationship.* Poster presented at the 60th Meeting of the Society for Research in Child Development. New Orleans, Louisiana.

Derks, F., Verhagen, M., Philipse, M. & IJzendoorn, M.H. van (June 1994). *Attachment, personality disorder, and crime.* Paper presented at the First European Congress on Disorders of Personality, June 14-17, Nijmegen.

Dozier, M. & Kobak, R.R. (1992). Psychofysiology in attachment interviews: Converging evidence for deactivating strategies. *Child Development, 63,* 1473-1480.

Durrett, M.E., Otaki, M. & Richards, Ph. (1984). Attachment and the mother's perception of support from the father. *International Journal of Behavioral Development,, 7,* 167-176.

Egeland, B. & Erickson, M.F. (1991). Attachment theory and findings: Implications for prevention and intervention. In S. Kramer & H. Parens (Eds.), *Prevention in mental health: Now, tomorrow, ever?* (pp. 21-50). Northvale, NJ: Jason Aronson.

Egeland, B. & Sroufe, L.A. (1981a). Attachment and early maltreatment. *Child Development, 52,* 44-52.

Egeland, B. & Sroufe, L.A. (1981b). Developmental sequelae of maltreatment in infancy. In R. Rizley & D. Cicchetti (Eds.), *Developmental perspectives in child maltreatment* (pp.77-92). San Francisco: Jossey-Bass.

Ekman, P. (1982). Methods of measuring facial action. In K.R. Scherer & P. Ekman (Eds.), *Handbook of methods in nonverbal behavior research* (pp.45-90). Cambridge: Cambridge University Press.

Elbers, E. (1985). Continuiteit en discontinuiteit in de ontwikkelingspsychologie. De bijdrage van het behaviorisme aan het moderne babyonderzoek. *Kennis en Methode, 9,* 219-242.

Epstein, S. (1983). *The Mother-Father-Peer Scale.* Unpublished manuscript, University of Massachusetts at Amherst.

Erickson, M.F., Korfmacher, J. & Egeland, B. (1992). Attachments past and present. Implications for therapeutic intervention with mother-infant dyads. *Development and Psychopathology, 4,* 495-507.

Etzel, B.C. & Gewirtz, J.L. (1967). Experimental modification of caretaker maintained high-rate operant crying in a 6- and a 20-week-old infant (infants tyrannotearus): Extinction of crying with reinforcement of eye contact and smiling. *Journal of Experimental Child Psychology, 5*, 303-317.
Fagin, C.M.R.N. (1966). *The effects of maternal attendance during hospitalization on the post-hospital behavior of young children: A comparative study*. Philadelphia: F.A. Davis.
Feldbrugge, J.T.T.M. (1985). *Committed to the committed. Treatment as interaction in a forensic mental hospital*. Lisse: Swets & Zeitlinger.
Feldman, P.H. & Goldsmith, L.T. (1986). Transgenerational influences on the development of early prodigious behavior: A case study approach. *New Directions for Child Development, 32*, 67-85.
Field, T., (1985). Attachment as psychobiological attunement: Being on the same wavelength. In M. Reite & T. Field (Eds.), *The psychobiology of attachment and separation*. Orlando: Academic Press.
Field, T. (1992). Infants of depressed mothers. *Development and Psychopathology, 4*, 49-66.
Fonagy, P. (June, 1993). *The relationship between the emotional development of the child and the history and current mental function of the parents*. Paper presented at the Symposium on 'Personality: Developmental Psychology and Developmental Psychopathology'. Leiden.
Fonagy, P., Steele, H. & Steele, M. (1991). Maternal representation of attachment during pregnancy predict the organization of infant-mother attachment at one year of age. *Child Development, 62*, 891-905.
Fox, N.A., Kimmerly, N.L. & Schafer, W.D. (1991). Attachment to mother/attachment to father: a meta-analysis. *Child Development, 62*, 210-225.
Fraiberg, S., Adelson, E. & Shapiro, V. (1975). Ghosts in the nursery. A psychoanalytic approach to the problems of impaired infant-mother relationships. *Journal of the American Academy of Child Psychiatry, 14*, 387-423.
Freud, A. & Burlingham, D. (1974). *Infants without families and reports on the Hampstead Nurseries 1939-1945*. London: The Hogarth Press.
Fu, V.R., Hinkle, D.E. & Hanna, M.A. (1986). A three-generational study of the development of individual dependency and family interdependence. *Genetic, Social and General Psychology Monographs, 112*, 153-171.
Geert, P. van (1988). De ontwikkeling van de waarneming. In W. Koops & J.J. van der Werff (Red.), *Overzicht van de empirische ontwikkelingspsychologie. Deel 2. De ontwikkeling van functies en cognitie* (pp.41-70). Groningen: Wolters-Noordhoff.
Gelso, C.J., Birk, J.M. & Powers, R. (1978). Intergenerational relationships in the development of childrearing attitudes. *Journal of Genetic Psychology, 133*, 31-41.
George, C., Kaplan, N. & Main, M. (1985). *Adult Attachment Interview*. Berkeley: University of California (unpubl. man.).
Gerris, J. (1989). Gezinsonderzoek: een multidisciplinair werkterrein op weg naar een interdisciplinaire benadering? *Gezin, 1*, 5-31.
Gilligan, C. (1982). *In a different voice. Psychological theory of women's development*. Cambridge, MA: Harvard University Press.
Goldsmith, H.H. (1983). Genetic influences on personality from infancy to adulthood. *Child Development, 54*, 331-355.
Goldsmith, H.H. & Alansky, J.A. (1987). Maternal and infant temperamental predictors of attachment: A meta-analytic review. *Journal of Consulting and Clinical Psychology, 55*, 805-816.
Goodnow, J.J. & Collins, W.A. (1990). *Development according to parents. The nature, sources and consequences of parents' ideas*. Hillsdale, NJ: Erlbaum.

Goossens, F.A. & IJzendoorn, M.H. van (1990). Quality of infants' attachment to professional caregivers: Relation to infant-parent attachment and daycare characteristics. *Child Development, 61*, 832-837.

Greenacre, M.J. (1985). *Theory and applications of correspondence analysis*. London: Academic Press.

Grice, H.P. (1975). Logic and conversation. In P. Cole & J.L. Moran (Eds.), *Syntax and Semantics III: Speech Acts* (pp. 41-58). New York: Academic Press.

Grossmann, K.E., Grossmann, K., Huber, F. & Wartner, U. (1981). German children's behavior towards their mothers at 12 months and their fathers at 18 months in Ainsworth's Strange Situation. *International Journal of Behavioral Development, 4*, 157-181.

Grossmann, K., Fremmer-Bombik, E., Rudolph, J. & Grossmann, K.E. (1988). Maternal attachment representations as related to patterns of infant-mother-attachment and maternal care during the first year. In R.A. Hinde & J. Stevenson-Hinde (Eds.), *Relations between relationships within families* (pp.241-260). Oxford: Clarenden Press.

Haas, M. de, Bakermans-Kranenburg, M.J. & IJzendoorn, M.H. van (1994). Gehechtheidsrepresentatie bij opvoeders in relatie tot gehechtheidsstijl, temperament en herinneringen aan de eigen opvoeding. *Pedagogisch Tijdschrift, 19*, 223-239.

Haft, W.L. & Slade, A. (1989). Affect attunement and maternal attachment: A pilot study. *Infant Mental Health Journal, 10*, 157-221.

Hanson, R.A. & Mullis, R.L. (1986). Intergenerational transfer of normative parental attitudes. *Psychological Reports, 59*, 711-714.

Harlow, H.F. (1958). The nature of love. *American Psychologist, 13*, 673-685.

Hazan, C. & Shaver, P. (1987). Romantic love conceptualized as an attachment process. *Journal of Personality and Social Psychology, 52*, 511-524.

Hill, R., Foote, N., Aldous, J., Carlson, R. & MacDonald, R. (1970). *Family development in three generations*. Cambridge, MA: Schenkman.

Hinde, R.A. (1982). Attachment: Some conceptual and biological issues. In J. Stevenson-Hinde & C. Murray Parkes (Eds.), *The place of attachment in human behavior* (pp.60-78). New York: Basic Books.

Ho, D.Y. & Kang, T.K. (1984). Intergenerational comparisons of child-rearing attitudes and practices in Hong Kong. *Developmental Psychology, 20*, 1004-1016.

Homerus (z.d.). *Ilias*. Brussel: Manteau (vertaald door A.W. Timmerman).

IJzendoorn, M.H. van (1979). Operationaliseringsproblemen bij onderzoek naar de affectieve relatie tussen ouder en kind. *Pedagogische Studiën, 56*, 358-368.

IJzendoorn, M.H. van (1983). *Van wijsgerige naar theoretische pedagogiek. Over de taken van de theoretische pedagogiek bij onderzoek naar vroegkinderlijke opvoeding* (oratie). Deventer: Van Loghum Slaterus (32 pp.).

IJzendoorn, M.H. van (1988). De ontwikkeling van gehechtheidsrelaties: Determinanten en effecten. In W. Koops & J.J. van der Werff (Red.), *Overzicht van de empirische ontwikkelingspsychologie. 3: Sociale ontwikkeling en de ontwikkeling van de persoonlijkheid* (pp.98-122). Groningen: Wolters-Noordhoff.

IJzendoorn, M.H. van (1990). Developments in cross-cultural research on attachment: Some methodological notes. *Human Development, 33*, 3-10.

IJzendoorn, M.H. van (1992a). Het stempel van ouders op de gehechtheid van het kind. *Nederlands Tijdschrift voor Opvoeding, Vorming en Onderwijs, 8*, 166-178.

IJzendoorn, M.H. van (1992b). Intergenerational transmission of parenting: A review of studies in nonclinical populations. *Developmental Review, 12*, 76-99.

IJzendoorn, M.H. van (June, 1993). *The Adult Attachment Interview: State of art.* Paper presented at the PAOS/RUL symposium on 'Personality, developmental psychology and psychopathology' (Chair: Ph. Treffers). Leiden, June 10-11, 1993.

IJzendoorn, M.H. van (in druk). Adult attachment representations, parental responsiveness, and infant attachment: A meta-analysis on the predictive validity of the adult attachment interview. *Psychological Bulletin.*

IJzendoorn, M.H. van & Bakermans-Kranenburg, M.J. (1994). Intergenerationele overdracht van gehechtheid. De stand van zaken in het psychometrisch, klinisch en pedagogisch onderzoek. *Kind & Adolescent, 15*, 1-24.

IJzendoorn, M.H. van & Bakermans-Kranenburg, M.J. (in druk). Adult Attachment Interview classifications in mothers, fathers, adolescents, and clinical groups: A meta-analytic search for normative data. *Journal of Consulting and Clinical Psychology.*

IJzendoorn, M.H. van, De Ruiter, C., Kranenburg, M. (1991). Intergenerationele overdracht van onverwerkte verlieservaringen: een gehechtheidstheoretische benadering. In J.E. de Boer (ed.), *Infantpsychiatrie. De gezonde en verstoorde ontwikkeling van de vroege ouder-kind relatie* (pp.56-78). Assen/Maastricht: Van Gorcum.

IJzendoorn, M.H. van, Dijkstra, J. & Bus, A.G. (in druk). Attachment, language and cognition: A meta-analysis. *Social Development.*

IJzendoorn, M.H. van, Goldberg, S., Kroonenberg, P.M. & Frenkel, O. (1992). The relative effects of maternal and child problems on quality of attachment: A meta-analysis of attachment in clinical samples. *Child Development, 63*, 840-858.

IJzendoorn, M.H. van, Juffer, F. & Duyvesteyn, M.G.C. (in druk). Breaking the intergenerational cycle of insecure attachment. A review of the effects of attachment-based interventions on maternal sensitivity and infant security. *Journal of Child Psychology and Psychiatry.*

IJzendoorn, M.H. van, Kranenburg, M.J., Zwart-Woudstra, H.A., Van Busschbach, A.M. & Lambermon, M.W.E. (1991). Parental attachment and children's socio-emotional development: Some findings on the validity of the Adult Attachment Interview in the Netherlands. *International Journal of Behavioral Development, 14*, 375-394.

IJzendoorn, M.H. van & Kroonenberg, P.M. (1988). Cross-cultural patterns of attachment. A meta-analysis of the Strange Situation. *Child Development, 59*, 147-156.

IJzendoorn, M.H. van & Kroonenberg, P.M. (1990). Cross-cultural consistency in coding the Strange Situation. *Infant Behavior and Development, 13*, 469-486.

IJzendoorn, M.H. van, Sagi, A. & Lambermon, M.W.E. (1992). The multiple caregiver paradox. Some Dutch and Israeli data. In R.C. Pianta (Ed.), Beyond the parent: The role of other adults in children's lives. *New Directions for Child Development, 57*, 5-25.

IJzendoorn, M.H. van, Tavecchio, L.W.C., Goossens, F.A. & Vergeer, M.M. (1985^2). *Opvoeden in geborgenheid. Een kritische analyse van Bowlby's attachment theorie.* Deventer: Van Loghum Slaterus.

IJzendoorn, M.H. van, Tavecchio, L.W.C., Goossens, F.A., Vergeer, M.M. & Zwaan, J. (1983). How B is B4? Attachment and security of Dutch children in Ainsworth's Strange Situation and at home. *Psychological Reports, 52*, 683-691.

IJzendoorn, M.H. van & Van der Veer, R. (1984). *Main currents of critical psychology. Vygotskij, Holzkamp, Riegel.* New York: Irvington.

Isabella, R.A. (1993). Origins of attachment: Maternal interactive behavior across the first year. *Child Development, 64*, 605-621.

Isabella, R.A. & Belsky, J (1991). Interactional synchrony and the origins of infant-mother attachment: A replication study. *Child Development, 62*, 373-384.

Itkin, W. (1952). Some relationships between intra-family attitudes and pre-parental attitudes toward children. *Journal of Genetic Psychology, 80*, 221-252.

Jacobson, S.W. & Frye, K.F. (1991). Effect of maternal social support on attachment: Experimental evidence. *Child Development, 62*, 572-582.

Juffer, F. (1993). *Verbonden door adoptie. Een experimenteel onderzoek naar hechting en competentie in gezinnen met een adoptiebaby*. Amersfoort: Academische Uitgeverij.

Juffer, F., Duyvesteyn, M.G.C. & IJzendoorn, M.H. van (1993). *Preventieve ondersteuning van opvoeding en gehechtheidsrelaties*. Leiden: Centrum voor Gezinsstudies (interne notitie).

Juffer, F., IJzendoorn, M.H. van & Duyvesteyn, M.G.C. (1994a). Opvoedingsondersteuning en intergenerationele overdracht van gehechtheid: kan de cirkel doorbroken worden? Een overzicht van interventiestudies en een casusbeschrijving. *Kind en Adolescent, 15*.

Juffer, F., Van IJzendoorn, M.H., & Duyvesteyn, M.G.C. (1994b). Opvoedingsondersteuning en intergenerationele overdracht van gehechtheid: Een overzicht van interventiestudies. *Kind en Adolescent, 15*.

Kermoian, R. & Leiderman, P.H. (1986). Infant attachment to mother and childcaretaker in an East African community. *International Journal of Behavioral Development, 9*, 455-469.

Kohnstamm, G.A., Bates, J.E. & Rothbart, M.K. (Eds.) (1989). *Temperament in childhood*. Chichester: John Wiley.

Lamb, M.E., (1978). Qualitative aspects of mother- and father-infant attachments. *Infant Behavior and Development, 1*, 265-275.

Lamb, M.E., Hwang, C.P., Frodi, A. & Frodi, M. (1982). Security of mother- and father-infant attachment and its relation to sociability with strangers in traditional and non-traditional Swedish families. *Infant Behavior and Development, 5*, 355-367.

Lamb, M.E., Thompson, R.A., Gardner, W. & Charnov, E.L. (1985). *Infant-mother attachment: The origins and developmental significance of individual differences in Strange Situation behavior*. Hillsdale, NJ: Erlbaum.

Lambermon, M.W.E. (1991). *Video of folder? Korte- en lange-termijn-effecten van voorlichting over vroegkinderlijke opvoeding*. Leiden: DSWO Press.

Lambermon, M.W.E. & IJzendoorn, M.H. van (1989). Influencing mother-baby interaction through videotaped or written instruction: Evaluation of a parent education program. *Early Childhood Research Quarterly, 4*, 449-459.

Lambermon, M.W.E. & IJzendoorn, M.H. van (1991). Over de appel en de boom. Intergenerationele overdracht bij verwaarlozing en mishandeling in gehechtheidstheoretisch perspectief. *Nederlands Tijdschrift voor Opvoeding, Vorming en Onderwijs, 7*, 151-154.

Lefkowitz, M.D., Huesmann, L.R. & Eron, L.D. (1978). Parental punishment. A longitudinal analysis of effects. *Archives for General Psychiatry, 35*, 186-191.

Leifer, M., Wax, L., Leventhal-Belfer, L., Fouchia, A. & Morrison, M. (1989). The use of multitreatment modalities in early intervention: A quantitative case study. *Infant Mental Health Journal, 10*, 100-116.

Levitt, M.J., Antonucci, T.C. & Clark, M.C. (1984). Object-person permanence and attachment. Another look. *Merrill-Palmer Quarterly, 30*, 1-10.

Lieberman, A.F., Weston, D.R. & Pawl, J.H. (1991). Preventive intervention and outcome with anxiously attached dyads. *Child Development, 62*, 199-209.

Lichtenstein, J. (1991). *The Adult Attachment Questionnaire (AAQ): Validation of a new measure*. Poster presented at the Meeting of the Society for Research in Child Development, Seattle (Washington).

Loftus, E.F. (1993). The reality of repressed memories. *American Psychologist, 48,* 518-537.

Luteijn, F. & Ploeg, F.A.E. van der (1982). *Groninger Intelligentie Test. Handleiding.* Lisse: Swets & Zeitlinger.

Lyons-Ruth, K., Connell, D.B. & Grunebaum, H.U. (1990). Infants at social risks: Maternal depression and family support services as mediators of infant development and security of attachment. *Child Development, 61,* 85-98.

Main, M. (1990). Cross-cultural studies of attachment organization: Recent studies, changing methodologies, and the concept of conditional strategies. *Human Development, 33,* 48-61.

Main, M. & Hesse, E. (1990). Parents' unresolved traumatic experiences are related to infant disorganized attachment status: Is frightened and/or frightening parental behavior the linking mechanism? In M. Greenberg, D. Cicchetti & M. Cummings (Eds.), *Attachment in the preschool years* (pp. 161-182). Chicago: University of Chicago Press.

Main, M. & Goldwyn, R. (1985-1993). *Adult Attachment Classification System.* Unpublished manuscript, University of California, Berkeley.

Main, M. & Goldwyn, R. (1984). Predicting rejection of her infant from mother's representation of her own experience: Implications for the abused-abusing intergenerational cycle. *Child Abuse & Neglect, 8,* 203-217.

Main, M. & Goldwyn, R. (in druk). Interview-based adult attachment classifications: Related to infant-mother and infant-father attachment. *Developmental Psychology.*

Main, M., De Moss, A. & Hesse, E. (1991). Unresolved (disorganized/disoriented) states of mind with respect to experiences of loss. In M. Main & R. Goldwyn. *Adult attachment rating and classification systems.* Unpublished manuscript, University of California, Berkeley.

Main, M. & Solomon, J. (1986). Discovery of an insecure-disorganized/disoriented attachment pattern. In T.B. Brazelton & M. Yogman (Eds.), *Affective development in infancy* (pp.95-124). Norwood, NJ: Ablex.

Main, M. & Solomon, J. (1990). Procedures for identifying infants as disorganized/disoriented during the Ainsworth Strange Situation. In M.T. Greenberg, D. Cicchetti & E.M. Cummings (eds.), *Attachment in the preschool years. Theory, research, and intervention* (pp.121-160). Chicago: University of Chicago Press.

Main, M. & Weston, O.R. (1981). The quality of the toddler's relationship to mother and to father: related to conflict behavior and readiness to establish new relationships. *Child Development, 52,* 932-940.

Main, M., Kaplan, N. & Cassidy, J. (1985). Security in infan cy, childhood and adulthood: A move to the level of representation. In I. Bretherton & E. Waters (Eds.), Growing points in attachment: Theory and research. *Monographs of the Society for Research in Child Development, 50* (1-2, Serial no. 209), 66-104. Chicago: University of Chicago Press.

Main, M., IJzendoorn, M.H. van & Hesse, E. (March, 1993). *Adolescent attachment organization: Findings from the BLAAQ self-report inventory, and relations to absorption and dissociation.* Symposium at the 60th Meeting of the Society for Research in Child Development, New Orleans (Louisiana).

Marvin, R.S. (1977). An ethological-cognitive model for the attenuation of mother-child attachment behavior. In Alloway, T., Pliner, P. & Krames, L. (Eds.), *Attachment behavior.* New York: Plenum.

Mattes, J.A. (1983). The Feingold diet: A current reappraisal. *Journal of Learning Disabilities, 16,* 319-323.

Meij, J.Th.H. (1992). *Sociale ondersteuning, gehechtheidskwaliteit en vroegkinderlijke competentie-ontwikkeling.* Nijmegen, The Netherlands: Catholic University (dissertation).

Miehls, D.A. (1989). *Marital attachment patterns and change in one's mental representations.* London, Canada (Unpublished dissertation, Smith College School for Social Work).

Miyake, K., Chen, S.-J. & Campos, J.J. (1985). Infant temperament, mother's mode of interaction, and attachment in Japan: An interimreport. In I. Bretherton & E. Waters (Eds.). Growing points of attachment theory and research. *Monographs of the Society for Research in Child Development, 50,* (1-2, Serial No.209), 276-297.

Mullen, B. (1989). *Advanced basic meta-analysis.* Hillsdale, NJ: Erlbaum.

Murray, L. & Cooper, P. (in press). Clinical application of attachment theory and research: Change in infant attachment with brief psychotherapy. *Journal of Child Psychology and Psychiatry.*

Newcombe, N. & Fox, N.A. (1994). Infantile amnesia: Through a glass darkly. *Child Development, 65,* 31-41.

Oppenheim, D., Sagi, A. & Lamb, M.E. (1988). Infant attachments on the kibbutz and their relation to socio emotional development four years later. *Developmental Psychology, 24,* 427-433.

Ormel, J. & Giel, R. (1984). *AGV-28* (vertaalde en bewerkte GHQ-28). Groningen: Afdeling Sociale Psychiatrie Rijksuniversiteit Groningen.

Parker, G., Tupling, H. & Brown, L.B. (1979). A parental bonding instrument. *British Journal of Medical Psychology, 52,* 1-11.

Patrick, M., Hobson, R.P., Castle, P., Howard, R. & Maughan, B. (in press). Personality disorder and the mental representation of early social experience. *Development and Psychopathology.*

Petrovich, S.B. & Gewirtz, J.L. (1985). The attachment learning process and its relation to cultural and biological evolution: Proximate and ultimate considerations. In M. Reite & T. Field (Eds.), *The psychobiology of attachment and separation* (pp.259-286). New York: Academic Press.

Plomin, R., DeFries, J.C. & McClearn, G.E. (1990). *Behavioral genetics. A primer* (Second edition). New York: Freeman.

Porter, R.H. & Laney, M.D., (1980). Attachment theory and the concept of inclusive fitness. *Merrill-Palmer Quarterly, 26,* 35-51.

Quinton, D. (1988). Longitudinal approaches to intergenerational studies: definition, design, and use. In M. Rutter (Ed.), *Studies of psychosocial risk. The power of longitudinal data* (pp.272-285). Cambridge: Cambridge University Press.

Quinton, D. & Rutter, M. (1984). Parents with children in care: I. Intergenerational continuities. *Journal of Child Psychology and Psychiatry, 25,* 231-250.

Radin, N., Oyserman, D. & Benn, R. (April, 1989). *The influence of grandfathers on the young children of teen mothers.* Paper presented at the SRCD, Kansas City, MI.

Radke-Yarrow, M., Cummings, E.M., Kuczynski, L. & Chapman, M. (1985). Patterns of attachment in two- and three-year-olds in normal families and families with parental depression. *Child Development, 56,* 591-615.

Radojevic, M. (1992). *Predicting quality of infant attachment to father at 15 months from prenatal paternal representations of attachment: An Australian contribution.* Paper presented at the 25th ICP, July 21-24, Brussel.

Radojevic, M. (1992). *Predicting quality of infant attachment to father at 15 months from prenatal paternal representations of attachment.* Unpublished dissertation, Macquarie University, School of Behavioral Sciences.

Raven, J.C. (1958). *Standard progressive matrices: Sets A, B, C, D, and E.* London: Lewis.

Rosenstein, D.S. & Horowitz, H.A. (1993). *Working models of attachment in psychiatrically hospitalized adolescents: Relation to psychopathology and personality.* Paper presented at the 60th Meeting of the Society for Research in Child Development. New Orleans, Luisiana (March 25-28).

Rosenthal, R. (1991). *Meta-analytic procedures for social research.* Beverly Hills, CA.: Sage.

Ruiter, C. de & IJzendoorn, M.H. van (1993). Attachment and cognition: A review of the literature. *International Journal of Educational Research, 19,* 5-20.

Rutter, M., Quinton, D. & Hill, J. (1990). Adult outcome of institution-reared children: Males and females compared. In L.N. Robins & M. Rutter (Eds.), *Straight and devious pathways from childhood to adulthood* (pp.135-157). Cambridge: Cambridge University Press.

Sagi, A., Lamb, M.E., Lewkowicz, K.S., Shoham, R., Dvir, R. & Estes, D. (1985). Security of infant-mother, -father, -metapelet attachments among kibbutz-reared Israeli children. In I. Bretherton & E. Waters (Eds.), Growing points of attachment theory and research. *Monographs of the Society for Research in Child Development, 50,* (1-2, Serial No.209), 257-275.

Sagi, A., IJzendoorn, M.H. van, Scharf, M., Joels, T., Koren-Karie, N., Mayseless, O. & Aviezer, O. (1993). *Ecological constraints for intergenerational transmission of attachment: In search for determinants of transmission failures.* Haifa: Department of Psychology (Unpublished manuscript).

Sagi, A., IJzendoorn, M.H. van, Scharf, M., Koren-Karie, N., Joels, T. & Mayseless, O. (1994). Stability and discriminant validity of the Adult Attachment Interview: A psychometric study in young Israeli adults. *Developmental Psychology, 30,* 988-1000.

Sagi, A., IJzendoorn, M.H. van, Aviezer, O., Donnell, F. & Mayseless, O. (1994). Sleeping away from home in a kibbutz communal arrangement: It makes a difference for infant-mother attachment. *Child Development, 65.*

Sameroff, A.J. & Chandler, M.J. (1975). Reproductive risk and the continuum of caretaking casualty. In F.D Horowitz (Ed.), *Review of child development research. Volume 4.* (pp.??-??). Chicago: University of Chicago Press.

Schmidt, M.H., Esser, G., Allehoff, W., Geisel, B., Laucht, M. & Woerner, W. (1987). Evaluating the significance of minimal brain dysfunction: Results of an epidemiological study. *Journal of Child Psychology and Psychiatry and Allied Disciplines, 28,* 803-821.

Simonton, D.K. (1983). Intergenerational transfer of individual differences in hereditary monarchs: Genetic, role-modeling, cohort, or socio-cultural effects? *Journal of Personality and Social Psychology, 44,* 354-364.

Shorter, E. (1975). *The making of the modern family.* New York: Basic Books.

Smith, P.K. & Noble, R. (1987). Factors affecting the development of caregiver-infant relationships. In L.W.C. Tavecchio & M.H. van IJzendoorn (Eds.), *Attachment in social networks. Contributions to the Bowlby-Ainsworth attachment theory* (pp.93-134). Amsterdam: Elsevier Science Publishers (North Holland).

Smith, Ph.B. & Pederson, D.R. (1988). Maternal sensitivity and patterns of infant-mother attachment. *Child Development, 59,* 1097-1101.

Spangler, G. & Grossmann, K.E. (1993). Biobehavioral organization in securely and insecurely attached infants. *Child Development, 64,* 1439-1450.

Spieker, S.J. & Booth, C.L. (1989). Maternal antecedents of attachment quality. In J. Belsky & T. Nezworski (Eds.), *Clinical implications of attachment* (pp.95-135). Hillsdale, NJ: Erlbaum.

Sroufe, L.A. (1985). Attachment classification from the perspective of infant-caregiver relationships and infant temperament. *Child Development, 56*, 1-14.

Sroufe, L.A. (1988). The role of infant-caregiver attachment in development. In J. Belsky & T. Nezworski (Eds.), *Clinical implications of attachment* (pp.18-40). Hillsdale, NJ: Erlbaum.

Sroufe, L.A. & Waters, E. (1977). Attachment as an organizational construct. *Child Development, 48*, 1184-1199.

Steele, H. & Steele, M. (in press). Intergenerational patterns of attachment. In D. Perlman & K. Bartholomew (Eds.), *Advances in Personal Relationships Series. Volume 5*. London: Kingsley.

Stern, D. (1977). *The first relationship: Infant and mother.* Londen: Open Books.

Stern, D.N. (1985). *The interpersonal world of the infant: Views from psychoanalysis and developmental psychology.* New York: Basic Books.

Takahashi, K. (1986). Examining the Strange Situation procedure with Japanese mothers and 12-month old infants. *Developmental Psychology, 22*, 265-270.

Tavecchio, L.W.C., IJzendoorn, M.H. van, Goossens, F.A. & Vergeer, M.M. (1984). The division of labor in Dutch families with preschool children. *Journal of Marriage and the Family, 46*, 231-242.

Thomas, A. & Chess, S. (1977). *Temperament and development.* New York: Brunner/Mazel.

Tinsley, B.J. & Parke, R.D. (1987). Grandparents as interactive and social support agents for families with young infants. *International Journal of Aging and Human Development, 25*, 259-277.

Trevarthen, C. (1979). Communication and cooperation in early infancy: a description of primary intersubjectivity. In Bullowa, M. (Ed.), *Before speech. The beginning of interpersonal communication* (pp.321-347). Cambridge: Cambridge University Press.

Trivers, R.L (1974). Parent-offspring conflict. *American Zoologist, 14*, 249-264.

Uzgiris, I.C. & Fafouti-Milenkovic, M. (1985). Over het verband tussen methode en theorie bij onderzoek naar ouder-kind interaktie. In J. de Wit, H.J. Groenendaal & J.M. van Meel (Eds.), *Psychologen over het kind 8* (pp.37-54). Lisse: Swets & Zeitlinger.

Valenzuela, M. (1990). Attachment in chronically underweight young children. *Child Development, 61*, 1984-1996.

Vaughn, B.E. & Waters, E. (1990). Attachment behavior at home and in the laboratory: Q-sort observations and Strange Situation classifications of one-year-olds. *Child Development, 61*, 1965-1973.

Vaughn, B.E., Lefeves, G.B., Seifer, R. & Barglow, P. (1989). Attachment behavior, attachment security, and temperament during infancy. *Child Development, 60*, 728-737.

Vermulst, A.A., Zutphen, R.A.H. van & Brock, A.J.L.L. de (1989). Intergenerationele overdracht van opvoeding. *Gezin, 1*, 32-49.

Vroon, P. & Draaisma, D., (1985). *De mens als metafoor. Over vergelijkingen van mens en machine in filosofie en psychologie.* Baarn: Ambo.

Ward, M.J. & Carlson, E.A. (in press). Associations among adult attachment representations, maternal sensitivity, and infant-mother attachment in a sample of adolescent mothers. *Child Development.*

Waters, E., (1978). The reliability and stability of individual differences in infant-mother attachment. *Child Development, 39*, 483-494.

Waters, E. & Deane, K.E. (1985). Defining and assessing individual differences in attachment relationships: Q-Methodology and the organization of behavior in infancy and early childhood. In J. Bretherton & E. Waters (Red.), Growing points of attachment theory and research. *Monographs of the Society for Research in Child Development, 50*, 66 – 104.

Wolff, M.S. de, Veer, R. van der & IJzendoorn, M.H. van (in voorbereiding). *Het verband tussen sensitiviteit en gehechtheid: een meta-analyse.* Leiden: Vakgroep Algemene Pedagogiek.

Wright, B.M. (1986). An approach to infant-parent psychotherapy. *Infant Mental Health Journal, 7*, 247 – 263.

Zutphen, R.A.H. van & Vermulst, A.A. (1991). Overdracht van opvoeding: van een overzichtsstudie naar een intergenerationeel model. In J.R.M. Gerris (red.), *Gezinsontwikkeling* (pp.17-53). Amsterdam: Swets & Zeitlinger.

Personenregister

Over de auteur

Marinus H. van IJzendoorn (1952) studeerde pedagogiek aan de Universiteit van Amsterdam en psychologie aan de Freie Universität Berlin, waar hij in 1978 promoveerde. Sinds 1981 is hij als hoogleraar theoretische pedagogiek verbonden aan de Rijksuniversiteit Leiden. Hij was fellow van de International Rotary Foundation (1976) en senior Fulbright fellow (1989). In 1990 ontving hij de Pionier subsidie van de Nederlandse Organisatie voor Wetenschappelijk Onderzoek (NWO) ten behoeve van onderzoek naar intergenerationele overdracht van gehechtheid.